D1091517

Note biographique

L'un des astronautes les plus expérimentés et accomplis au monde, Chris Hadfield, est né à Sarnia, en Ontario, en 1959. Après avoir vu Neil Armstrong poser les pieds sur la Lune, en 1969, Chris a décidé qu'il ferait tout pour voyager dans l'espace. Il a étudié au Collège militaire royal à Kingston, à l'Université de Waterloo, puis à West Point, où il a fini premier de sa promotion au Test Pilot School de l'armée de l'air américaine. En 1992, Chris Hadfield a été sélectionné pour devenir astronaute par l'Agence spatiale canadienne. Au Centre de contrôle des missions, il a été le capcom (*Capsule Communicator*) lors de vingt-cinq vols de la navette spatiale. Il a aussi travaillé comme directeur des opérations de la NASA à Star City, Russie, de 2001 à 2003, superviseur de la robotique au Johnson Space Center, à Houston, de 2003 à 2006, et directeur des opérations de la Station spatiale internationale (SSI) de 2006 à 2008.

Chris Hadfield a terminé sa carrière d'astronaute de manière spectaculaire en devenant commandant de la SSI en 2012-2013. Il y a conduit un nombre record d'expériences scientifiques, supervisé une sortie extravéhiculaire d'urgence et s'est servi des médias sociaux, notamment de son fil Twitter, qui compte un million de suivants, pour faire connaître du monde entier ses magnifiques photos et ses vidéos éducatives. Son clip de *Space Oddity*, la chanson culte de David Bowie qu'il a enregistrée en apesanteur et dans laquelle il chante et joue de la guitare, a reçu en trois jours plus de dix millions de visionnements sur YouTube.

GUIDE D'UN ASTRONAUTE POUR LA VIE SUR TERRE

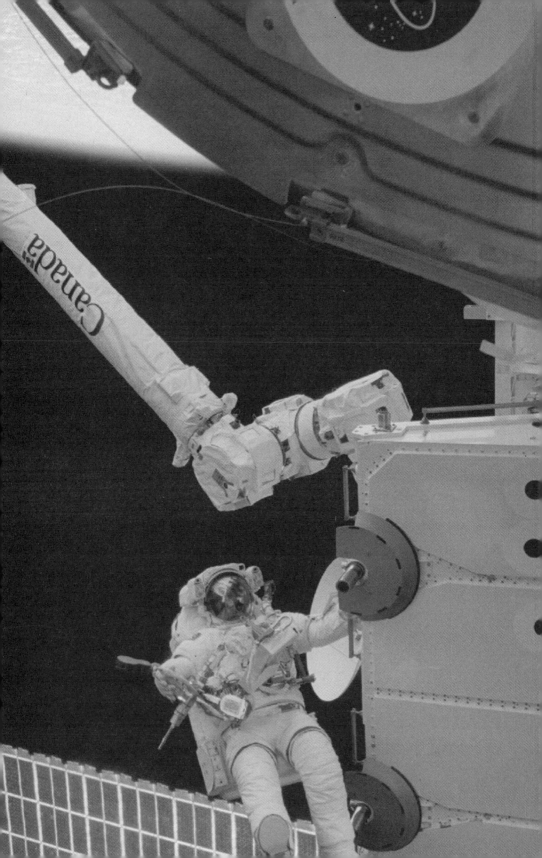

CHRIS HADFIELD

GUIDE D'UN ASTRONAUTE POUR LA VIE SUR TERRE

Traduit de l'anglais (Canada) par Rachel Martinez

Libre Expression

Une société de Québecor Média

Catalogage avant publication de Bibliothèque et Archives nationales du Québec et Bibliothèque et Archives Canada

Hadfield, Chris, 1959-

[Astronaut's guide to life on earth. Français]
Guide d'un astronaute pour la vie sur Terre
Traduction de : An astronaut's guide to life on earth.
Comprend un index.

ISBN 978-2-7648-1028-6

1. Hadfield, Chris, 1959- . 2. Astronautes - Canada - Biographies. 3. Astronautique - Anecdotes. I. Titre. II. Titre : Astronaut's guide to life on earth. Français.

TL789.85.H33A3 2014b   629.450092   C2014-940461-1

Traduction : Rachel Martinez
Édition : Miléna Stojanac
Révision linguistique : Marie Pigeon Labrecque
Révision scientifique de la version en langue française : Olivier-Louis Robert, Centre de documentation Youri-Gagarine, Cosmodôme (Laval, Québec)
Correction d'épreuves : Sabine Cerboni
Mise en pages : Clémence Beaudoin
Index : Bianca Ouellette-Michaud
Images de la couverture : © Hello Lovely/Corbis (astronaute) et Jayden Hess
Images intérieures : p. 4, NASA (Chris Hadfield lors d'une sortie dans l'espace de la mission STS-100) ; p. 30-31, NASA/Chris Hadfield (cyclone au large de la côte africaine) ; p. 154-155, NASA/Chris Hadfield (lever de la Lune) ; p. 264-265, NASA/Carla Cioffi (atterrissage du Soyouz)
Photo de l'auteur : NASA

Remerciements
Nous reconnaissons l'aide financière du gouvernement du Canada par l'entremise du Fonds du livre du Canada pour nos activités d'édition.
Nous remercions le Conseil des Arts du Canada et la Société de développement des entreprises culturelles du Québec (SODEC) du soutien accordé à notre programme de publication.
Gouvernement du Québec – Programme de crédit d'impôt pour l'édition de livres – gestion SODEC.

Nous reconnaissons l'aide financière du gouvernement du Canada par l'entremise du Programme national de traduction pour l'édition du livre pour nos activités de traduction.

Les Éditions Libre Expression
Groupe Librex inc.
Une société de Québecor Média
La Tourelle
1055, boul. René-Lévesque Est
Bureau 300
Montréal (Québec) H2L 4S5
Tél. : 514 849-5259
Téléc. : 514 849-1388
www.edlibreexpression.com

Dépôt légal – Bibliothèque et Archives nationales du Québec et Bibliothèque et Archives Canada, 2014

ISBN : 978-2-7648-1028-6

Distribution au Canada
Messageries ADP
2315, rue de la Province
Longueuil (Québec) J4G 1G4
Tél. : 450 640-1234
Sans frais : 1 800 771-3022
www.messageries-adp.com

À Helene, avec amour.
Ta confiance, ton entrain et ton aide infinie
m'ont permis de réaliser ces rêves.

Sommaire

comment sortir ? L'écoutille était circulaire et étroite, mais avec tous les outils attachés à ma poitrine et l'énorme attirail de réservoirs d'oxygène et d'appareils électroniques sanglés sur mon dos, j'avais une forme rectangulaire. Astronaute rectangulaire, trou rond.

Le moment cinématographique que j'avais imaginé lorsque je suis devenu astronaute, cette scène où la trame musicale enfle pendant que je m'élance dans un mouvement élégant vers l'infini d'un noir d'encre n'aura jamais lieu. J'ai dû faire preuve de méthode. Je me suis tortillé maladroitement à l'extérieur du vaisseau en me concentrant davantage sur le concret que sur la magie pour éviter de faire un accroc dans ma combinaison spatiale ou de m'empêtrer dans ma laisse et de me présenter à l'Univers ligoté comme un veau de rodéo.

Je me suis extirpé avec précaution, la tête la première, pour contempler le monde comme seuls l'avaient fait quelques douzaines d'humains avant moi. Je portais un *jetpack* robuste, un appareil de survie muni de son propre système de propulsion autonome contrôlé par une manette. Ainsi, si tout le reste avait échoué, j'aurais pu allumer mes propulseurs, alimentés par un réservoir d'azote pressurisé, et regagner un lieu sûr. Expérience suprême, parcours inattendu.

Astronaute rectangulaire, trou rond. En fait, ce problème résume bien ma vie : trouver un moyen de me rendre là où je veux aller alors qu'il me semble impossible de simplement franchir le seuil. Sur papier, mon parcours professionnel paraît réglé d'avance : ingénieur, pilote de chasse, pilote d'essai, astronaute. Une trajectoire type, droite comme une flèche, pour un professionnel du domaine. Mais cela ne s'est pas tout à fait déroulé ainsi. Ma route a été déviée par des virages en épingle et des impasses. Je n'étais pas destiné à devenir astronaute. J'ai dû me transformer pour y parvenir.

* * *

Tout a commencé quand j'avais neuf ans. Ma famille passait l'été à notre chalet sur l'île Stag, en Ontario. Mon père, un pilote de ligne, s'absentait très souvent pour le travail, mais ma mère était avec nous, à lire sous l'ombre fraîche d'un grand chêne quand elle ne pourchassait pas ses cinq enfants. Dave, mon frère aîné, et moi bougions sans arrêt : ski nautique le matin, canot et natation l'après-midi si nous parvenions à éviter nos tâches. Comme nous n'avions pas de téléviseur, le 20 juillet 1969 tard en soirée, nous avons traversé la clairière qui nous séparait du chalet des voisins et nous nous sommes entassés dans leur salon avec à peu près tous les habitants de l'île. Perchés sur le dossier d'un canapé, Dave et moi avions les yeux rivés sur l'écran. Lentement et méthodiquement, un homme est descendu d'un vaisseau spatial et, avec prudence, il a posé le pied sur la Lune. L'image était granuleuse, mais je savais exactement ce que nous regardions : l'impossible devenu possible. Tous les gens dans la pièce se sont exclamés d'émerveillement. Les adultes se serraient la main, les enfants poussaient des cris de joie. Nous avions l'impression d'être là-haut avec Neil Armstrong et de changer le monde avec lui.

Plus tard, en rentrant à notre chalet, j'ai levé les yeux : la Lune n'était plus une sphère mystérieuse et hors d'atteinte, mais un endroit où des gens marchaient, parlaient, travaillaient et même dormaient. J'ai découvert à ce moment-là ce que je voulais faire de ma vie : suivre les pas laissés à peine quelques minutes auparavant par un homme audacieux. J'ai su, avec une certitude absolue, que je voulais devenir astronaute, voyager dans une fusée rugissante, explorer l'espace, repousser les limites du savoir et des capacités de l'être humain.

Je savais aussi, comme tous les enfants canadiens, que c'était impossible puisque la NASA acceptait uniquement les candidatures de citoyens des États-Unis, et le Canada n'avait même pas d'agence spatiale. Par contre, la veille encore, il était impossible de marcher sur la Lune et Neil Armstrong ne s'était pas laissé intimider. Un jour peut-être, je pourrais y aller moi aussi, et si cette occasion se présentait, il me fallait être prêt.

J'étais assez vieux pour comprendre qu'il ne suffirait pas de jouer à la « mission spatiale » avec mes frères dans nos lits superposés sous l'immense affiche de la Lune éditée par la revue *National Geographic*. Il n'existait aucun programme d'études auquel je pouvais m'inscrire, aucun manuel que je pouvais lire, personne pour me conseiller. J'en ai conclu qu'il n'y avait qu'une solution : je devais imaginer comment se comporterait un futur astronaute de neuf ans et faire exactement la même chose. Je pouvais m'y mettre sur-le-champ. Mangerait-il des légumes ou des croustilles ? Ferait-il la grasse matinée ou se lèverait-il tôt pour lire un livre ?

Je n'ai révélé mon projet de devenir astronaute ni à mes parents ni à mes frères et sœurs. Ils auraient réagi à peu près comme si je leur avais annoncé mon intention d'être vedette de cinéma. Toutefois, à partir de cette nuit-là, mon rêve a donné une orientation à ma vie. Malgré mon jeune âge, je me rendais compte qu'une multitude de choix s'offraient à moi et que chacune de mes décisions avait son importance. Mes gestes quotidiens détermineraient quel genre de personne j'allais devenir.

J'avais toujours aimé l'école, mais à l'automne 1969, je me suis lancé dans mes études investi d'une nouvelle mission. Cette année-là et la suivante, j'étais inscrit à un programme enrichi où on nous enseignait à aiguiser notre sens critique et notre esprit d'analyse, à nous interroger plutôt qu'à nous contenter d'obtenir les réponses justes. Nous mémorisions des poèmes de Robert Service, récitions l'alphabet en français aussi vite que possible, cherchions la clé de casse-têtes insolubles, faisions des simulations boursières (j'ai suivi mon instinct pour acheter des actions dans une entreprise de semences, un investissement qui ne s'est pas avéré rentable). En somme, nous avons appris à apprendre.

Il n'est pas difficile de se mettre à travailler fort quand on souhaite quelque chose aussi ardemment que je voulais être astronaute, mais cette habitude s'acquiert plus facilement sur une ferme. Lorsque j'ai eu sept ans, nous avons quitté Sarnia pour faire la culture du maïs à Milton, pas très loin de l'aéroport de Toronto où était basé mon père. Mes parents, qui avaient tous deux grandi sur une exploitation agricole, considéraient les périodes creuses dans l'horaire d'un pilote comme une formidable occasion de se tuer à l'ouvrage pour perpétuer la tradition familiale. Ils étaient beaucoup trop occupés par le travail de la terre et la gestion d'une famille de cinq enfants pour rôder autour de nous. Si nous voulions vraiment quelque chose, ils s'attendaient simplement à ce que nous fassions le nécessaire de nous-mêmes… après avoir terminé nos tâches.

Il allait de soi que nous étions responsables des conséquences de nos gestes. Un jour, au début de l'adolescence, j'ai accéléré avec un peu trop de confiance au volant de notre tracteur. Je cherchais à m'impressionner moi-même, en somme. Au moment même où je me considérais comme le meilleur conducteur de machine agricole de la région, la barre d'attelage derrière mon véhicule s'est cassée en accrochant un poteau de clôture le long d'une haie. J'étais embarrassé et furieux contre moi-même. Mon père, qui n'était pas du genre à dire : « Pas grave, mon gars. Va jouer, je m'occupe du reste », m'a annoncé d'un ton grave que je ferais mieux d'apprendre à réparer la barre puis de retourner au champ pour finir mon travail. Il m'a aidé à la ressouder, je l'ai réinstallée sur le tracteur et j'ai continué. Quelques heures plus tard, j'ai cassé la barre à nouveau de la même façon. Personne n'a eu à me sermonner : j'étais tellement frustré par mon étourderie que je m'en suis chargé moi-même. J'ai demandé à mon père de m'aider à réparer la barre et j'ai regagné le champ une troisième fois, beaucoup plus prudemment.

Grandir sur une ferme est une formidable école de patience, une qualité essentielle pour tous les gens qui vivent à la campagne. Pour me rendre à l'école primaire qui offrait le programme enrichi, je devais voyager deux heures matin et soir en autobus scolaire. Au secondaire, je m'estimais chanceux puisque mes déplacements prenaient la moitié moins de temps. En outre, j'avais acquis très jeune l'habitude de profiter de ces trajets pour lire et étudier. Je me mettais constamment dans la peau d'un astronaute, mais cette attitude n'avait rien de compulsif ni d'austère. J'étais aussi déterminé à me préparer à aller dans l'espace, au cas où,

d'un couple. Le stress n'a pas diminué quand, en 1983, le gouvernement canadien a recruté et sélectionné ses six premiers astronautes. Mon rêve semblait un peu plus réalisable. À partir de cette année-là, j'étais encore plus déterminé à mettre l'accent sur ma carrière. Une des raisons pour lesquelles notre union s'est épanouie, c'est qu'Helene souscrit avec enthousiasme au principe qu'il faut donner son maximum pour atteindre un objectif.

Beaucoup de gens qui nous rencontrent disent qu'il ne doit pas être facile de vivre avec un bourreau de travail hautement motivé qui prend tout en main et considère les déménagements comme un sport. Je dois admettre que c'est le cas: être marié à Helene m'a parfois été difficile. Ses compétences m'intimident dans certains cas. Parachutez-la dans n'importe quel pays du monde et, en moins de vingt-quatre heures, elle aura trouvé un appartement, l'aura entièrement aménagé avec des meubles IKEA qu'elle aura assemblés elle-même dans la bonne humeur et aura déniché des billets pour un concert à guichets fermés. Elle a élevé nos trois enfants, souvent seule à cause de tous mes déplacements, tout en occupant des emplois exigeants: de gestionnaire du système SAP d'une grande entreprise à chef professionnelle. Helene est une superperformante, exactement le genre de personne que l'on veut voir à ses côtés quand on poursuit un objectif ambitieux tout en essayant de profiter de la vie. Même s'il ne faut pas tout un village pour y parvenir, il faut assurément une équipe.

Cette nécessité s'est révélée à moi à la fin de ma formation de pilote de chasse lorsqu'on m'a annoncé que je serais affecté en Allemagne. Nous étions enthousiastes à l'idée de partir vivre en Europe, même si Helene était « très » enceinte de notre deuxième enfant. Nous nous imaginions déjà passer nos vacances à Paris, accompagnés de nos bambins parfaitement trilingues et bien élevés lorsque nous avons appris que les plans avaient changé. Nous irions plutôt à Bagotville au Québec, où je piloterais des CF-18 pour le Commandement de la défense aérospatiale de l'Amérique du Nord (NORAD) en vue d'intercepter les appareils soviétiques qui s'égareraient dans l'espace aérien canadien. C'était une occasion exceptionnelle d'être affecté à un tout nouvel escadron, et Bagotville n'est pas dénué de charme, mais on y gèle l'hiver et la région ne ressemble à l'Europe en aucune saison. Les trois années suivantes furent éprouvantes pour ma famille. Nous tirions toujours le diable par la queue, je pilotais des avions de chasse (un emploi qui n'est pas sans stress), Helene passait ses journées à la maison avec deux petits garçons turbulents (Evan était né quelques jours avant notre déménagement à Bagotville) et elle n'avait aucune perspective de carrière sérieuse. Et puis, alors qu'Evan n'avait que sept mois, Helene a appris qu'elle attendait un troisième enfant. À l'époque, cet «accident» nous a semblé une épreuve de trop plutôt qu'une heureuse surprise. J'ai tenté de me projeter à l'âge de quarante-cinq ans et j'en suis venu à la conclusion que la vie familiale serait très difficile si je continuais à piloter des avions de chasse. Les commandants d'escadron se tuaient à la tâche pour une solde à peine supérieure à la mienne. La charge de travail était énorme, nous étions peu reconnus et ma profession n'offrait aucun répit, sans oublier que j'avais un métier dangereux. Nous perdions au moins un ami intime chaque année.

Je me suis dit qu'il était temps d'être réaliste lorsque j'ai appris qu'Air Canada embauchait du personnel. La vie de pilote de ligne aurait été beaucoup plus agréable pour notre famille et j'en connaissais déjà bien le rythme. Je me suis même présenté à un cours pour obtenir mon évaluation de pilote civil avant qu'Helene n'intervienne. Elle m'a dit: «Tu ne tiens pas vraiment à être pilote de ligne. Tu ne serais pas heureux et, par le fait même, moi non plus. N'abandonne pas ton rêve de devenir astronaute. Je ne peux pas te laisser faire ça, ni à toi ni à nous. Attendons encore un peu pour voir ce qui se passe.»

Je suis donc demeuré en poste et j'ai eu un petit avant-goût du métier de pilote d'essai: on me confiait le premier vol des appareils qui venaient de subir un entretien. J'ai découvert une passion. Les pilotes de chasse vivent pour voler, mais tout en aimant m'élancer dans le ciel, je préférais comprendre le comportement des avions et trouver des moyens d'en améliorer les performances. Les membres de l'escadron ont été fort étonnés d'apprendre mon intention de fréquenter l'école des pilotes d'essai. Pourquoi un pilote de chasse voudrait-il abandonner son métier prestigieux pour devenir essentiellement un ingénieur? Dans mon cas, c'étaient justement les aspects de ce travail relevant de l'ingénierie qui m'attiraient, sans oublier l'occasion de rendre plus sécuritaires les aéronefs à haute performance.

Comme le Canada n'a pas sa propre école de pilotes d'essai, le pays envoie généralement deux pilotes étudier en France, au Royaume-Uni ou aux États-Unis chaque année. J'ai gagné la loterie en 1987: j'ai été sélectionné pour étudier au bord de la Méditerranée. Nous avons loué la maison idéale et une voiture. Nous avons emballé nos affaires et assisté à des fêtes d'adieux. Et puis, deux semaines avant de prendre l'avion avec les garçons et notre petite Kristin, âgée de neuf mois, il y a eu un différend quelconque à un échelon élevé des gouvernements français et canadien, et la France a alloué la place qui m'avait été promise à un pilote d'un autre pays. Je ne cacherai pas que ce fut à la fois une grande déception sur le plan personnel et un recul important sur le plan professionnel. Nous étions complètement désemparés, coincés dans une impasse.

* * *

Comme je l'ai constaté à répétition au cours de ma vie, une situation n'est jamais aussi grave (ni aussi enviable) qu'elle le semble au départ. En rétrospective, une catastrophe crève-cœur se révèle parfois un heureux événement et c'est ce qui s'est produit à la suite de ma déception du printemps. Quelques mois plus tard, j'ai été sélectionné pour aller à la Test Pilot School (TPS) de l'armée de l'air américaine, à la base aérienne Edwards. Notre aventure a bien commencé. En décembre 1987, nous avons laissé derrière nous Bagotville sous l'emprise de l'hiver pour nous diriger vers le soleil du sud de la Californie. Malheureusement, il a fallu attendre plusieurs semaines l'arrivée du camion de déménagement avant de nous installer sur la base. Heureusement, nous avons célébré Noël à l'hôtel à Disneyland.

L'année passée là-bas a changé nos vies et fut l'une des plus belles et des plus chargées de mon existence. L'école des pilotes d'essai de l'armée américaine offre l'équivalent d'une formation de doctorat en pilotage. En une seule année, nous avons piloté trente-deux types d'avions et nous subissions des tests tous les jours. C'était incroyablement ardu... et incroyablement exaltant. Tous les étudiants habitaient sur la même rue, nous avions tous le même âge (fin de la vingtaine ou début de la trentaine) et nous aimions tous nous amuser. Le programme – tant l'esprit de camaraderie qui y régnait que son contenu axé sur les aspects analytiques, mathématiques et scientifiques du vol – me convenait plus que tout ce que j'avais fait jusque-là. C'était la première fois que je faisais partie d'un groupe de gens qui me ressemblaient à ce point. Comme nous aspirions pour la plupart à devenir astronautes, il m'était dorénavant inutile de taire mon rêve. La TPS mène directement à la NASA : deux de mes camarades de promotion – mes bons amis Susan Helms et Rick Husband – ont réussi à joindre ses rangs.

Par contre, rien ne garantissait que cette école de pilotage m'ouvrirait les portes de l'Agence spatiale canadienne (ASC). Nul ne savait quand, ni même si, l'ASC sélectionnerait d'autres astronautes. Une chose était sûre : les premiers astronautes canadiens étaient tous des spécialistes de charge utile : des scientifiques et non des pilotes. De toute façon, je m'étais déjà engagé à suivre le parcours américain type menant à la carrière d'astronaute. Je risquais d'acquérir des compétences inutiles pour la seule agence spatiale pour laquelle je possédais le passeport adéquat, mais il était trop tard pour changer de voie. Par contre, même si je ne devenais jamais astronaute, je savais que je ferais quelque chose de valable de ma vie en poursuivant ma carrière de pilote d'essai.

Notre groupe a visité le Johnson Space Center de la NASA à Houston puis d'autres centres d'essais en vol, notamment

techniques de redressement, des méthodes contre-intuitives qui ont permis d'éviter des pertes de vies et d'appareils.

Pendant ce temps, je pensais toujours aux qualifications qui me seraient utiles si jamais l'ASC embauchait d'autres astronautes. Un diplôme d'études supérieures me semblait nécessaire. J'ai donc travaillé les soirs et les fins de semaine pour obtenir une maîtrise en systèmes aéronautiques offerte à distance par l'Université du Tennessee. J'ai eu à me présenter uniquement pour soutenir mon mémoire. Par contre, la réussite dont je suis le plus fier à l'issue de mon séjour à Pax River a été de prendre les commandes du premier vol expérimental d'un appareil équipé d'un propulseur à combustion externe à l'hydrogène, un moteur qui permettrait de franchir la vitesse du son. La recherche que j'ai rédigée avec Sharon Houck, l'ingénieure d'essais en vol, a remporté le prix Ray E. Tenhoff remis pour le meilleur rapport technique par la Society of Experimental Test Pilots. Pour nous, c'était l'équivalent de gagner un oscar, sans compter que la cérémonie a eu lieu à Beverly Hills en présence de pilotes légendaires tels Scott Crossfield, la première personne au monde à atteindre Mach 2, soit deux fois la vitesse du son.

Pour couronner le tout, j'ai été nommé pilote d'essai de l'année 1991 de la marine américaine. Ma période de service tirait à sa fin, et j'avais réalisé le rêve américain, malgré ma citoyenneté canadienne. Je projetais de me reposer un peu et de profiter de notre dernière année au Maryland, de passer plus de temps avec les enfants et de jouer plus souvent de la guitare. Puis, l'Agence spatiale canadienne a publié une annonce dans les journaux.

Astronautes recherchés.

* * *

Je disposais d'une dizaine de jours pour rédiger et présenter mon curriculum vitæ. Fébriles, Helene et moi nous sommes donné la mission d'en faire le document le plus impressionnant produit dans la campagne du Maryland. Quoi qu'il en soit, c'était certainement un des plus volumineux : sur des pages et des pages, j'ai énuméré toutes mes réalisations : chaque distinction, chaque prix et chaque cours dont je pouvais me souvenir. Comme les imprimantes matricielles de l'époque faisaient un travail qui laissait à désirer, nous avons décidé de faire imprimer le document sur du papier de qualité par des professionnels. Puis Helene a décrété qu'il devait être relié pour attirer l'attention du comité de sélection. Nous ne nous sommes pas contentés de préparer un curriculum vitæ d'apparence irréprochable qui avait l'épaisseur d'un annuaire de téléphone : j'ai demandé à un ami francophone de traduire le tout dans un français impeccable, et nous avons également fait imprimer et relier cette version. Nous avons révisé les deux documents tellement souvent que, la nuit, je rêvais de virgules mal placées. Nous avons sérieusement songé à aller livrer les documents nous-mêmes à Ottawa en voiture pour avoir la certitude que ma candidature arrive à temps. J'ai accepté à regret de faire confiance à un service de messagerie, non sans appeler l'ASC pour m'assurer que mon paquet lui était bel et bien parvenu. L'Agence l'avait effectivement reçu… avec 5 329 autres candidatures. Nous étions en janvier 1992. J'ai vécu par la suite les cinq mois les plus éprouvants de ma vie. J'avais tout fait dans les règles, mais je ne recevais pas de commentaire, et il m'était impossible de savoir si j'avais réussi ou non.

Nous n'avons eu aucune nouvelle pendant des semaines, puis j'ai enfin reçu une lettre : j'étais parmi les cinq cents premiers sélectionnés ! La prochaine étape consistait à remplir des formulaires d'évaluation psychiatrique. Après les avoir remis, on m'a répondu : « Vous recevrez notre réponse, positive ou négative, d'ici quelques semaines. » Les « quelques semaines » se sont écoulées. Silence radio. Une autre semaine s'est éternisée. M'avait-on trouvé déséquilibré au point où les responsables craignaient de m'annoncer le rejet de ma candidature ? Rongé par le doute, j'ai téléphoné à l'ASC. Le type à qui j'ai parlé m'a dit : « Attendez un instant, je vais consulter la liste. Hadfield. Mmm… Ah oui, je vois votre nom. Félicitations, vous avez franchi une autre étape. » Je me suis souvent demandé par la suite si tout le processus n'était pas en fait un moyen astucieux d'évaluer les réactions des candidats en situation d'incertitude et de frustration.

Nous étions maintenant cent sur les rangs. On m'a convié à Washington pour passer une entrevue avec un psychologue du travail. En venant à ma rencontre dans le lobby de son hôtel, il m'a annoncé : « Je n'ai pas loué de salle, nous allons discuter dans ma chambre. » En le suivant, je ne pouvais m'empêcher de penser que, si j'étais une femme, je ne me sentirais pas bien du tout dans une telle situation. Lorsque nous sommes arrivés dans sa chambre, il m'a invité à m'installer à mon aise. J'ai hésité : devais-je m'asseoir sur la chaise ou sur le lit ? Laquelle de ces options enverrait le message approprié à mon sujet ? Assis sur la chaise, j'ai répondu à des questions qui manifestement ne visaient qu'à diagnostiquer les psychoses aiguës. Si ma mémoire est fidèle, le psychologue m'a demandé si j'avais déjà eu envie de tuer ma mère.

Après de longues semaines d'attente, le téléphone a enfin sonné et j'ai appris que la moitié d'entre nous avaient été acceptés pour prendre part à une autre ronde d'entrevues à Toronto. Nous n'étions plus que cinquante ! À cette étape, je me suis permis de croire que j'avais une chance d'être sélectionné et j'ai décidé que le moment était venu d'informer le gestionnaire des carrières de mes projets. Aux États-Unis, l'armée présélectionne les candidats astronautes : les personnes intéressées déposent leur demande à leur service, et l'armée choisit les noms à soumettre à la NASA. Au Canada, toutefois, l'armée ne jouait aucun rôle dans le processus. C'est pourquoi le gestionnaire m'a semblé confus lorsque je lui ai annoncé : « J'ai pensé que je devais vous informer que j'ai déposé ma candidature pour devenir astronaute. Alors, vous aurez peut-être besoin de me remplacer à Pax River un peu plus tôt que prévu, ou peut-être pas. »

Ma situation n'était pas plus claire à mon retour de Toronto, où j'ai subi une première batterie de tests médicaux pour évaluer mon état de santé général. J'ai aussi participé à une longue entrevue devant des représentants de l'ASC, dont Bob Thirsk, un des premiers astronautes canadiens. Je suis rentré au Maryland où m'attendait Helene, enthousiaste et excitée. J'ai essayé de vaquer à mes occupations, mais je ne parvenais pas à chasser de mon esprit ce qui était en jeu, ne serait-ce qu'un seul instant. Pendant si longtemps, devenir astronaute avait été un concept théorique, mais mon rêve était maintenant à ma portée... ou pas. C'était terriblement angoissant. Le petit garçon de neuf ans allait-il réaliser son rêve ?

J'ai enfin été sélectionné dans une cohorte de vingt candidats pour l'étape finale. À la fin d'avril 1992, nous avons tous été convoqués à Ottawa pendant une semaine pour permettre au comité de sélection de nous observer de près. Je faisais de l'exercice régulièrement et je mangeais de façon équilibrée, mais j'ai redoublé d'efforts. Je voulais m'assurer que mon taux de cholestérol était bas – je savais qu'on allait analyser notre condition physique au microscope – et que je respirais la santé. J'ai dressé une liste de cent questions qu'on était susceptible de me poser et j'ai préparé mes réponses, en anglais comme en français. Dès mon arrivée dans la capitale, j'ai constaté que la concurrence était vive. Les dix-neuf autres candidats m'impressionnaient. Certains avaient des doctorats, d'autres étaient diplômés de collèges militaires comme moi ou avaient de nombreuses publications à leur actif. Il y avait des médecins, des scientifiques et des pilotes d'essai, et tout ce beau monde faisait de son mieux pour projeter assurance et détachement. On le devine, la mise en scène n'aurait pas pu être plus anxiogène. Personne ne savait combien d'entre nous seraient sélectionnés à l'issue de ce processus. Six ? Un seul ? Je tentais de paraître serein et indifférent tout en laissant subtilement entendre que j'étais le choix tout désigné et que je possédais toutes les qualifications que l'ASC recherchait. J'espérais.

Ce fut une semaine chargée. Il y a eu une simulation de conférence de presse pour déterminer si nous avions des aptitudes en relations publiques ou à tout le moins si nous pouvions être formés à cet effet. Nous avons subi des examens médicaux approfondis au cours desquels on nous a piqués et tâtés, et extrait de nombreuses fioles de liquides organiques. Toutefois, l'épreuve décisive a été une entrevue d'une heure devant plusieurs personnes, notamment des hauts dirigeants de l'ASC, des spécialistes des relations publiques et des astronautes. J'y ai pensé toute la semaine. Je me demandais comment me démarquer sans paraître arrogant. Quelles étaient les meilleures réponses aux questions évidentes? Qu'est-ce que je devrais éviter de dire? Je suis à peu près certain d'avoir été le dernier reçu en entrevue de la semaine. Les membres du comité s'étaient visiblement familiarisés avec le style de leurs collègues et avaient l'habitude de s'en remettre à Mac Evans, qui dirigerait plus tard l'ASC. Lorsque je posais une question, ils disaient: « Mac, veux-tu répondre à celle-là? » J'avais l'impression d'avoir tissé certains liens avec ces personnes au cours de la semaine précédente et lorsque l'un d'eux m'a posé une question vraiment difficile, la réponse a fusé spontanément: « Mac, voulez-vous répondre à celle-là? » J'avais pris un risque et cette audace pouvait être perçue comme de l'impertinence, mais ils ont éclaté de rire, ce qui m'a donné une minute de plus pour trouver une réponse pertinente. Malgré tout, ils ne m'ont fait aucun commentaire. J'ignorais s'ils m'appréciaient plus ou moins que les autres. Je suis rentré au Maryland sans savoir s'ils allaient me choisir ou non.

À notre départ, on nous a informés qu'un certain samedi de mai, nous allions tous recevoir un appel entre treize heures et quinze heures pour nous annoncer si nous avions été acceptés ou refusés. Lorsque le jour fatidique est arrivé, j'ai décidé qu'il valait mieux, pour que le temps passe plus vite, aller faire du ski nautique avec des amis. Puis Helene et moi sommes rentrés à la maison pour manger et fixer l'horloge. Nous avions déduit qu'ils appelleraient les candidats choisis en premier lieu pour pouvoir offrir le poste à un autre en cas de refus. Nous avions deviné juste: le téléphone a sonné peu après treize heures et j'ai pris l'appel. Au bout du fil, Mac Evans m'a demandé si je voulais devenir astronaute.

Bien sûr que oui. C'est ce que j'avais toujours souhaité.

L'émotion qui m'a envahi à ce moment n'a été ni la joie, ni la surprise, ni un enthousiasme débordant. C'était plutôt une énorme vague de soulagement, comme si un vaste barrage constitué de toute la pression que je m'étais imposée au fil des ans se rompait enfin. Je ne m'étais pas déçu et je n'avais pas déçu Helene. Je n'avais pas déçu ma famille. Ce but en vue duquel nous avions travaillé pendant si longtemps était enfin à ma portée. Mac m'a dit que je pouvais annoncer la bonne nouvelle aux membres de ma famille, pourvu qu'ils comprennent l'importance de ne pas l'ébruiter. Alors, après avoir absorbé le choc – dans la mesure du possible –, j'ai appelé ma mère et je l'ai fait jurer de garder le secret. Elle a probablement commencé à téléphoner dès la fin de mon appel parce que, lorsque j'ai eu mon grand-père au bout du fil, la nouvelle n'en était plus une.

Au cours des mois qui ont suivi, il y a eu beaucoup d'excitation, une réunion secrète avec les trois autres nouveaux astronautes (Bob Stewart, remplacé rapidement par Mike McKay, Julie Payette et Dave Williams), la publicité et les honneurs, et même quelques activités protocolaires. Mais le jour où j'ai répondu à l'appel de l'ASC dans ma cuisine, j'ai senti que j'avais enfin atteint, en toute sécurité, le sommet de la montagne que je gravissais depuis l'âge de neuf ans, et que j'observais le panorama de l'autre côté. C'était impossible, et pourtant, cela s'était produit. J'étais un astronaute.

Mais pas tout à fait, comme je le découvrirai plus tard. Il faut plus qu'un coup de fil pour devenir astronaute, pour devenir cette personne fiable qui prend les décisions appropriées quand les conséquences importent vraiment. Ce n'est pas un titre qu'on peut conférer, mais plutôt un travail qui exige des années d'efforts soutenus et sérieux pour constituer une nouvelle base de connaissances, développer nos capacités physiques et décupler nos compétences techniques. Et quelle est la chose la plus importante qu'il faut changer? L'esprit. Il faut apprendre à *penser* comme un astronaute.

Je ne faisais que commencer.

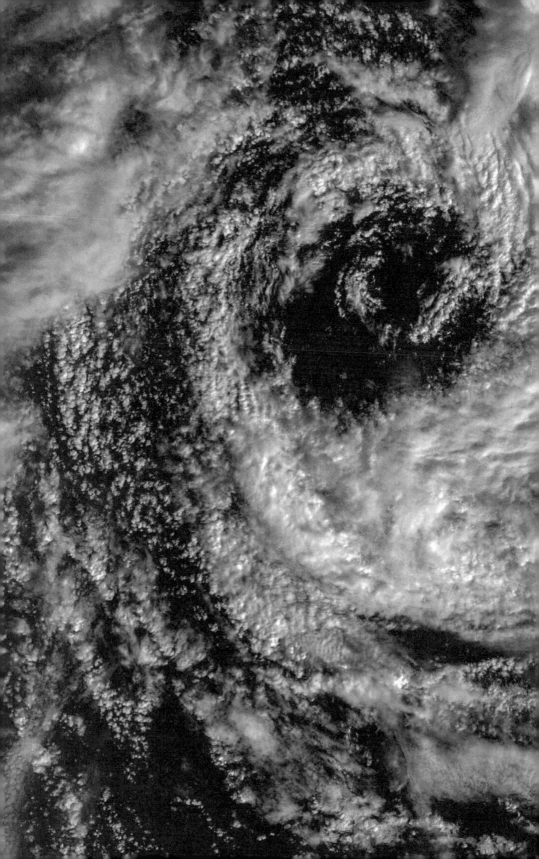

PREMIÈRE PARTIE

PRÉLANCEMENT

oublier le fait que je porte une couche au cas où nous resterions coincés sur le pas de lancement pour une très longue période, m'évite de verser dans un discours ronflant pour me ramener à la réalité. Je dois me concentrer ; il y a beaucoup de détails dont il faut se rappeler.

Une fois tous les membres de l'équipage habillés, nous quittons les quartiers du troisième étage pour descendre en ascenseur au niveau du sol et nous diriger vers notre fusée. Je vis mon rêve d'enfance, à l'exception de la lenteur *extrême* de l'ascenseur, qui descend en légèrement moins de temps qu'il n'en faut pour cuire un œuf. Lorsque nous sortons enfin pour marcher jusqu'à la grosse « Astro van » argentée qui nous transportera jusqu'à la plateforme de lancement, c'est le moment que tout le monde connaît : les flashes des photographes crépitent dans l'aube noire, les foules s'exclament et nous les saluons, le sourire aux lèvres. Depuis le véhicule, nous apercevons au loin, illuminée et brillante, la fusée dressée tel un obélisque. Son apparence nous fait oublier qu'il s'agit d'une bombe de 4,5 mégatonnes impériales chargée de combustible explosif, ce qui explique pourquoi tous ceux qui n'iront pas à bord s'en éloignent.

Une fois sur le pas de tir, nous montons dans un ascenseur – plus rapide celui-là – et, un par un, nous entrons en rampant dans le véhicule. Ensuite, les techniciens de l'équipe de verrouillage me sanglent fermement à mon siège étroit. L'un d'eux me tend un mot d'amour d'Helene. Je ne me sens pas particulièrement à l'aise : la combinaison est volumineuse et étouffante, la cabine est encombrée et je sens un parachute particulièrement inconfortable ainsi que mon équipement de survie coincés derrière mon dos. Je serai confiné dans cette position pendant au moins quelques heures, mais je ne voudrais me trouver nulle part ailleurs.

L'équipe au sol vérifie l'habitacle une dernière fois, nous dit adieu et ferme l'écoutille, puis nous procédons aux vérifications de pression de la cabine. On plaisante moins : l'équipage est hyperconcentré. Toutes les mesures visent à augmenter nos chances de survie, et pourtant, nous avons encore l'impression de « faire semblant » parce qu'il pourrait

survenir un tas de choses – une anomalie du câblage, un problème avec un réservoir de carburant – qui reléguerait ces
préparatifs à une simple répétition générale élaborée.

Tandis que s'écoulent les secondes, il devient de plus en
plus probable que nous irons dans l'espace aujourd'hui
même. Pendant que nous cochons la multitude de tâches qui
figurent sur nos listes de vérification – pour contrôler tous les
voyants de mise en garde et les témoins sonores, pour nous
assurer que les multiples fréquences utilisées pour communiquer avec le Centre de lancement du Kennedy Space Center
et le Centre de contrôle de mission à Houston fonctionnent
toutes. Le véhicule s'anime en grondant : les systèmes
se mettent en marche, les tuyères d'éjection des moteurs
vibrent et annoncent le lancement. Quand les génératrices
auxiliaires s'allument, les vibrations de la fusée deviennent
plus intenses. Dans mes écouteurs, j'entends les dernières
autorisations des principaux postes du Centre de lancement
ainsi que le souffle de mes coéquipiers, puis un au revoir des
plus sincères du directeur du lancement. Je repasse ma liste
de vérification rapidement une bonne centaine de fois pour
m'assurer que je me souviens de toutes les étapes critiques
qui sont sur le point de survenir, de mon rôle et de ce que je
dois faire si quelque chose tourne mal.

Il reste trente secondes avant le décollage et la navette
vibre comme un être vivant doté de sa propre volonté. Je
me permets de passer de l'espoir à la certitude : nous allons
bel et bien décoller. Même s'il faut annuler la mission après
quelques minutes dans les airs, nous sommes assurés de nous
élever du pas de tir.

Plus que six secondes. Les moteurs s'allument et nous
penchons vers l'avant tandis que cette force gigantesque fait
ployer le véhicule qui tangue sur le côté puis revient à la verticale. Et à ce moment, nous sentons une vibration et un bruit
énormes et violents. C'est comme si un chien monstrueux
nous avait saisis dans ses mâchoires et nous secouait, puis
comme si son maître (un géant invisible) nous empoignait
et nous projetait haut dans le ciel, loin de la Terre. C'est de
la magie, c'est une victoire, c'est un rêve.

C'est aussi comme si un énorme camion filant à toute vitesse venait de s'écraser contre nous. C'est tout à fait normal, semble-t-il, et on nous avait prévenus. Alors je continue à faire mes vérifications à voix haute, je repasse mes tableaux et mes listes de vérification et je braque mon regard sur les boutons et les voyants au-dessus de moi, scrutant les ordinateurs à l'affût d'éventuels problèmes, en essayant de ne pas cligner des yeux. La tour de lancement se trouve loin derrière nous et nous nous élevons dans le ciel, écrasés de plus en plus violemment contre nos sièges pendant que le véhicule brûle du carburant, s'allège et, quarante-cinq secondes plus tard, franchit la vitesse du son. Trente secondes après, nous volons plus haut et plus vite que le Concorde, à une vitesse de Mach 2, et nous accélérons toujours. Nous nous sentons comme dans une voiture de course d'accélération, écrasés par la vitesse. Deux minutes après le décollage, nous volons à vive allure à six fois la vitesse du son lorsque les propulseurs auxiliaires à poudre (PAP) se détachent du véhicule en explosant et nous sommes projetés vers l'avant à nouveau. Je suis toujours complètement concentré sur ma liste de vérification, mais du coin de l'œil, je remarque que les couleurs du ciel sont passées d'azur à bleu profond puis à noir.

Et, soudainement, c'est le calme. Nous atteignons Mach 25, la vitesse orbitale, les moteurs baissent de régime et j'aperçois de minuscules grains de poussière flottant paresseusement. Vers le haut. Je tente l'expérience : j'ouvre la main quelques secondes et j'observe ma liste de vérification planer puis dériver sereinement plutôt que de s'écraser lourdement au sol. Je me sens comme un gamin, comme un sorcier, comme la personne la plus chanceuse au monde. Je suis dans l'espace, en apesanteur, et je n'ai mis que huit minutes et quarante-deux secondes pour m'y rendre.

Et des milliers de jours d'entraînement.

* * *

C'était le 12 novembre 1995, il y a maintenant des années, à bord de la navette spatiale *Atlantis*. Mon premier décollage.

Par contre, je conserve un souvenir si vivace et réel de cette expérience qu'il me semble inadéquat, en un certain sens, de la raconter au passé. Le lancement est une expérience fulgurante pour les sens : toute cette puissance et cette vitesse puis, sans crier gare, la puissance inouïe du lancement se mue en sensation douce et onirique de flotter sur un coussin d'air invisible.

Je ne crois pas qu'il soit possible de s'habituer à une expérience d'une telle intensité ni de s'en blaser. L'astronaute le plus expérimenté qui participait à ma première mission était Jerry Ross, un grand voyageur sur la navette spatiale. Il s'agissait de sa cinquième mission (il en fera deux de plus et il est l'un des deux seuls astronautes, avec Franklin Ramón Chang Díaz, à avoir volé dans l'espace sept fois). Jerry ne fait pas étalage de sa compétence. Infiniment calme et serein, il incarne l'archétype de l'astronaute digne de confiance, loyal, courtois et courageux. Durant notre entraînement, dès que j'hésitais sur ce que je devais faire, je l'observais. À bord d'*Atlantis,* cinq minutes avant le décollage, je l'ai vu faire quelque chose que je n'avais jamais remarqué : son genou droit sautillait légèrement. Je me souviens d'avoir pensé : « Wow ! Le genou de Jerry tremble ! Quelque chose de vraiment incroyable doit être sur le point de se produire… »

Je doute qu'il ait eu conscience de ses réactions physiques. Moi, en tout cas, je ne l'étais pas. Je me concentrais beaucoup trop sur toute la nouveauté autour de moi pour m'analyser. Lors de la phase ascensionnelle, je vérifiais mes tableaux, je faisais mon travail, je surveillais tout ce que je devais surveiller lorsque j'ai ressenti une étrange douleur au visage : je souriais tellement, sans même m'en rendre compte, que j'avais des crampes aux joues.

Je me trouvais enfin là-haut, plus d'un quart de siècle après avoir observé le ciel étoilé dans un pré de l'île Stag. Je volais en orbite autour de la Terre à titre de spécialiste de la mission STS-74. Notre principal objectif consistait à construire un module d'amarrage sur la station spatiale russe, Mir. Nous devions utiliser le bras télémanipulateur de la navette spatiale pour extraire un module d'amarrage tout neuf de son cocon dans la soute d'*Atlantis*; installer ce module au sommet de la navette puis rejoindre la station et y arrimer le module afin que les astronautes participant aux vols subséquents de la navette puissent monter à bord de Mir plus facilement que nous.

C'était un défi d'une ampleur et d'une complexité inouïes, et il n'y avait aucun moyen de prédire si notre plan fonctionnerait. Personne n'avait jamais rien tenté de la sorte. Notre mission de huit jours ne s'est pas déroulée sans anicroche. En fait, des pièces d'équipement essentielles ont eu des défaillances à un moment critique et rien ne s'est passé exactement comme prévu. Pourtant, nous avons réussi à construire ce module d'amarrage et en quittant la station, j'ai éprouvé – comme tous mes coéquipiers – une grande satisfaction, qui frisait la jubilation. Nous avions réussi un travail difficile. Mission accomplie, rêve réalisé.

Seulement, ce n'était pas tout à fait le cas. Dans un sens, j'étais en paix : j'avais enfin voyagé dans l'espace, et cette aventure était encore plus exaltante que je l'avais imaginée. Mais on ne m'avait pas confié beaucoup de responsabilités là-haut (on ne le fait jamais dans le cas d'un baptême de l'espace), et je n'avais pas participé autant que je l'aurais souhaité.

La différence entre Jerry Ross et moi, en matière de contribution, était énorme. Lors de mon entraînement à Houston, je n'avais pas été en mesure de séparer l'essentiel de l'accessoire, de distinguer ce qui allait me garder en vie en cas d'urgence de ce qui était ésotérique et intéressant, mais non capital. Il y avait eu tant à apprendre que je m'étais efforcé de tout emmagasiner dans mon cerveau. Je m'étais aussi trouvé en mode d'assimilation pendant la mission : *expliquez-moi tout, continuez à me montrer des choses, je vais tout absorber jusqu'à la dernière goutte.*

C'est pourquoi même après avoir parcouru plus de 5,4 millions de kilomètres dans le ciel, je n'avais pas encore l'impression d'être arrivé à destination. J'étais toujours en processus de devenir astronaute.

Il ne suffit pas de s'envoler dans l'espace. Aujourd'hui, n'importe quelle personne assez riche et jouissant d'une bonne santé peut y aller. Ceux qu'on appelle les « touristes de l'espace » versent de vingt à quarante millions de dollars américains pour un voyage d'une dizaine de jours à destination de la Station spatiale internationale (SSI) à bord d'une fusée compacte russe Soyouz, qui est dorénavant le seul véhicule permettant aux humains de se rendre à la SSI. Ce n'est pas aussi simple que monter à bord d'un avion. Ces voyageurs doivent suivre une formation de sécurité de base durant six mois.

Participer à un vol spatial, ce n'est pas être astronaute. Un astronaute est une personne qui peut prendre rapidement de bonnes décisions, lourdes de conséquences, même s'il dispose de données fragmentaires. Je ne le suis pas devenu miraculeusement, après un court séjour d'un peu plus d'une semaine dans l'espace, mais j'ai découvert que je ne savais même pas ce que j'ignorais. Il me restait encore beaucoup de choses à apprendre, et je devais les apprendre là où tout le monde apprend à devenir astronaute : ici même, sur Terre.

* * *

Parfois, lorsque les gens apprennent ce que je fais comme profession, ils me demandent : « Alors, que faites-vous quand vous ne voyagez pas dans l'espace ? » Ils nous imaginent, entre les lancements, assis dans une salle d'attente à Houston à essayer de reprendre notre souffle avant le prochain décollage. Ce n'est pas une idée loufoque puisqu'on entend généralement parler des astronautes seulement lorsqu'ils sont en mission ou sur le point de s'envoler. J'ai toujours l'impression de décevoir les gens quand je leur avoue la vérité : nous passons la majeure partie de notre carrière les deux pieds sur Terre, à nous entraîner.

Au fond, j'ai un emploi de service. Les astronautes sont des fonctionnaires, des employés du gouvernement qui ont une tâche difficile à accomplir au nom des citoyens de leur pays. C'est une responsabilité qu'il faut absolument prendre au sérieux : des millions de dollars sont investis dans notre formation, et on nous confie de l'équipement qui vaut des milliards. Satisfaire notre besoin de vivre des sensations exaltantes ne figure pas dans notre description de poste. Il faut plutôt rendre l'exploration spatiale plus sûre et plus productive sur le plan scientifique, pas pour nous, mais pour les autres. Alors, même si nous acquérons les compétences nécessaires, comme les sorties dans l'espace, nous passons une grande partie de notre temps à régler des problèmes pour nos collègues en orbite et à essayer de mettre au point de nouveaux outils et d'élaborer des procédures pour les missions futures. La plupart du temps, nous nous entraînons, nous suivons des cours – beaucoup de cours – et nous passons des examens. Le soir et la fin de semaine, nous étudions. En outre, nous avons des tâches au sol pour soutenir les missions d'autres astronautes, ce qui nous aide aussi beaucoup à améliorer nos propres compétences.

J'ai fait partie de comités, j'ai été chef des opérations de la Station spatiale internationale à Houston et j'ai joué beaucoup d'autres rôles au fil des ans. L'emploi au sol que j'ai occupé le plus longtemps et où j'ai eu l'impression d'apporter la contribution la plus importante est celui de capcom ou *capsule communicator*. Le capcom est responsable d'assurer les communications entre le Centre de contrôle et les astronautes en orbite. L'emploi présente une infinité de défis, comme une grille de mots croisés qui prend de l'expansion au fur et à mesure qu'on la remplit.

Le Centre de contrôle de mission (CCM) du Johnson Space Center (JSC) est probablement l'une des salles de cours les plus extraordinaires et les plus stimulantes au monde sur le plan intellectuel. Toutes les personnes qui y travaillent possèdent une expertise acquise dans un domaine technique particulier. Telles des araignées, elles sont extrêmement sensibles à toutes les vibrations qu'elles perçoivent sur leur toile et sont prêtes à tout moment à s'attaquer à un problème pour le régler efficacement. Le capcom est loin de posséder des connaissances techniques aussi approfondies, mais il est la voix de la raison opérationnelle. Dès mes débuts à ce poste en 1996, j'ai découvert que même un seul vol spatial m'avait donné une idée de ce que l'on peut demander à un équipage de faire et, surtout, quand. Si l'un des experts du Centre de contrôle propose que l'équipe exécute une tâche donnée, je suis en mesure de déceler les difficultés logistiques qu'on ne peut envisager si on n'est jamais allé là-haut. Dans le même ordre d'idées, les membres d'équipage savaient que je pouvais avoir de l'empathie pour eux et comprendre leurs besoins et difficultés parce que j'avais déjà été à leur place. Toutefois, le capcom est davantage un interprète qui analyse et évalue en continu toutes les données d'entrée et les facteurs qui changent constamment et prend rapidement une multitude de petites décisions, puis les communique à l'équipage et à l'équipe au sol à Houston. C'est être à la fois l'entraîneur, le quart arrière, le porteur d'eau et la meneuse de claque.

En moins d'un an, je suis devenu capcom principal et j'ai collaboré à un total de vingt-cinq missions de la navette spatiale. Cette fonction ne comportait qu'un inconvénient : tous les retards de lancement, et il y en avait souvent à Cape Canaveral à cause des conditions météorologiques, bouleversaient nos plans de vacances familiales. Malheureusement, cet emploi ne se prête pas au télétravail. Autrement, c'était une fonction de rêve, les occasions d'apprentissage se succédaient. J'ai appris à résumer et à interpréter les discussions techniques chargées d'acronymes qu'on entendait sur les circuits de communication internes au Centre de contrôle afin de relayer l'information essentielle à l'équipage avec limpidité et, je l'espère, dans la bonne humeur. Quand je n'étais pas au pupitre du JSC, je m'entraînais avec les équipages pour constater *de visu* les interactions entre les astronautes ainsi que leurs forces et leurs lacunes personnelles, ce qui m'aidait à m'assurer que je pourrais les défendre efficacement lorsqu'ils seraient dans l'espace. En outre, je me tenais à jour en matière de formation et d'usage d'équipement et d'appareils complexes. J'adorais mon travail, entre autres raisons parce que je pouvais sentir, voir et me rappeler ma contribution directe à chaque mission. Après chaque atterrissage, lorsque la plaque de l'équipage était accrochée à un mur du CCM, je voyais non seulement un symbole coloré de réussite collective, mais aussi un témoignage personnel des défis relevés, des complexités maîtrisées, de l'atteinte d'un objectif quasi inatteignable.

Lorsque je suis retourné dans l'espace en avril 2001 à titre de membre de la mission STS-100, je comprenais beaucoup mieux l'ensemble du casse-tête que constitue un vol spatial, et non seulement mon petit rôle à moi. Je mentirais si je prétendais que je n'aurais pas aimé avoir l'occasion d'y retourner plus tôt (puisque les navettes avaient été fabriquées aux États-Unis et appartenaient au gouvernement, il allait de soi que les astronautes américains avaient la priorité pour les missions à leur bord). Toutefois, le fait d'être demeuré au sol pendant six ans entre mes premier et deuxième vols a sans contredit fait de moi un bien meilleur astronaute, dont l'apport était beaucoup plus important tant sur Terre que dans l'espace.

J'ai commencé à m'entraîner pour la mission STS-100 quatre bonnes années avant le lancement. Notre destination, la Station spatiale internationale, n'existait pas encore puisque ses premiers éléments ont été envoyés dans l'espace en 1998. Notre principal objectif consistait à livrer et à installer le Canadarm2, un énorme bras télémanipulateur externe capable de saisir des satellites et des fusées, de déplacer des fournitures et des personnes et, plus important encore, d'assembler le reste de la SSI. La navette livrait des modules-laboratoires que les astronautes installaient à l'endroit approprié au moyen du télémanipulateur. C'était l'outil de construction le plus coûteux et le plus perfectionné au monde. Son expédition dans l'espace et sa mise en marche n'ont pas exigé une sortie extravéhiculaire (EVA), mais bien deux. J'avais été désigné EV1 ou *lead spacewalker*, soit principal scaphandrier de l'espace, même si je n'étais jamais sorti dans l'espace de ma vie.

Sortir dans l'espace, c'est à la fois escalader une paroi rocheuse, lever des poids et réparer un petit moteur tout en exécutant un pas de deux complexe, enfermé dans une combinaison encombrante qui irrite jusqu'au sang les jointures, le bout des doigts et les clavicules. En apesanteur, la moindre tâche devient incroyablement difficile. Le simple geste de tourner une clé anglaise pour desserrer un boulon est aussi ardu que changer un pneu en portant des patins et des gants de gardien de but. Chaque sortie spatiale doit donc être soigneusement chorégraphiée et répétée durant plusieurs années. Cette opération implique des centaines de personnes et beaucoup de travail acharné dans l'ombre pour s'assurer que tous les détails – et tous les imprévus – ont été soigneusement analysés. Il est nécessaire de planifier à l'extrême parce que toute EVA présente un danger : les astronautes s'aventurent dans le vide, milieu complètement hostile à la vie. En cas de problème, ils ne peuvent pas simplement regagner le vaisseau spatial à toute vitesse.

Pendant des années, littéralement, je me suis entraîné aux sorties spatiales dans le Neutral Buoyancy Lab, qui est en fait une piscine géante au Johnson Space Center. Mon expérience lors de ma première mission et au Centre de contrôle m'avait enseigné à mieux fixer mes priorités, à distinguer ce qui est vraiment important de ce qui est simplement « bon à savoir ». Il me fallait avant tout comprendre la configuration extérieure de la SSI, apprendre à me déplacer autour sans rien endommager et faire des réparations et des réglages en temps réel. Mon objectif dans la piscine était de répéter chaque étape et chaque geste que j'aurais à faire jusqu'à ce qu'ils deviennent une seconde nature.

Je suis heureux d'avoir consacré tout ce temps à l'entraînement parce que j'ai eu quelques ennuis que je n'avais pas anticipés lors de ma sortie, des problèmes que je n'aurais probablement pas pu régler si j'avais négligé ma préparation. Au bout du compte, la mission STS-100 a été une grande réussite : nous sommes rentrés sur Terre à bord de la navette *Endeavour* fourbus, mais fiers de ce que nous avions accompli. Aider à installer le Canadarm2 et jouer un rôle dans la construction d'une habitation humaine permanente loin de notre planète – ce qui est d'autant plus remarquable puisque cette opération avait exigé la participation et la collaboration de quinze pays – m'a donné le sentiment que j'étais un astronaute compétent qui avait apporté une contribution substantielle.

Ce sentiment ne s'est pas estompé le moindrement lorsque j'ai passé les onze années suivantes sur le plancher des vaches. J'espérais retourner dans l'espace, bien sûr, mais je n'étais pas confiné dans le purgatoire des explorateurs à me tourner les pouces. De 2001 à 2003, j'ai travaillé à la Cité des étoiles près de Moscou, là où s'était entraîné Youri Gagarine, à titre de représentant du Bureau des astronautes de la NASA en Russie. J'y ai vécu à la russe afin de mieux comprendre mes collègues de travail et d'être plus efficace dans mes fonctions. Cette expérience s'est avérée précieuse lorsque, une dizaine d'années plus tard, je me suis retrouvé à cohabiter et à travailler étroitement avec des cosmonautes russes. Non seulement je parlais leur langue, mais je me connaissais mieux moi-même : je savais que, puisqu'il me faut plus de temps pour comprendre une chose quand je me trouve dans une culture étrangère, je devais résister consciemment à l'envie de me hâter et d'imposer mes propres attentes aux autres.

Après mon séjour à la Cité des étoiles, je suis rentré à Houston pour occuper le poste de chef de la robotique, qui relève du Bureau des astronautes de la NASA, au cours de l'une des périodes les plus sombres de l'histoire de la NASA. C'était en 2003, immédiatement après la tragédie de *Columbia*. Les navettes étaient clouées au sol, ce qui avait entraîné l'interruption de la construction de la Station spatiale. Les Américains remettaient en question l'allocation de leurs impôts pour des projets aussi dangereux que l'exploration spatiale. Nous croyions qu'il était possible de surmonter les écueils d'ordre technique pour faire de la navette un véhicule beaucoup plus sécuritaire, mais nous ne pensions pas être capables de renverser la vague défavorable de l'opinion publique. Toutefois, nous avons réussi à atteindre ces deux buts, ce qui nous rappelle l'importance de rester axés sur notre mission et de garder notre optimisme même lorsqu'un objectif semble hors de portée.

L'éventualité d'une troisième mission spatiale me semblait un autre objectif hors de portée. Toutefois, comme je le faisais pendant mes études universitaires, j'ai décidé de me préparer, au cas où… C'est dans cet esprit que, de 2006 à 2008, j'ai occupé le poste de chef des opérations de la Station spatiale internationale au Bureau des astronautes de la NASA. J'étais responsable de tout ce qui concernait la sélection, l'entraînement, la certification, le soutien, la réhabilitation et la réintégration de tous les membres d'équipage de la SSI. Les relations avec les agences spatiales étrangères et la connaissance approfondie de tous les aspects de la Station spatiale se sont avérées une bonne préparation. J'ai enfin eu l'approbation pour participer à une autre mission : une expédition de longue durée.

Le 19 décembre 2012, je suis retourné dans l'espace pour la troisième fois, à bord de la fusée russe Soyouz, en compagnie de l'astronaute de la NASA Tom Marshburn et du cosmonaute russe Roman Romanenko. Les séjours des équipages sur la SSI se chevauchent afin que les nouveaux venus disposent de quelques mois d'apprentissage auprès de ceux qu'ils remplaceront, dans notre cas l'Expédition 34, dirigée par Kevin Ford. Lorsque cette équipe nous a quittés au début de mars 2013, l'Expédition 35 a entrepris ses travaux sous les ordres d'un nouveau commandant : moi-même. C'était ce à quoi j'avais aspiré toute ma vie, à vrai dire : être apte à assumer avec compétence la responsabilité à la fois de l'équipage – qui a réuni six membres à nouveau à la fin mars avec l'arrivée d'un autre Soyouz – et de la Station spatiale elle-même. C'était devenu réalité, mais difficile à croire.

* * *

Une chose m'a frappé tandis que je me préparais pour mon troisième vol : j'étais l'un des astronautes les plus anciens du bureau. Cette constatation ne me réjouissait pas particulièrement, étant donné que je ne me considérais pas – ce n'est toujours pas le cas – comme étant si vieux. D'un autre côté, par contre, les gens m'écoutaient et respectaient mon opinion. J'ai exercé une influence sur le processus de formation et de « scénarisation » de la mission, et j'avais pu en augmenter la pertinence et l'aspect « pratique ». Vingt ans après avoir reçu l'appel de Mac Evans, qui me demandait si je voulais joindre les rangs de l'ASC, j'étais devenu une éminence grise au Johnson Space Center. Je n'avais été dans l'espace que pendant vingt jours, et pourtant je m'étais transformé en astronaute ou plutôt, pour être plus exact, *on avait fait de moi* un astronaute. La NASA et l'ASC en avaient été responsables en m'offrant la formation adéquate et en m'exposant aux expériences nécessaires.

Il va sans dire que cette troisième mission a beaucoup enrichi mon expérience. Je n'ai pas seulement visité l'espace, j'y ai *vécu*. Durant 146 jours, notre équipage a décrit 2 336 orbites autour de notre planète et parcouru tout près de 100 millions de kilomètres. Nous avions aussi exécuté un nombre record d'expériences scientifiques sur la SSI. L'Expédition 34/35 a été l'apogée de ma carrière et le point culminant de longues années d'entraînement, non seulement pour développer des compétences spécifiques reliées à mon travail (comme piloter un Soyouz), mais aussi pour acquérir de nouveaux instincts, de nouvelles façons de réfléchir, de nouvelles habitudes. Et cette aventure, encore plus que les autres que j'ai faites dans les fusées, m'a transformé de façon que je n'aurais pu imaginer lorsque j'étais un petit garçon de neuf ans qui observait la nuit étoilée, tétanisé d'émerveillement.

Voyez-vous, une chose étrange m'est arrivée pendant que je me préparais à aller dans l'espace : j'ai découvert comment vivre mieux et plus heureux ici, sur Terre. Au fil du temps, j'ai appris à anticiper les problèmes afin de les éviter et à réagir efficacement en situation de crise. J'ai appris à neutraliser la peur, à garder ma concentration, à réussir.

De plus, un grand nombre des techniques que j'ai acquises étaient plutôt simples, quoique contraires à l'intuition. Des inversions d'aphorismes, dans certains cas. On apprend aux astronautes que le meilleur moyen de diminuer le stress est de s'attarder aux détails. On nous entraîne à voir le côté sombre des choses et à imaginer le pire qui pourrait arriver. En fait, sur les simulateurs, une des questions que nous devons nous poser le plus souvent est : « Qu'est-ce qui pourrait bien causer ma mort dans les prochaines minutes ? » Nous apprenons aussi que se comporter en astronaute consiste à aider les familles des autres au lancement, en commandant leurs repas, en faisant leurs courses, en tenant un sac à main ou en allant acheter des couches, par exemple. Bien sûr, une grande part de nos nouvelles connaissances est complexe sur le plan technique, mais nous apprenons aussi des choses étonnamment terre à terre. Tous les astronautes savent comment réparer une fuite des toilettes – on doit le faire sans arrêt dans l'espace – et comment faire des valises méticuleusement comme nous devons le faire dans le Soyouz, où le moindre article doit être attaché conformément aux instructions pour éviter les déséquilibres de poids.

Le bon côté de tout cela, c'est que nous devenons compétents, ce qui est la qualité la plus importante pour un astronaute ou, à vrai dire, pour toute personne, où qu'elle soit, qui cherche à réussir. Être compétent, c'est garder la tête froide quand il y a une crise, c'est persévérer dans sa tâche même si elle semble sans issue, c'est improviser de bonnes solutions à des problèmes difficiles lorsque chaque seconde compte. La compétence englobe l'ingéniosité, la détermination et le fait d'être prêt à tout.

Les astronautes ont ces qualités non pas parce qu'ils sont plus intelligents que les autres (mais avouons qu'il faut tout de même un minimum de capacités intellectuelles pour réparer une cuvette…). C'est parce qu'on nous enseigne à voir le monde – et nous-mêmes – d'une autre façon. J'appelle cette attitude «penser comme un astronaute». Il n'est pas nécessaire d'aller dans l'espace pour l'apprendre.

Il s'agit surtout de changer sa façon de voir les choses.

2

La bonne attitude

Peu importe la compétence ou l'expérience d'un astronaute, il demeure essentiellement un étudiant perpétuel, toujours en train de se préparer pour un examen. Ce n'est pas ce que j'imaginais à neuf ans. À l'époque, je rêvais de m'envoler dans un éclat de gloire pour explorer l'Univers, et non de me retrouver dans une classe pour étudier la mécanique orbitale. En russe de surcroît. Mais quoi qu'il en soit, j'adore mon travail, le quotidien et pas seulement lorsqu'on voyage dans l'espace (bien que cette partie du travail soit indéniablement *cool*).

Si la seule chose qui vous attire vraiment est de faire le tour de la Terre dans un vaisseau spatial, vous détesteriez le métier d'astronaute. Le rapport entre le temps consacré à la préparation et la durée d'un séjour en orbite est de nombreux mois pour chaque journée passée dans l'espace. On travaille au minimum durant quelques années avant même d'être assigné à un vol. Ensuite, l'entraînement pour une mission particulière – beaucoup plus intense et rigoureux que l'entraînement général – dure de deux à quatre ans. On s'exerce à des tâches délicates et répétitives ainsi qu'à d'autres, très difficiles, jusqu'à l'épuisement. En outre, on est en déplacement plus de la moitié du temps. Si on n'adore pas ce métier, cette période de préparation passera très lentement, comme les mois qui suivent une mission lorsqu'on récupère, que l'on subit des tests médicaux et que l'on fait des comptes rendus techniques et scientifiques de toutes sortes. Comme les années d'entraînement régulier entre les missions, lorsque l'on doit se requalifier et acquérir de nouvelles compétences tout en aidant les autres astronautes à se préparer à leur vol. Un astronaute qui considère l'entraînement comme une tâche ennuyeuse serait malheureux tous les jours, en plus de voir son estime personnelle et professionnelle anéantie s'il est exclu d'une mission ou si on ne lui en confie aucune.

Certains astronautes ne partiront jamais. Ils s'entraînent, ils font tout leur travail et pourtant, ils ne quittent jamais la Terre. J'ai choisi ce métier en sachant que je pourrais être l'un d'eux.

Je suis réaliste et j'ai grandi à l'époque où les « astronautes canadiens » n'existaient pas. J'étais déjà un diplômé universitaire sur le marché du travail lorsque le Canada a sélectionné ses premiers astronautes en 1983. Ainsi, quand j'ai fini par aller à Houston neuf ans plus tard, j'étais transporté de joie à la seule idée de m'y trouver, mais je doutais aussi de mes chances de quitter la planète. La durée de la mission d'un membre d'équipage à bord de la SSI était déterminée par la somme d'argent versée par son pays : comme le Canada fournissait moins de deux pour cent du financement de la Station, ses astronautes passaient moins de deux pour cent de la durée de la mission, un système tout à fait juste et inflexible. Pourtant, même les Américains sélectionnés pour faire partie du corps d'astronautes n'ont aucune assurance d'aller dans l'espace. Il existe toujours la possibilité d'un changement radical du financement gouvernemental : quand des programmes sont annulés, une génération entière d'astronautes en souffre. Ou encore, quand un vaisseau explose et cause la mort d'un équipage, les vols habités peuvent être interrompus durant des années jusqu'à la conclusion d'une enquête approfondie, qui rassurera le public sur la sécurité et la valeur de l'exploration spatiale. Les véhicules peuvent aussi changer. La navette a été retirée en 2011, après trente ans de service, et aujourd'hui, le Soyouz, un véhicule beaucoup plus petit, est le seul qui peut transporter des êtres humains jusqu'à la Station spatiale. Certains astronautes embauchés à l'ère de la navette sont simplement trop grands pour entrer dans le petit vaisseau russe. Aujourd'hui, leurs chances de quitter la Terre sont nulles.

Les changements dans la vie personnelle d'un astronaute risquent d'affecter ses chances de participer à une mission. Le moindre ennui de santé risque de le disqualifier (pour aller sur la Station spatiale internationale, il faut subir l'examen médical le plus rigoureux au monde : personne ne veut écourter une mission et dépenser des millions de dollars pour rapatrier un astronaute malade avant la date prévue). Une crise familiale majeure peut également obliger un astronaute à manquer le seul créneau qui s'offrait à lui.

En outre, les qualifications requises pour être assigné à une mission peuvent changer au fil des ans. Puisque la navette spatiale transportait un équipage de sept membres, qui ne passaient que quelques semaines dans l'espace, il était possible d'y admettre des gens hautement spécialisés, mais limités à quelques domaines. À l'époque, si douze tonnes d'équipement étaient transportées à la SSI et que tout devait être méticuleusement déchargé, réassemblé et installé, puis qu'il fallait ensuite charger la soute d'une énorme quantité de pièces et d'équipement de toutes sortes pour les rapporter sur Terre, il suffisait d'être un arrimeur fanatiquement organisé. La capsule Soyouz est simplement trop petite pour accueillir une personne qui possède une expertise limitée à un seul domaine. La fusée russe ne transporte que trois personnes qui, ensemble, doivent maîtriser une grille de compétences étendue. Certaines sont évidentes : piloter le vaisseau, se promener dans l'espace, utiliser l'équipement robotisé de la SSI, comme le Canadarm2, pouvoir réparer les bris divers à l'intérieur de la Station, mener et observer les nombreuses expériences scientifiques à bord. Toutefois, comme les membres d'équipage vivent loin de la civilisation durant de longs mois, ils doivent aussi pouvoir réaliser des opérations chirurgicales et dentaires mineures, programmer un ordinateur, remonter un panneau électrique, prendre des photographies de qualité professionnelle et organiser une conférence de presse, sans oublier qu'ils doivent s'entendre harmonieusement avec leurs collègues vingt-quatre heures sur vingt-quatre dans un espace restreint.

À l'ère de la navette, la NASA recherchait des gens aptes à piloter le véhicule le plus complexe au monde pendant de courtes périodes. La situation est différente aujourd'hui : l'agence spatiale américaine embauche des astronautes qui peuvent vivre enfermés dans une boîte de conserve durant six mois et exceller à la tâche, ce qui signifie qu'un tempérament inadéquat pourrait à lui seul disqualifier un aspirant astronaute. Une personnalité qui était parfaitement acceptable, et même stéréotypée, dans le passé – disons un vrai type inflexible – ne serait plus d'un long voyage.

* * *

J'ai toujours considéré le vol spatial comme une prime et non comme une chose qui m'était due puisque la participation à une mission dépend de nombreuses variables et circonstances qui sont entièrement indépendantes de la volonté d'un astronaute. Et comme tout boni, il aurait été imprudent de ma part de trop compter dessus. Heureusement, ce métier offre une foule d'avantages pour stimuler les astronautes et maintenir leur engagement. Je trouvais beaucoup de plaisir à faire les entraînements physiques dans les simulateurs et la piscine, tandis que d'autres adoraient la recherche scientifique ou l'élaboration de politiques spatiales et la gestion du programme. Il va sans dire que nous critiquions à l'occasion les règles et les exigences qui ne nous plaisaient pas, mais jamais on n'entendra un astronaute déclarer : «Votre *job*, vous pouvez vous la mettre où je pense.» Je n'ai jamais eu de collègue qui n'avait pas la ferme conviction d'occuper un emploi de rêve.

En me disant qu'il était fort possible que je ne voyage jamais dans l'espace – et que, si j'y parvenais, je n'en revienne peut-être pas –, j'ai pu demeurer optimiste durant plus de deux décennies. Parce que je n'avais pas tout misé – mon estime personnelle, mon bonheur ou mon identité professionnelle – sur une mission spatiale, j'allais travailler chaque jour avec enthousiasme, même durant les onze années qui ont suivi ma deuxième mission, alors qu'on m'avait annoncé avec fermeté que je ne m'envolerais plus jamais dans l'espace (j'y reviendrai).

Cela peut sembler étrange, mais mon pessimisme à l'égard de mes perspectives d'avenir m'a aidé à aimer mon travail. Je dirais même que mon attitude a produit un effet positif sur ma carrière : puisque j'adorais apprendre, j'ai participé volontairement à un grand nombre de cours supplémentaires qui ont élargi mon champ de compétences et, ce faisant, accru le nombre d'occasions qui s'offraient à moi au sein de la NASA. En ce qui me concerne, par contre, la réussite ne s'est jamais traduite (et ne le sera jamais) par le fait que je m'envolais dans une fusée (même s'il s'agissait pour moi d'un grand exploit). Réussir, c'est se sentir bien dans ce que l'on réalise dans l'ombre tout le long d'un parcours qui peut aboutir, ou non, au pas de tir. Il ne faut pas considérer l'entraînement simplement comme une étape menant à un but plus noble. Il doit être une fin en soi.

Le secret, c'est d'essayer d'aimer ça. Je n'ai jamais considéré la formation comme une obligation pénible à laquelle je devais m'astreindre, tout en allumant des lampions pour que l'on me confie une autre mission spatiale. Cela m'attirait à la manière des mots croisés du *New York Times* : l'entraînement est difficile et amusant, et m'oblige à me dépasser. Donc, je me sens bien lorsque je persévère pour terminer une tâche, et en plus, je me sens prêt à tout recommencer.

Dans un vol spatial, l'« attitude » désigne l'orientation, soit la direction dans laquelle se dirige le véhicule relativement au Soleil, à la Terre et aux autres vaisseaux spatiaux. Deux choses se produisent si l'on perd la maîtrise de l'attitude : le vaisseau se met à tournoyer et tous les passagers sont désorientés, en plus de dévier de sa trajectoire, ce qui, si l'on manque de temps ou de carburant, peut faire la différence entre la vie et la mort. Dans le Soyouz, par exemple, nous analysons les informations provenant de toutes les sources possibles – comme le périscope, la multitude de capteurs et la ligne d'horizon – pour surveiller notre attitude et procéder aux corrections s'il y a lieu. Il ne faut jamais perdre l'attitude puisque son maintien est capital pour la réussite d'une mission.

Si je me fie à mon expérience, il en va de même sur Terre. Au bout du compte, ce n'est pas moi qui détermine si je parviendrai ou non à la destination professionnelle que je veux atteindre puisqu'il y a trop de variables sur lesquelles je n'exerce aucune influence. Il n'y a qu'une chose que je maîtrise : mon attitude pendant l'aventure, qui me permet de demeurer constant et stable, et de garder le cap. Donc, je surveille et je corrige constamment mon parcours, si nécessaire, parce que perdre l'attitude serait bien pire que de ne pas atteindre mon but.

* * *

Mes enfants sont toujours amusés par ce qu'ils considèrent comme mon ardeur. Depuis des années, ils jouent un jeu qu'ils appellent « Le colonel dit… » qui consiste à répéter certaines de mes expressions qu'ils jugent particulièrement hilarantes. La préférée de mon fils Evan, que je lui ai aboyée alors que je me trouvais sous la voiture familiale que je tentais de réparer : « On n'accomplit rien de remarquable en restant assis. » Récemment, ils ont même envisagé de créer, pour rigoler, une application inspirée de leur jeu qui cracherait des formules appropriées à n'importe quelle situation. C'est une excellente idée, mais je crois qu'une seule maxime suffit : « Soyez prêt. Travaillez fort. Amusez-vous. » Elle convient en toutes circonstances.

Helene et moi regardons à l'occasion la série *Survivor*. Puisqu'elle est télédiffusée depuis des années, tout le monde connaît certaines des compétences nécessaires pour gagner :

par exemple, faire un feu et construire un abri avec des branches. Et pourtant, année après année, certains concurrents ignorent encore ces connaissances de base. Je n'y comprends rien : ils savent qu'ils vont participer à ce jeu, mais ils comptent uniquement sur leurs charmes pour attraper un poisson ? Ils espèrent gagner un million de dollars et changer leur vie, mais ils n'ont pas jugé bon de se préparer adéquatement ?

Pour moi, c'est simple : si vous avez le temps, profitez-en pour vous préparer. Qu'avez-vous donc de plus important à faire ? Oui, peut-être apprendrez-vous certaines choses qui ne vous serviront pas au bout du compte, mais ce problème est beaucoup moins grave que d'avoir à exécuter une tâche dont vous ignorez tout.

Il n'y a pas que mon travail que j'aborde de la sorte. C'est comme ça que je vis ma vie. Il y a quelques années, par exemple, on m'a invité à participer à un spectacle aérien à Windsor, en Ontario, qui avait lieu en même temps qu'un concert d'Elton John. Les organisateurs lui ont demandé d'en profiter pour promouvoir l'événement. À mon avis, les chances qu'une superstar interrompe son spectacle pour annoncer une activité régionale étaient bien minces, mais je me suis demandé ce qui se passerait s'il acceptait. Et si Elton John était maniaque d'aéronautique ou, secrètement, de l'espace, quelle serait la chose la plus folle qui pourrait se produire ?

Je joue de la guitare depuis l'enfance et j'adore ce passe-temps, même si je ne suis pas le meilleur au monde. Pendant des années, j'ai joué de cet instrument et chanté au sein de groupes, tant sur Terre – notamment avec Max Q, composé exclusivement d'astronautes – que dans l'espace. J'ai eu une vision pas vraiment agréable : Elton John découvre cet aspect de ma vie et invite l'astronaute-guitariste à partager la scène avec lui pendant quelques minutes. Une telle éventualité était quasi nulle, j'en étais conscient, mais j'avais déjà joué avec l'orchestre symphonique de Houston et je savais que des choses improbables se produisent parfois. Alors, je me suis posé cette question : « Disons que je monte sur scène avec

Elton John : quelle chanson me demanderait-il de chanter avec lui ? » Une réponse s'est imposée : *Rocket Man*. Je l'ai donc apprise et répétée au point d'avoir l'assurance que je ne serais pas chassé de la scène sous les huées du public. Je me suis même surpris à espérer jouer *Rocket Man* avec Elton John.

En fait, j'ai assisté au spectacle et, avec ma femme, j'ai pu rencontrer le chanteur avec qui nous avons eu une conversation de dix minutes tout à fait charmante et conventionnelle. Mais je n'ai jamais approché de la scène et, à ce jour, Elton John ignore que je peux interpréter sa chanson tout à fait convenablement. Par contre, je ne regrette pas d'avoir été prêt.

J'aborde à peu près tout ce que je fais dans le même état d'esprit. Je passe ma vie à me préparer à jouer *Rocket Man*. J'imagine le défi le plus ardu, je visualise ce que je dois savoir pour le relever, puis je le répète jusqu'à ce que j'atteigne un niveau de compétence qui me donne suffisamment confiance pour me produire en spectacle. C'est ce que j'ai toujours fait depuis que j'ai décidé de devenir astronaute en 1969. Cette approche consciente et méthodique de la préparation est la principale raison qui m'a mené à Houston. Je n'ai jamais arrêté de me préparer, au cas où...

Quand j'avais vingt et un ans, si quelqu'un m'avait demandé de rédiger le scénario du film de ma vie rêvée, j'aurais écrit ceci : pilote de chasse, pilote d'essai, astronaute. Mariage heureux, enfants en santé, expériences intéressantes. Ma vie s'est déroulée conformément au scénario, mais elle a été ponctuée d'énormément de « si » qui auraient pu le changer. Par exemple, si je n'avais pas vu l'annonce de recrutement de l'Agence spatiale canadienne dans le journal, ce qui aurait pu fort bien se produire puisque nous vivions aux États-Unis à l'époque. Par contre, je n'ai jamais cru que je raterais ma vie si je ne devenais pas astronaute. Le scénario aurait beaucoup changé si j'avais plutôt gravi les échelons dans l'armée ou bien si j'étais devenu professeur universitaire ou pilote de ligne, mais le résultat n'aurait pas été un film d'horreur.

* * *

Je n'étais pas un bon astronaute à mon arrivée au Johnson Space Center. Personne ne l'est, d'ailleurs. Le maximum que l'on peut espérer, c'est *avoir l'étoffe* d'un bon astronaute. Certaines personnes qui franchissent toutes les étapes du processus de sélection ne le deviendront jamais et, ce qui fait la différence, c'est cette qualité évoquée plus haut: l'attitude. Il faut vouloir suivre des cours de russe pendant des années. Il faut vouloir s'entraîner sans arrêt à exécuter les procédures de sécurité répétitives propres à la Station spatiale internationale même si on croit les connaître par cœur. Il faut avoir à maîtriser une foule de compétences qui semblent obscures, que l'on pourrait ne jamais avoir à utiliser ou les deux. Et il ne faut jamais croire que l'on perd son temps.

C'est encore mieux si l'on abat tout ce travail avec plaisir ou du moins si l'on considère que l'on acquiert des connaissances intéressantes. En 2001, je suis devenu directeur des opérations de la NASA en Russie, un emploi qui, à l'époque, n'était pas recherché par la plupart des astronautes américains. Les tensions du passé entre les deux pays rebutaient certains candidats, tandis que d'autres n'étaient tout simplement pas emballés à l'idée de s'immerger dans une autre culture avec son alphabet et sa langue bizarres, ses hivers rudes et la pénurie de commodités modernes, comme des lave-vaisselle et des sécheuses. Par contre, un Canadien qui avait réussi à s'acclimater à l'accent traînant des Texans et à l'humidité des côtes du golfe du Mexique pouvait s'emballer à l'idée de vivre à l'étranger durant quelques années. J'ai été très heureux de décrocher le poste. Comme nous voulions tirer le maximum de notre expérience dans ce pays, Helene et moi avons suivi des cours supplémentaires de russe (nos trois enfants fréquentaient le collège et l'université au Canada). Elle avait conservé son emploi à Houston et faisait du télétravail afin de pouvoir passer la plus grande partie de chaque mois à la Cité des étoiles avec moi, à environ une heure de Moscou, là où s'entraînent les cosmonautes. Plutôt que de nous installer dans une des maisons construites là-bas par la NASA à l'intention des Américains, nous avons décidé d'emménager dans un immeuble d'appartements typiquement russe en nous disant que cela améliorerait nos chances d'apprendre à mieux connaître le pays et ses habitants.

Nous avions vu juste. Nous avons été forcés de parler la langue et nous avons participé avec nos voisins à de super soirées de musique, de danse et de *chachlik* communautaire (le succulent barbecue version locale). Je garde d'ailleurs un excellent souvenir de Valodya, l'un des chauffeurs russes embauchés par la NASA, qui m'avait initié à l'art quasi mythique de la sélection, de la coupe et de la préparation de la viande pour le *chachlik,* qui prend une demi-journée, suivie de deux jours de récupération. Il y avait de la vodka pour bénir la viande, du cognac moldave pour porter des toasts aux ancêtres du porc, de la bière russe à siroter en coupant les cubes de viande à demi congelée, du vin rouge pour mariner le tout et pour les cuisiniers et, pendant que la journée se déroulait, des discours de plus en plus émotifs sur la beauté de la viande crue et les liens d'amitié entre les hommes. Valodya et moi avons coupé soixante-dix-sept kilos de viande et des sacs entiers d'oignons et de tomates que nous avons mélangés avec des sacs poussiéreux de fines herbes et d'épices. Ce faisant, nous avons vidé toutes les bouteilles de liquide qui se trouvaient chez lui en regardant l'image embrouillée d'une partie de soccer sur un petit téléviseur de vingt-cinq centimètres. À la fin de la soirée, nous avions préparé cinq gros seaux pleins à ras bord de porc prêt à fermenter pour être grillé le lendemain, nous étions plus près que des frères (ce qui est une bonne chose puisque j'avais oublié mon manteau, mon chapeau, mon appareil photo et mes clés chez Valodya) et j'avais résisté avec fierté à l'envie de vomir dans la fourgonnette qui m'a ramené à la maison. Mais ce qui est encore mieux, la recette ancestrale que nous avons suivie à la lettre demeure un secret bien gardé puisque je ne me rappelle pas exactement ce que nous avons fait.

Toutefois, ce serait hypocrite de ma part de prétendre que je considérais cet emploi en Russie uniquement comme une aventure distrayante à l'étranger. Avec le retrait imminent de la navette, la fusée Soyouz allait devenir le principal moyen de transport vers la SSI après 2011. De toute évidence, le partenariat entre les États-Unis et la Russie allait croître en importance. Apprendre la langue russe et comprendre le fonctionnement de l'agence spatiale Roscosmos m'ont préparé aux changements profonds que tout le monde attendait et m'assuraient que j'étais toujours qualifié pour aller dans l'espace. Au cas où...

Ce n'est jamais tout l'un ou tout l'autre, le plaisir ou la progression, dans la mesure où l'on considère la progression comme un apprentissage plutôt que comme le fait de gravir des échelons professionnels. On est *déjà* devant si l'on apprend, même si on demeure au même niveau. C'est pourquoi j'ai demandé si je pouvais suivre la formation de pilote de Soyouz. Le véhicule lui-même m'intéressait – il est tellement différent de la navette – même si je savais que mes chances de le piloter étaient aussi minces que celles de partager la scène avec Elton John. Il faudrait qu'un commandant russe perde subitement tous ses moyens pour qu'un Nord-Américain soit autorisé à le piloter. Et avant, il aurait fallu qu'on lui assigne une mission. Autrement dit, il aurait fallu abattre une longue rangée de dominos de manière vraiment inhabituelle.

Je me suis dit que ces efforts porteraient peut-être leurs fruits un jour, mais sinon, que ce serait intéressant d'apprendre à piloter un Soyouz et que je pourrais acquérir des connaissances qui me seraient utiles dans un autre domaine. J'ai donc obtenu les qualifications pour devenir cosmonaute ingénieur de vol et pour faire des sorties extravéhiculaires dans le scaphandre russe. Cette formation additionnelle a bien sûr grugé mon temps libre, mais elle m'a aussi donné un aperçu du système russe, qui est bien différent du nôtre en raison de la grande place accordée à la maîtrise académique avant même de participer à des simulations. Cela m'a aidé à comprendre leur point de vue, particulièrement quand j'essayais d'arbitrer des conflits entre notre programme spatial et le leur. On ne m'a jamais demandé de prendre les commandes du vaisseau Soyouz ni de faire une EVA pour la

Russie, et on ne me le proposera jamais, mais je suis tout de même heureux de savoir comment faire.

Certains aspects de l'entraînement d'un astronaute ressemblent beaucoup à aller à l'école : on s'assoit dans une classe avec un professeur, on subit des examens et on reçoit des notes. Mais nous nous entraînons aussi sur des ordinateurs et dans des simulateurs qui sont des reproductions grandeur nature des vaisseaux. Au Johnson Space Center, mon lieu d'entraînement préféré est la piscine, le Neutral Buoyancy Lab. Nous y allons parfois pour mettre au point de l'équipement et de nouvelles procédures pour des missions futures. Ou encore, nous essayons de trouver des solutions pour régler des problèmes que connaissent des astronautes qui se trouvent en orbite. Sur Terre, les conséquences sont moins graves et nous avons beaucoup plus de latitude pour nous livrer à des expériences. Mais nous nous entraînons aussi dans la piscine pour nous exercer à faire des sorties extravéhiculaires parce que flotter dans l'eau est la sensation qui se rapproche le plus de flotter en microgravité. Dans le NBL, je me sens vraiment comme un astronaute à part entière : je porte le scaphandre et je suis branché à un système d'assistance respiratoire comme je le serais lors d'une sortie dans l'espace. L'effet est très réaliste. C'est aussi un exercice épuisant, mais je ne m'en lasse jamais. J'ai passé l'équivalent d'environ cinquante journées complètes à m'exercer dans la piscine avant ma première sortie dans l'espace en 2001. Je n'ai aucun problème à m'endormir le soir après avoir passé six heures sous l'eau.

Une part étonnante de mon entraînement a été ésotérique, des expériences que je ne vivrai qu'une fois et qu'il est difficile de ne pas apprécier. À l'été 2010, par exemple, j'ai travaillé avec l'équipe de recherche internationale au lac Pavilion, en Colombie-Britannique. Le fond de ce magnifique lac d'eau douce limpide est couvert de microbialites : des structures rocheuses de toutes les formes et de formats variés qui ressemblent beaucoup au corail. Les microbialites étaient très répandues durant deux milliards d'années au début de l'existence de la Terre, mais sont plutôt rares aujourd'hui.

Le projet de recherche consiste à déterminer comment elles se forment afin de mieux comprendre les origines de la vie sur Terre. Au fond du lac, c'est comme explorer une planète inconnue. L'équipe de recherche internationale a donc jugé que ce serait une bonne idée d'inclure des astronautes. Ainsi, j'ai obtenu mes qualifications de pilote de DeepWorker, un formidable petit véhicule monoplace, semblable à un sous-marin, qui est si amusant à piloter que certaines personnes (riches) s'en procurent pour jouer. On le manœuvre avec les pieds – une pédale permet les déplacements verticaux et l'autre, les déplacements horizontaux – et on manipule le bras robotisé du véhicule avec les mains. On se sent hors du monde, dans sa propre petite bulle étanche à plus de soixante mètres sous l'eau, pendant que l'on filme et ramasse des échantillons de structures qui sont directement liées à l'apparition de la vie sur Terre.

Ce genre de travail convient naturellement aux astronautes. On nous forme pour piloter des véhicules qui exigent une bonne coordination mains-yeux-pieds dans un environnement hostile en veillant à ne rien accrocher. La NASA et l'ASC s'intéressent à ce projet parce que l'étude des microbialites peut fournir des outils qui nous aideront à identifier des formes de vie anciennes sur d'autres planètes et aussi parce que le DeepWorker ressemble au type de véhicules que nous pourrions utiliser un jour pour prélever des échantillons sur la Lune, un astéroïde ou Mars. Les astronautes qui feront ce travail devront savoir comment être les mains et les yeux des scientifiques restés sur Terre, qui comptent sur eux pour recueillir l'information et les échantillons requis. L'objectif des recherches au lac Pavilion consiste donc à apprendre comment former des astronautes à être géologues – pas nécessairement de grands géologues, mais suffisamment compétents – parce que c'est beaucoup plus sensé que d'essayer d'entraîner d'éminents géologues à devenir astronautes.

Ce sont de toute évidence des objectifs à long terme. Je n'irai jamais sur la Lune ni sur Mars et je ne serai peut-être même plus de ce monde lorsque quelqu'un le fera. D'ailleurs, une grande partie de notre formation consiste à apprendre des tâches qui contribueront dans une très modeste mesure à une mission beaucoup plus importante, mais qui n'amélioreront en rien nos perspectives de carrière. Nous passons la journée à étudier et à simuler des expériences que nous n'allons peut-être jamais réaliser. Nous faisons semblant, mais nous apprenons. Voilà l'essentiel, d'après moi: apprendre.

Mon premier vol dans l'espace (vers Mir, station orbitale russe) a eu lieu en 1995. C'était tout un événement à l'époque parce que j'étais le premier Canadien (et je demeure le seul) à me rendre à bord de cette station. Plus personne ne se souvient de cette mission: Mir a été désorbitée il y a longtemps et s'est désintégrée dans l'atmosphère. Je pourrais me laisser abattre par cette idée et passer le reste de mes jours à regarder derrière moi, ou bien je pourrais garder mon attitude. Puisque ce choix m'appartient, je vais continuer à me préparer à jouer *Rocket Man*.

Au cas où…

3

Le pouvoir de la pensée négative

« Comment surmontez-vous votre peur ? »

C'est l'une des questions que l'on me pose le plus souvent. Lorsque les gens pensent à l'exploration spatiale, ils n'imaginent pas seulement Neil Armstrong sautant du dernier échelon de l'échelle du module d'exploration lunaire (LEM) posé sur la Lune. Ils se souviennent aussi du panache de fumée tirebouchonnant dans le ciel après l'explosion de la navette *Challenger* soixante-treize secondes après le décollage en janvier 1986 et de l'image saisissante des débris de métal rougeoyants et des restes humains qui ont jailli lorsque *Columbia* s'est désintégrée lors de sa rentrée dans l'atmosphère en février 2003. Ces images spectaculaires d'une grande violence se sont gravées dans la conscience collective aussi profondément que les missions triomphantes.

Alors, tout naturellement, les gens présument que la terreur nous envahit quand ils nous imaginent assis dans une fusée pendant que les moteurs rugissent en s'allumant. Et ce *serait* terrifiant si on prenait un quidam dans la rue pour le pousser dans une fusée en lui annonçant qu'il allait décoller quatre minutes plus tard et en lui confiant, en passant, qu'un seul mauvais mouvement entraînerait sa mort et celle de tout le monde à bord. Mais je n'ai pas peur parce que pendant des années, je me suis entraîné sous la direction d'une multitude d'équipes d'experts qui m'ont aidé à considérer sous tous les angles à peu près toutes les situations imaginables qui pourraient survenir entre le lancement et l'atterrissage. Comme tous les astronautes, j'ai participé à tant de simulations extrêmement réalistes de vol spatial que, lorsque les moteurs s'allument réellement, la principale émotion qui m'habite n'est pas la peur. C'est le soulagement.

Enfin.

Selon mon expérience, la peur surgit parce que l'on ignore à quoi s'attendre et que l'on croit n'avoir aucun contrôle sur ce qui est sur le point de se passer. Quand on se sent impuissant, on a beaucoup plus peur que si on connaît tous les faits. Si on ignore ce qui devrait nous inquiéter, tout nous inquiète.

Je connais très bien cette sensation parce que j'ai peur des hauteurs. Quand je me tiens sur le bord d'une falaise ou que je regarde par-dessus la rampe du balcon d'une tour, mon estomac se met à tourner, mes paumes deviennent moites et mes jambes refusent de bouger même si la panique qui envahit mon corps m'ordonne de rentrer en lieu sûr. Tout de suite. Cette réaction physique ne me dérange pas, par contre. D'après moi, *tout le monde* devrait avoir peur de l'altitude puisqu'il s'agit, comme la peur des pythons et des taureaux enragés, d'un instinct de survie. Mais je reconnais que cela semble incongru pour un pilote et astronaute de craindre les hauteurs. Comment puis-je faire mon travail si le seul fait d'être surélevé déclenche une peur instinctive?

La réponse, c'est que j'ai appris à repousser les limites de ma peur. Quand nous étions enfants à la ferme, mes frères, mes sœurs et moi allions dans la grange et grimpions dans les combles d'où nous nous élancions dans les amoncellements de maïs simplement pour éprouver la sensation des grains séchés nous emprisonnant les pieds et les jambes comme un gros tas de gravier rond. La chute était douce pourvu que nous atterrissions en équilibre, les pieds en premier. En acquérant de la confiance, nous sautions de plus en plus haut jusqu'à atteindre l'équivalent de deux ou trois étages. Nous nous lancions des défis les uns les autres, et à nous-mêmes. La peur demeurait très présente, mais elle ne me paralysait pas. Je parvenais toujours à me convaincre de sauter. Je pense que j'en étais capable parce que la hauteur augmentait graduellement. Ma confiance s'ancrait dans l'expérience acquise et dans le simple fait que la répétition du mouvement me rendait plus habile.

Ma crainte des hauteurs n'a pas disparu pour autant. Quand j'étais adolescent, mon père m'emmenait dans son biplan. L'été, il faisait assez chaud pour que l'on soulève la verrière pour voler à l'air libre. Rien ne nous séparait du ciel... ou du sol quand mon père volait à l'envers et faisait des acrobaties aériennes. La première fois où je me suis trouvé suspendu la tête à l'envers à des milliers de mètres au-dessus du sol, retenu à l'appareil uniquement par une ceinture de sécurité, la terreur me paralysait. Je me retenais aux flancs de la cabine avec les mains et les bras, comme si cela aurait pu suffire à me retenir. Tous les muscles de mon corps étaient tendus et vibraient, et je sentais une sensation folle, presque audible, qui montait et descendait à l'arrière du crâne.

Et pourtant, je ne suis pas tombé de l'avion. La ceinture de sécurité me retenait solidement plaqué contre mon siège à cinq endroits. Mes yeux me disaient que rien ne m'empêchait de plonger vers ma mort, mais avec l'expérience, j'ai pu surmonter cette sensation en me raisonnant: tout allait bien et je ne tomberais pas de l'appareil. La crainte d'une chute finissait par disparaître.

J'ai toujours peur lorsque je me tiens sur le bord d'une falaise, mais dans un avion et une fusée, même si je sais que je suis très haut, j'ai la certitude que je ne peux pas tomber. Les ailes, la structure, les moteurs et la vitesse parviennent tous ensemble à me maintenir dans le ciel aussi efficacement que la surface de la Terre me soutient quand je suis au sol. La connaissance et l'expérience m'ont permis de me sentir relativement à l'aise dans les hauteurs, que je sois dans un petit avion, dans l'espace ou dans les hauteurs d'une grange. Dans toutes ces situations, je comprends parfaitement bien le défi, les lois physiques et mécaniques, et je sais d'expérience personnelle que je ne suis pas impuissant. Je maîtrise certaines choses.

Les gens tendent à croire que les astronautes ont le courage d'un superhéros… et le registre émotionnel d'un robot. Toutefois, pour garder son calme dans une situation hautement stressante dont les enjeux sont élevés, tout ce dont on a réellement besoin, c'est la connaissance. Bien entendu, on peut être hyperalerte et se sentir légèrement nerveux et tendu, mais on n'aura pas peur.

* * *

Se sentir prêt à faire quelque chose ne signifie pas que l'on a la certitude de réussir, même si c'est évidemment ce qu'on espère. Être vraiment prêt signifie que l'on comprend ce qui pourrait mal tourner et que l'on a un plan pour régler le problème. On peut apprendre des notions de plongée sous-marine dans la piscine d'un club de vacances et faire une première plongée mémorable dans l'océan même si on ignore comment pratiquer la respiration entre coéquipiers ou que faire si l'on perd une palme. Mais si les conditions ne sont pas idéales, on court un grave danger. Dans l'océan, tout peut mal tourner en un soupir, et c'est une question de vie ou de mort. C'est pourquoi, avant d'obtenir un certificat de plongée en scaphandre autonome, il faut faire beaucoup de plongées d'entraînement et apprendre comment régler toute une gamme de problèmes et agir dans les situations d'urgence. On est donc vraiment prêt, et pas seulement prêt quand la mer est calme.

Pour des raisons similaires, les entraîneurs du programme spatial se spécialisent à créer des scénarios catastrophes que nous devons tous interpréter à répétition lors de simulations de plus en plus élaborées. Nous répétons ce que nous aurons à faire s'il y a un problème de moteur, une panne d'ordinateur ou une explosion. Se voir contraint d'envisager sérieusement la perspective d'un échec – en le décomposant, en le disséquant, en analysant tous ses éléments et ses conséquences – est un exercice d'une efficacité indéniable. Après avoir fait cela presque chaque jour pendant des années, on se forge l'armure la plus résistante possible pour se défendre contre la peur : une compétence chèrement acquise.

Notre entraînement nous pousse à développer une nouvelle gamme d'instincts : plutôt que d'affronter le danger avec une poussée d'adrénaline qui nous porterait à le combattre ou à le fuir, nous nous entraînons à réagir sans émotion, en priorisant immédiatement les menaces et en cherchant à les neutraliser méthodiquement. Nous qui cherchions à nous enfuir par la sortie voulons maintenant nous engager à comprendre ce qui ne fonctionne pas et à régler le problème.

Au début de ma dernière mission à bord de la SSI, un avertisseur s'est mis à beugler très fort et m'a tiré du sommeil au beau milieu de la nuit. J'ai été dans le brouillard pendant quelques secondes tandis que j'essayais de déterminer la provenance de ce bruit désagréable. Nous étions quatre dans la section américaine de la Station et, comme des chiens de prairie, nous avons tous sorti la tête en même temps de nos cabines pour regarder le panneau de voyants d'urgence au mur qui nous indiquent si nous avons un problème de dépressurisation, de toxicité ou autre qui pourrait être fatal. Nous nous sommes tous réveillés sur-le-champ. Le bruit assourdissant était une alarme d'incendie.

Un incendie est l'un des accidents les plus dangereux qui peut survenir dans un vaisseau spatial parce qu'on ne peut s'échapper. De surcroît, les flammes se comportent de manière imprévisible en apesanteur et sont plus difficiles à éteindre. Si j'avais entendu cette alarme au cours de ma première année à titre d'astronaute, je crois que ma réaction aurait été d'empoigner un extincteur et de commencer à me battre pour ma vie. Toutefois, au cours des vingt et une années précédentes, cet instinct a été chassé de moi au fil des entraînements pour être remplacé par un autre type de réactions, résumées en trois mots : alerter, rassembler, agir. Dans le langage de la NASA, « régler le problème » (*working the problem*) consiste à passer méthodiquement en revue les arbres décisionnels, un à la fois, en quête d'une solution jusqu'à ce que l'on manque d'oxygène. Nous répétons le protocole « alerter, rassembler, agir » en cas d'incendie si souvent qu'il ne devient pas seulement une seconde nature, il finit même par supplanter notre instinct naturel. Ainsi, quand l'alarme a retenti dans la Station, plutôt que de nous précipiter vers les masques et les extincteurs, un astronaute a calmement annoncé à l'interphone qu'un avertisseur d'incendie était en marche (au cas où les Russes ne l'auraient pas entendu dans leur module) tandis qu'un autre s'est dirigé vers l'ordinateur pour vérifier quel détecteur de fumée s'était allumé. Personne n'agissait avec nonchalance, mais tous étaient curieux et concentrés, comme si nous devions trouver la solution d'un casse-tête abstrait plutôt que de faire face à une menace imminente. Un observateur nous aurait trouvés vaguement bizarres : il n'y avait pas d'agitation, pas d'ordres aboyés, aucune précipitation.

La prochaine étape consiste à nous rassembler. Nous avons donc rejoint les Russes dans leur section de la Station pour commencer à régler le problème. Quelle était la gravité de la menace ? Jusque-là, tous les signes étaient rassurants : nous ne sentions aucune fumée et ne voyions pas de flammes. Il s'agissait peut-être d'un petit fil qui avait fondu ou d'un détecteur qui réagissait à la poussière. Nous avons communiqué avec les Centres de contrôle de mission de Houston et de Moscou et avons poursuivi notre enquête. En vérifiant le module où le détecteur s'était déclenché, nous avons jugé de plus en plus probable que nous avions affaire à une simple défaillance. Enfin, tout le monde a conclu qu'il s'agissait d'une fausse alerte et nous sommes retournés nous coucher. Une heure plus tard, l'alarme-incendie a sonné à nouveau et nous avons répété le protocole « alerter, rassembler, agir ». L'équipage a manifesté le même calme, mais nous n'étions pas indifférents : les flammes couvaient peut-être depuis une heure. Finalement, ce n'était pas le cas : le détecteur était déficient, tout simplement. Je me souviens d'avoir pensé : « C'était comme une simulation, mais mieux encore, parce que maintenant je peux aller me coucher. »

Je doute que notre rythme cardiaque ait augmenté de plus d'un ou de deux battements pendant que nous tentions de trouver la cause de l'alerte, même au cours des premières minutes lorsque la menace d'un violent incendie semblait presque réelle. Nous sentions que nous avions la compétence requise pour faire le nécessaire, quelles que soient les circonstances. Nous avions la confiance acquise à la suite d'une solide préparation. Rien ne donne confiance autant qu'une simulation de catastrophe dans laquelle on s'investit complètement, à la fois physiquement et intellectuellement, et lorsqu'on se rend compte que l'on a la capacité de résoudre un problème. Chaque fois que l'on réussit cela, notre zone de confort s'élargit un peu plus. Ainsi, si l'on doit affronter ce problème particulier, on est capable de penser clairement.

Lorsqu'on s'entraîne, on ne veut jamais être à l'aise au point de croire que l'on «joue aux astronautes en péril dans l'espace». Pour qu'une simulation soit efficace, il faut y croire. Son caractère réaliste peut aider. Par exemple, nous nous entraînons à combattre des incendies sur la SSI dans un simulateur de taille réelle envahi de vraie fumée. Il y en avait tant lors d'un exercice dans le module de service peu avant ma dernière mission que nous ne pouvions plus voir nos propres pieds lorsque nous avons réussi à mettre nos masques à gaz. Puisque la fumée était trop dense, j'ai décidé, à titre de commandant, que nous allions fermer les écoutilles et nous regrouper dans un autre module pour déterminer comment régler le problème. Ma décision a ensuite donné lieu à un débreffage plutôt animé sous la direction de l'équipe russe. Ma réaction avait été parfaite selon les normes américaines puisque la NASA nous forme à condamner la section en flammes, à sauver l'équipage puis à déterminer comment combattre l'incendie. Toutefois, les Russes voient les choses différemment: ils veulent que nous restions sur place pour combattre les flammes puisque le véhicule de sauvetage, le Soyouz, est arrimé à une extrémité de ce module de service. Comme je l'ai expliqué aux formateurs par la suite, nous aurions été ravis de rester pour éteindre le feu, mais la simulation était *un peu trop* réaliste. J'ai dû réagir comme je le ferais dans la vraie vie : dans l'éventualité d'un violent incendie dégageant autant de fumée, j'aurais décidé de suivre les procédures de la NASA et de sauver l'équipage plutôt que le laboratoire puisque nous aurions eu encore accès à de la nourriture, à de l'eau et à de l'équipement de communication même si nous avions perdu le module de service. Sur Terre, une simulation nous donne l'occasion de mettre au jour ces distinctions de philosophie et de les résoudre. Lors de la simulation suivante, les Russes ont consenti à faire un compromis : ils ont rempli le module de service d'une quantité de fumée qui, selon nous tous, justifiait que l'on reste sur place pour combattre les flammes.

L'éventualité d'un incendie dans la Station spatiale internationale n'avait rien d'hypothétique : en 1997, deux ans après ma mission, une cartouche génératrice d'oxygène a bel et bien causé un incendie sur Mir. Les membres d'équipage ont réglé le problème en jetant des serviettes humides sur la cartouche jusqu'à ce que les flammes s'éteignent. Leur vaisseau spatial était envahi de fumée et il ne leur restait plus suffisamment de masques à gaz par la suite, mais ils ont tous survécu. Cet incident a rappelé à tout le monde qu'il y a une bonne raison pour laquelle nous nous entraînons à affronter le désastre. L'exploration spatiale est dangereuse en soi. Si mon esprit se met à divaguer pendant un cours ou une simulation de huit heures, je m'efforce de me rappeler un seul fait : le vol spatial pourrait me tuer.

Pour bien intégrer cette réalité, nous faisons ce que nous désignons sous l'euphémisme de simulation de situation d'urgence – en fait, nous simulons un décès – qui nous oblige à réfléchir à notre propre mort en imaginant les moindres détails : pas sur la façon dont nous pourrions mourir, mais plutôt sur ses effets sur nos familles, nos collègues et le programme spatial. Ce sont des simulations théoriques destinées avant tout à la direction. Elles ne se déroulent pas dans un simulateur, mais bien dans une salle de conférences avec la participation de certaines personnes, au besoin par téléphone à haut-parleur. Tous ceux qui dans la vraie vie seraient directement touchés par la mort d'un astronaute y participent : médecins, gestionnaires du programme spatial, attachés de presse et même le défunt.

Cet exercice débute avec une mise en situation – « Chris se blesse gravement lors d'une sortie spatiale », par exemple – et, au fil des heures qui suivent, les participants se comportent en fonction de leurs rôles et de leurs réactions. Toutes les cinq ou dix minutes, la personne qui dirige la simulation lance une « carte verte » où est décrit un nouveau problème. Ceux-ci sont créés par l'équipe de formation, qui a pour fonction d'imaginer un maximum de rebondissements réalistes, et personne d'autre ne sait à l'avance ce qui est écrit sur ces cartes et nous réagissons comme si ces événements se produisaient réellement. On peut y lire, par exemple : « La Station internationale vient de nous apprendre que Chris est mort. » Les participants se mettent en quête de solutions. Que fait-on avec la dépouille ? Il n'y a pas de sac mortuaire à bord, alors est-ce qu'on devrait lui enfiler sa combinaison et l'enfermer dans un casier ? Et les odeurs ? Devrions-nous l'envoyer sur un vaisseau de ravitaillement qui se désintégrera avec les déchets à sa rentrée dans l'atmosphère ? Larguer le corps lors d'une sortie extravéhiculaire et le laisser dériver dans l'espace ?

Pendant que les participants se demandent à quelle vitesse mon corps commencerait à se décomposer et de quel type d'aide mes coéquipiers auraient besoin pour surmonter ce traumatisme, une autre carte verte est jetée sur la table : « Quelqu'un vient d'écrire sur Twitter qu'il y a eu un accident sur la SSI, et un journaliste du *New York Times* a téléphoné pour demander ce qui s'était passé. » De nouveaux problèmes surgissent alors que l'on n'a pas encore réglé les premiers. Comment devraient réagir les spécialistes des relations publiques ? Qui doit prendre les commandes : l'ASC ou la NASA ? Quand diffusera-t-on une déclaration et que devrait-on y lire ? Les cartes vertes tombent de plus en plus vite avec de nouveaux problèmes, comme cela se passerait dans la vraie vie. Qui devrait annoncer à mes parents que leur fils est mort ? Au téléphone ou en personne ? Où seront-ils : à la ferme ou au chalet ? Devons-nous élaborer deux plans alors, selon l'endroit où se trouvent mon père et ma mère?

Comme vous l'aurez constaté, les simulations de décès ne sont pas des exercices larmoyants et tristes. Il s'agit simplement d'en venir aux choses sérieuses. Même si on n'exige pas la participation des familles, Helene a pris part à plusieurs exercices du genre parce qu'elle s'était rendu compte que prendre le temps de verbaliser ce qu'elle pensait faire dans la pire des situations révélait rapidement si elle était vraiment prête ou non à cette éventualité. Lors d'une simulation de situation d'urgence avant l'Expédition 34/35, par exemple, elle en est venue à la conclusion que son projet de partir en randonnée dans l'Himalaya pendant mon séjour de cinq mois dans l'espace était une idée formidable, à moins qu'il m'arrive quelque chose de vraiment grave. Les cartes vertes distribuées pendant la simulation nous ont obligés à déterminer qui communiquerait avec nos enfants si je mourais (probablement un journaliste, avons-nous conclu, si leur mère se trouvait au sommet d'une montagne) et à quelle vitesse elle pourrait venir les rejoindre à Houston (pas très rapidement, étant donné le nombre de vols nécessaires). Nous avons dû penser aux moindres détails, qui prendraient une importance considérable si je mourais à bord de la SSI: la réception de la téléphonie cellulaire dans les villages reculés d'Asie et dans quelle mesure le décalage horaire compliquerait les communications d'Helene avec les responsables de Houston. En fin de compte, elle a décidé de reporter son projet à une année ultérieure et de se contenter d'une randonnée en Utah. En fait, tous les participants de la simulation ont découvert des lacunes dans leur propre planification et ont retravaillé certains détails. (Sauf moi, mais c'est ce qui arrive quand on est mort.)

Une simulation nous donne parfois l'occasion de démontrer nos aptitudes, mais le plus souvent, il s'agit d'une épreuve où l'on cerne nos lacunes sur le plan des connaissances et où l'on se rend compte de l'effet domino auquel nous n'avions jamais pensé. Lorsque j'ai commencé à m'entraîner avec Roman Romanenko, mon coéquipier lors de ma dernière mission et le commandant de notre Soyouz, nous avons répété une rentrée dans l'atmosphère dans le simulateur de la Cité des étoiles. Contrairement à moi, Roman avait déjà volé dans la fusée Soyouz. Mon objectif consistait donc simplement à offrir mon aide quand c'était possible. À un certain moment, j'ai remarqué une petite fuite dans le réservoir d'oxygène à l'intérieur de notre capsule, mais ça ne semblait pas très grave puisque nous en avions beaucoup et que la fuite était légère. Nous nous sommes concentrés sur les tâches complexes associées à la rentrée, mais tout à coup cela m'a frappé: le contenu de ce réservoir se disperse dans une très petite capsule, ce qui signifie que le niveau d'oxygène augmente au point où tout peut devenir inflammable. Il nous fallait alors dépressuriser la cabine pour éviter un incendie, mais si nous le faisions, nous risquions de manquer d'oxygène pour revenir sur Terre.

Il était impossible de procéder à une rentrée graduelle normale, peu importe la distance à laquelle nous nous trouvions du Kazakhstan. Nous devions faire basculer le vaisseau et rentrer sur-le-champ si nous voulions rester en vie. Par contre, j'ignorais la méthode la plus rapide pour faire cette manœuvre, et Roman était en train d'effectuer une autre procédure. Nous avons ainsi manqué le créneau très étroit où nous avions encore une chance de sauver notre peau. Ce qui avait semblé à l'origine une défaillance minime – une légère fuite dans un réservoir d'oxygène – a fini par nous tuer.

Roman et moi n'avions pas vraiment compris les conséquences opérationnelles d'une fuite de réservoir, mais tout a changé après cette simulation, et lors d'une séance d'entraînement subséquente, nous avons beaucoup mieux réagi. Une simulation permet de nous exercer, mais il s'agit souvent d'un avertissement: nous *ne savons pas* exactement ce que nous faisons, et il vaut mieux le découvrir avant d'avoir à vivre la situation dans l'espace.

Bien que de suivre des scénarios sinistres jour après jour puisse sembler mener tout droit à la dépression nerveuse, cela est étrangement inspirant. S'exercer dans l'éventualité d'une catastrophe m'a confirmé que j'ai les compétences nécessaires pour résoudre les problèmes difficiles et m'en sortir le sourire aux lèvres. Dans mon cas, cela a grandement diminué mes soucis d'ordre mental et émotif générés par l'inquiétude irrationnelle, ces pensées qui nous hantent le cerveau à trois heures du matin. Même si je souhaitais ardemment ne pas mourir dans l'espace, je ne vivais pas dans la crainte en grande partie parce qu'on m'avait formé à penser à tous les détails pratiques : comment je voulais que les membres de ma famille apprennent la nouvelle, par exemple, et quel astronaute pourrait aider ma femme à s'orienter dans les dédales administratifs de la NASA et de l'Agence spatiale canadienne. Avant ma dernière mission (comme avant chaque vol précédent), j'ai révisé mon testament, je me suis assuré que mes finances et mes impôts étaient en ordre et j'ai fait toutes ces choses que l'on ferait si on savait qu'on allait mourir. Malgré tout, je n'avais pas l'impression d'avoir un pied dans la tombe. Ces préparatifs m'ont plutôt rassuré et ont atténué mon anxiété au sujet de l'avenir de ma famille si jamais il m'arrivait quelque chose. Ainsi, quand les moteurs se sont allumés au décollage, j'étais en mesure de me consacrer entièrement à ma tâche : revenir en vie.

* * *

Même si simuler une catastrophe nous habitue à l'idée que cela pourrait se produire, nous ne nous endurcissons jamais au point d'être indifférents. Je doute de pouvoir un jour oublier le matin du 1er février 2003 à Houston. J'étais rentré de Russie la veille et j'avais oublié d'allumer mon téléphone. Helene et moi nous rendions à un brunch en voiture et dès que j'ai allumé mon appareil, j'ai constaté que j'avais reçu une quantité énorme de messages. C'était le cas aussi pour ma femme. Nous n'avons pas eu à les écouter pour deviner qu'une chose terrible s'était produite. Nos amis à bord de *Columbia* devaient rentrer le jour même. Nous avons fait demi-tour et sommes rentrés à la maison avec l'horrible sensation que tout l'air s'était échappé de la voiture.

J'ai allumé la télé et j'ai tout de suite vu la rediffusion de la désintégration de la navette *Columbia* pas très loin de chez nous. J'ai eu les larmes aux yeux avant même d'avoir digéré l'information et Helene s'est effondrée à genoux, en pleurs. La perte soudaine et irréparable nous accablait. Nous connaissions les sept astronautes à bord de la navette. Nous avions partagé les mêmes rêves. Nous aimions leurs conjoints et leurs enfants. Rick Husband, le commandant de cette mission, était mon confrère à l'école des pilotes d'essai : nous avions chanté ensemble et collaboré à un projet de recherche. Rick s'était porté volontaire pour aider ma famille lors d'un de mes lancements. Il s'était même rendu en voiture à Orlando, où mes parents étaient tombés en panne, pour les ramener à Cape Canaveral. Un gars super. Un grand ami. J'ai pleuré et je pleure encore sa mort et celle de nos six autres camarades.

J'ai aussi senti une grande déception et une grande responsabilité : je faisais partie d'un programme qui avait permis qu'une telle catastrophe se produise. Quand je suis arrivé au bureau environ une heure plus tard, on constituait déjà des équipes pour aller récupérer les débris de la navette et les restes de nos collègues, dispersés un peu partout dans l'État à cause de la façon dont le vaisseau s'était désintégré. J'ai offert mon aide au Johnson Space Center et j'ai soutenu de mon mieux la famille de Rick, même si personne ne pouvait faire grand-chose. Des professionnels de grand talent, des travailleurs acharnés, de bonnes personnes avaient perdu la vie au travail, mais ce n'était pas leur faute. C'était une perte terrible et inutile.

Pourtant, je n'ai jamais envisagé de quitter la NASA et nous n'en avons jamais discuté en famille. Comme on ne m'avait pas affecté à une autre mission à bord de la navette et comme je ne croyais pas y retourner, il n'y avait aucune menace à ma sécurité. Mon travail consistait à aider les autres à voler en sécurité, et la perte de *Columbia* a renforcé ma détermination. Nous devions persuader le monde à nouveau que la navette était sécuritaire et que tout le travail accompli par l'équipage était d'une importance capitale et méritait de se poursuivre. Comme la plupart des employés de la NASA, je croyais que c'était la meilleure façon d'honorer la mémoire des membres de l'équipage de *Columbia* et je suis sûr que c'est ce qu'ils auraient voulu. Je n'ai jamais rencontré un astronaute qui ne mette pas notre travail collectif loin au-dessus de son importance individuelle.

Je suis extrêmement fier d'avoir participé à cet effort consistant à déterminer, à prévenir et à atténuer les risques afin que la navette retourne dans l'espace sans jamais blesser une autre personne. Nous devions faire trois choses : diminuer les risques de dommage lors de la phase ascensionnelle, déterminer plus efficacement si la navette a subi des dommages une fois le vaisseau dans l'espace et trouver des façons de réparer les éventuels dommages en orbite. Peu après la perte de *Columbia,* j'ai été nommé chef de la robotique au Bureau des astronautes de la NASA. À ce titre, j'étais responsable de mettre au point des techniques et des équipements de robotique spatiale, et de m'assurer que les astronautes et les cosmonautes sauraient comment les utiliser. J'ai donc collaboré activement à la recherche de solutions pour les deux derniers problèmes. En fait, chaque personne de notre organisation a mis la main à la pâte malgré le fait que le moral était au plus bas et que le soutien du public était encore plus bas.

Nous avons tout réussi. Nous avons modifié les méthodes d'installation et d'inspection de la mousse ; nous avons élaboré une façon d'inspecter le véhicule une fois en orbite (nous avons transformé certaines pièces inutilisées du télé-manipulateur canadien pour construire un genre de perche pour la navette, à laquelle nous avons fixé une caméra nous permettant de voir les pièces les plus fragiles du vaisseau) ; nous avons trouvé comment utiliser un type de colle spéciale lors d'une sortie spatiale pour réparer n'importe quel bris. Et nous avions toujours un vaisseau de sauvetage en attente, au cas où le premier aurait un problème. La navette est devenue un véhicule beaucoup plus sécuritaire et nous n'avons plus perdu aucun membre d'équipage. Je n'ai pas eu d'autre occasion de monter à bord, mais je l'aurais fait sans hésiter.

Ce n'est pas que je sois kamikaze ni que je cherche à vivre des sensations fortes. D'ailleurs, peu d'astronautes le sont. S'attacher au sommet de ce qui est essentiellement une énorme bombe est déjà suffisamment risqué en soi. Inutile de placer la barre plus haut. Je n'ai jamais eu envie de vivre l'ivresse du danger en sautant en bungee, par exemple. Je comprends que les junkies d'adrénaline puissent s'adonner à une telle activité, mais ce n'est pas mon cas.

La seule raison valable pour prendre un risque, à mon avis, c'est qu'on puisse espérer en tirer une récompense qui surpasse les dangers encourus. Explorer les confins de l'Univers et repousser les limites de la connaissance et des capacités humaines constituent à mon avis des récompenses importantes. J'accepte donc les risques de la vie d'astronaute, non sans prendre une abondance de précautions : je veux les comprendre, les gérer et les réduire le plus possible.

C'est presque comique de constater que les stéréotypes du casse-cou et du cowboy collent encore aux astronautes. Nous sommes en règle générale des êtres très méthodiques et soucieux des détails. Nous n'avons pas la passion de vivre des sensations fortes, mais bien de travailler avec acharnement. Nous n'avons pas le choix : nous sommes responsables d'un équipement qui a coûté plusieurs millions de dollars aux contribuables, et notre meilleure police d'assurance-vie, c'est notre ardeur à l'entraînement. Étudier, participer à des simulations, répéter les manœuvres jusqu'à ce que nos réactions deviennent des automatismes : les astronautes ne font pas tout ça simplement pour répondre aux exigences de la NASA. Nous nous entraînons pour diminuer les risques de mourir. Parfois, un véhicule a une défaillance – comme *Challenger* et *Columbia* – et l'équipage ne peut absolument rien faire. Mais parfois, il peut agir. Des astronautes se sont sortis indemnes d'incendies qui se sont déclarés sur le pas de tir et dans l'espace, d'atterrissages violents lorsque la capsule Soyouz a traversé l'atmosphère comme une pierre lancée avec force du haut de l'espace, et même d'une collision qui a troué un vaisseau spatial, ce qui a entraîné sa dépressurisation. Dans une vraie crise comme celle-là, un gros câlin collectif ne suffit pas à vous sauver la vie. Le seul espoir, c'est de savoir exactement ce qu'il faut faire et de procéder avec calme et célérité.

Mes enfants se moquaient de moi parce que j'avais plus de devoirs qu'eux, et aussi parce que je m'y attaquais avec plus de sérieux. Quand les risques sont réels, on ne peut pas improviser. La personne à qui les devoirs devraient importer le plus, c'est moi. Connaître par cœur les procédures d'urgence pourrait me sauver la vie un jour et me permettre d'éviter de faire des erreurs stupides qui accroissent les risques. Peu importe la gravité d'une situation, on peut toujours l'empirer. Disons que les moteurs de la capsule du Soyouz tombent en panne au moment de la manœuvre de désorbitation : je les éteins, mais je ne peux plus les remettre en marche. J'ai donc transformé un gros problème en problème énorme.

La préparation ne consiste pas seulement à gérer les risques externes, mais aussi à limiter la possibilité de les empirer. Quand on est l'artisan de son propre destin, on ne veut pas écrire une tragédie. La possibilité de rédiger la suite est inexistante.

* * *

Il y a quelques années, notre groupe jouait à Houston. Une femme s'est avancée vers la scène et nous a demandé : « Connaissez-vous la chanson *Proud Mary* ? J'aimerais la chanter. » Elle dégageait énormément de confiance et nous rappelait même Tina Turner. Nous avons donc accepté avec plaisir. Elle est montée sur scène, a saisi le micro avec assurance et nous avons commencé à jouer… mais elle n'a pas ouvert la bouche. Comme j'ai cru qu'elle ne savait pas à quel moment débuter, je l'ai aidée en chantant la première ligne, mais j'ai rapidement compris que les seuls mots qu'elle connaissait étaient « *rolling on the river* ». Elle les chantait à pleins poumons au moment approprié, mais marmonnait le reste du temps. De toute évidence, elle avait tenu pour acquis que, dès qu'elle aurait un micro dans les mains, elle se transformerait en vedette pop comme par magie. Et nous étions peut-être encore plus fous d'avoir cru qu'elle était préparée. C'était une supposition audacieuse étant donné la sous-culture nord-américaine de prétention, où regarder une émission de cuisine équivaut à savoir cuisiner.

Quand les enjeux sont élevés, la préparation est capitale. Dans mon emploi de tous les jours, les enjeux sont plus élevés en situation de fonctionnement dynamique, lorsque les variables changent vite et déclenchent des réactions en chaîne qui se précipitent. Mais ce n'est pas toujours le cas dans l'espace. On dispose parfois du temps suffisant pour régler un problème, même un problème grave. La Station spatiale, par exemple, tourne autour de la Terre comme une Lune miniature sans moteurs allumés et elle continuerait même après une panne électrique totale. Tout pourrait s'éteindre et réduire la SSI à l'état de carcasse inanimée, mais nous aurions été bien pendant des jours, assez longtemps pour tenter différentes réparations et, si rien ne fonctionnait, pour abandonner le vaisseau et rentrer sur Terre dans notre Soyouz. Par contre, si une petite météorite heurte le flanc de la Station, on se trouve soudainement en situation de processus dynamique et on doit suivre un protocole strict où chaque seconde compte. Et il faut veiller à faire les opérations dans la séquence prévue sinon on risque de mourir.

La plupart des procédures importantes ont lieu lors des phases de lancement et de désorbitation lorsque les moteurs sont allumés. Nous simulons donc toutes les éventualités et les défaillances qui peuvent survenir durant ces deux phases du vol spatial des centaines et même des milliers de fois. Si le moteur du Soyouz connaît un problème lors de la mise à feu de désorbitation, par exemple, on sait qu'on ne rentrera pas dans l'atmosphère de la façon prévue. On ne pourra peut-être pas atterrir à l'endroit où attendent les véhicules de sauvetage. Plutôt que de ressentir une attraction de 4 g, soit l'équivalent de quatre fois la force de gravité sur Terre, elle sera plutôt de 8 ou 9 g, ce qui est non seulement extrêmement inconfortable, mais aussi beaucoup plus dangereux. En outre, on aura besoin de plus de force, étant donné la pression physique sur le corps, simplement pour tendre le bras et appuyer sur les interrupteurs qui permettent de diriger le véhicule. Ou la fusée ne sera peut-être pas réglée adéquatement, et on rebondirait sur l'atmosphère comme un caillou sur la surface de l'eau d'un étang et, dans ce cas, on manquerait de carburant pour enclencher la désorbitation ultérieurement. Ou encore, le Soyouz pourrait se briser en morceaux et se désintégrer dans l'atmosphère.

Quoi qu'il arrive, cela se produira rapidement et notre survie dépend largement de nos compétences. Les interactions – entre les différents systèmes internes du vaisseau, sa vitesse et son attitude réelles, sa distance de la Terre – sont vraiment complexes. Comme disent les anglophones : « It is rocket science. » Il faut déterminer ce qui cause chaque effet observé sans avoir le temps d'expliquer le tout à ses coéquipiers et à soi-même. On doit connaître toutes les conséquences d'un écart d'attitude de vingt degrés, savoir quoi faire en cas de défaillance d'un propulseur et connaître les douzaines de conséquences fatales qui déclencheront d'autres réactions en chaîne. Vous ne disposez même pas de quelques secondes pour vous creuser la cervelle : il faut avoir l'information sur-le-champ, la connaître sur le bout des doigts, pour pouvoir prendre la décision appropriée.

À l'entraînement, une fois que nous comprenons la théorie et les fondements des interactions entre les systèmes, nous commençons à apprendre comment tout se passe quand les systèmes tombent en panne, un à la fois. Au départ, nous faisons cela grâce à un simulateur à segmentation de tâches, qui permet de concevoir des formations personnalisées sous la direction d'un instructeur habituellement assis à côté de nous devant un ordinateur personnel distinct. Par exemple, lors d'un exercice sur le système de régulation thermique du Soyouz, j'observais l'affichage normal du système sur l'écran de mon ordinateur pour mémoriser son apparence lorsque l'instructeur a simulé une défaillance dans l'une des pompes pour que je puisse voir ce qui se passerait. Puis, il m'a montré ce qui arriverait si l'un des capteurs tombait en panne et nous laissait croire que nous avions un problème de régulation de température alors que c'était simplement le thermomètre qui était détraqué. J'ai passé beaucoup de temps devant le simulateur à segmentation de tâches pour comparer les symptômes de fausses alertes avec les vraies pannes de système : la régulation de pression, les capteurs d'analyse des composés de l'air ambiant, le système de capteurs d'amarrage, la liste est longue.

Ce processus m'a permis de comprendre ce sur quoi je devais porter mon attention et ce que je pouvais ignorer, quels étaient les plus grands risques et lesquels déclencheraient les pires conséquences. Par la suite, j'étais prêt pour le vrai simulateur du Soyouz afin d'avoir un point de vue global. Mes instructeurs dans la salle de commande ont commencé à simuler des pannes localisées avant d'augmenter la difficulté jusqu'à des pannes intégrées : des défaillances du système de régulation thermique puis, pour couronner le tout, une panne du circuit de commande numérique de l'ordinateur central. Quelles sont les relations entre ces problèmes ? Se combinent-ils ou n'ont-ils aucun rapport entre eux ? Oups ! Un moteur vient de tomber en panne, et nous fonctionnons grâce aux propulseurs auxiliaires. Quelles sont mes options ?

Ces simulations servent à établir la priorité des risques, comprendre comment ils sont interreliés et décider lesquels doivent être réglés immédiatement. On doit assimiler tout cela bien avant d'aller dans l'espace, où les hésitations risquent d'être fatales. Sur Terre, nous avons le luxe du temps. Les instructeurs peuvent même paralyser le simulateur pour s'assurer que l'on saisit vraiment : « Vous venez de perdre l'ordinateur numérique : voyez comment le vaisseau est en train de recalculer l'accélération et le moment où doit survenir l'arrêt des moteurs, comment il va réguler l'attitude pour la rentrée dans l'atmosphère. Essayez de penser à chaque étape. »

Au fil du temps, j'ai atteint le niveau des simulations de défaillances en cascade, où les formateurs ont mis le paquet pour rajouter tous les problèmes imaginables. Ces entraînements ressemblaient aux examens de fin d'année à l'université, où on écrit les réponses aussi vite que possible, sans arrêt, durant des heures. À la fin d'une simulation intégrée difficile, j'étais exténué. Je semblais peut-être calme, mais mon cerveau venait de subir un entraînement intense et je ne pouvais pas relever de défi plus exigeant que de boire une bouteille de bière sur la véranda.

Quand je suis passé à une simulation vraiment difficile avec mon équipage, nous avons commencé par nous préparer à la simulation afin d'en tirer le maximum. Tom Marshburn et moi avons simulé devant Roman une mise à feu de désorbitation. Nous avons discuté de la façon dont nous allions régler certains problèmes («si l'ordinateur numérique tombe en panne à ce moment-ci, nous allons régler le problème de cette façon»), puis nous avons partagé nos rôles et responsabilités. Chacun avait quelque chose à surveiller de très près quand toutes les opérations sont en cours, et nous avons planifié nos trois ou quatre premières actions pour une variété de scénarios différents afin d'être tous les trois sur la même longueur d'onde. Pendant chacune des simulations que nous faisions ensemble, j'ai pris l'habitude de demander : «Bon, quelles sont nos défaillances jusqu'ici ? » Tom les énumérait, et nous établissions rapidement la liste des priorités pour déterminer lesquelles présentaient un danger immédiat.

Beaucoup de gens disent qu'il faut s'attendre au meilleur, mais se préparer au pire. Il s'agit à mon avis d'un concept jovialiste trompeur. Il n'y a jamais qu'un seul «pire»; il y a presque toujours un large spectre de mauvaises possibilités. La seule chose qui pourrait être *la* pire en soi, c'est de n'avoir aucun plan.

* * *

Créons un peu de confusion : participez aux simulations avec sérieux et consacrez-y autant d'énergie que vous le feriez dans la vraie vie… mais attendez-vous à ce que la simulation elle-même soit erronée. Ceci nous arrive la plupart du temps avec des simulateurs utilisés pour nous entraîner non pas aux désastres, mais à l'amélioration de nos compétences.

En 1992, par exemple, alors que j'étais un astronaute tout neuf, la navette spatiale *Endeavour* devait aller récupérer un satellite Intelsat V1-F3 lors de son voyage inaugural. Le satellite n'avait pas atteint son orbite géostationnaire de 36 000 kilomètres au-dessus de la Terre. Comme son moteur ne fonctionnait pas bien, ce satellite de communications excessivement coûteux demeurait coincé en orbite basse, à environ 480 kilomètres d'altitude, où il n'était d'aucune utilité. Le plan consistait à envoyer un équipage dans l'espace qui lui fixerait un nouveau moteur puis le relâcherait pour qu'il puisse monter jusqu'à l'orbite géostationnaire prévue. Avant tout, par contre, puisque le Canadarm n'était pas conçu pour saisir un satellite qui n'en faisait qu'à sa tête, un astronaute devait sortir dans l'espace et se tenir à une extrémité du télémanipulateur pour installer un préhenseur-connecteur fabriqué sur mesure – un genre de grande poignée latérale – qui permettrait ensuite d'agripper le satellite.

On a élaboré un plan sur papier puis on a construit un simulateur. Par contre, il allait de soi que cet appareil ne serait pas très utile sans l'effet d'apesanteur. On a donc utilisé une installation de la NASA qui ressemble à une énorme table de jeu de hockey sur coussin d'air. L'astronaute qui devait attraper le satellite s'est exercé inlassablement avec le simulateur du Canadarm jusqu'à ce qu'il ait développé une bonne technique pour fixer la poignée au satellite. Toutefois, même sur une table à coussin d'air, il y a une légère friction dont on n'a pas tout à fait compris les conséquences avant que l'astronaute soit dans l'espace. En vraie situation d'apesanteur, il ne pouvait pas déployer une force suffisante pour que le préhenseur-connecteur s'enclenche avant que le satellite s'éloigne à nouveau.

Cette situation s'est répétée jusqu'à ce que toutes les équipes dans l'espace et au sol se mettent à jeter le blâme sur la simulation. Le satellite était un gros cylindre semblable à un silo à grains argenté, si gros en fait qu'un astronaute aurait été incapable de l'intercepter avec ses mains et aurait même pu être arraché de l'extrémité du Canadarm où il se trouvait s'il essayait. Deux astronautes n'auraient pas mieux réussi.

Et si trois astronautes conjuguaient leurs efforts ? Cela pourrait marcher, sauf que le sas de la navette était conçu pour un maximum de deux personnes. En outre, les trois devaient se placer de façon à pouvoir attraper le satellite simultanément. Cela était-il possible physiquement ? Et même si trois personnes avaient la force nécessaire, comment le commandant pourrait-il parvenir à approcher la navette suffisamment près du satellite pour que la tentative soit fructueuse ? L'équipage a bénéficié d'une journée de congé pendant que, sur Terre, formateurs et astronautes ont tenté sans relâche de régler ces problèmes distincts dans des simulations simultanées, à la fois dans le simulateur grandeur nature de la navette – pour voir jusqu'à quel point on pouvait l'approcher du satellite – et dans la piscine pour régler le problème des trois-astronautes-dans-le-sas et déterminer ce que ferait le trio s'il réussissait à attraper le satellite. Ce fut une journée de créativité frénétique dont le point culminant a été une simulation entièrement intégrée, réalisée à quelques reprises jusqu'à ce que les autorités conviennent que ça valait la peine de tenter le coup.

L'histoire a bien fini : les trois astronautes ont réussi à intercepter le satellite, à installer le nouveau moteur et à le remettre sur sa trajectoire. Mission accomplie. Mais même si le problème a été réglé au moyen de simulations, il a aussi été *causé* par une simulation. Morale de l'histoire : en se préparant au pire, il faut aussi garder en tête que la simulation peut elle-même être fondée sur des hypothèses erronées qui nous porteront à tirer de fausses conclusions qui sembleront parfaitement adéquates.

* * *

C'est une énigme pour moi que tant de gourous du développement personnel incitent les gens à visualiser la victoire, rien de plus. Certains assurent même qu'on obtiendra une chose si on la souhaite avec suffisamment d'insistance et d'intensité, et, inversement, que si on se concentre sur les aspects négatifs, on ouvre la voie aux événements malheureux. Pourquoi s'empoisonner la vie en s'inquiétant ? Pourquoi gaspiller du temps à se préparer pour une catastrophe qui pourrait ne jamais se produire?

Anticiper les problèmes et déterminer comment les régler est en fait le contraire de l'inquiétude : c'est une attitude productive. Dans le même ordre d'idées, élaborer un plan d'action n'est pas un gaspillage de temps s'il nous donne la tranquillité d'esprit. Même si l'on risque de se préparer pour quelque chose qui ne se produira jamais, cela vaut la peine si les enjeux sont le moindrement élevés. Imaginez-vous par une journée ensoleillée au volant d'une voiture sur l'autoroute à écouter la radio. En surveillant la route, vous remarquez le camion d'essence qui vous précède et pensez à ce qui se passerait si, au moment où vous amorciez une manœuvre de dépassement, la fourgonnette dans la voie de gauche (qui se comporte de manière imprévisible depuis une dizaine de minutes) vous coupait la route. Anticiper ce problème serait la meilleure façon de l'éviter.

Il est inutile de vivre en anticipant le danger en permanence, en imaginant que le ciel peut nous tomber sur la tête à tout moment. Par contre, ce serait une bonne idée d'avoir un plan pour se préparer aux éventualités déplaisantes. Pour moi, c'est devenu une forme de discipline mentale réflexive, non seulement au travail, mais dans tous les aspects de ma vie. Quand je monte dans un ascenseur bondé, par exemple, je me dis toujours : « Bon, alors qu'est-ce qu'on fait s'il y a une panne? » Je me mets ensuite à déterminer ce que serait mon rôle et ce que je pourrais faire pour aider à résoudre le problème. C'est la même chose quand je prends l'avion : pendant que je boucle ma ceinture, je pense aussitôt aux gestes que je ferais s'il y avait une crise.

Pourtant, je ne suis ni nerveux ni pessimiste. Sans blague. En fait, je suis même plutôt optimiste, du moins selon les experts (c'est-à-dire ma famille, bien sûr). Je m'attends à ce que les choses se passent bien, ce qui se produit généralement. Mon attitude optimiste et ma confiance ne proviennent pas du fait que je me sente plus chanceux que les autres mortels et certainement pas du fait que je visualise ma victoire : elle est le résultat d'une vie passée à visualiser l'échec et à trouver comment l'éviter.

Comme la plupart des astronautes, j'ai la quasi-certitude de pouvoir affronter tous les problèmes que la vie me réserve parce que j'ai amplement réfléchi à ce que je dois faire si les choses vont mal ou si elles vont bien. C'est ça, la puissance de la pensée négative.

4

Les moindres détails occupent
une grande place

J'avais un projet bien défini quand j'ai obtenu mon diplôme en génie mécanique du collège militaire en 1982 : je voulais devenir pilote des Forces armées. Comme la plupart de mes confrères qui partageaient cette ambition, je pilotais de petits appareils depuis des années. À l'été 1980, j'avais terminé le cours de base de formation au pilotage à Portage la Prairie au Manitoba, mais pour obtenir mon brevet, je devais me rendre à Moose Jaw pour apprendre à piloter des avions à réaction. La formation de base offerte au Canada est exigeante : deux cents heures dans un CT-114 Tutor (un biplace surtout utilisé aujourd'hui par les Snowbirds, l'équipe de démonstration aérienne de l'Aviation royale canadienne) en compagnie d'un instructeur qui évaluait chaque vol. Une seule mauvaise sortie nous obligeait à suivre une formation supplémentaire et à recommencer le vol. Habituellement, ce recul nous entraînait dans une spirale : une reprise de vol était une mauvaise note au dossier d'un pilote qui se voyait expulsé s'il en récoltait trop. En outre, toutes les reprises de vol étaient affichées bien en vue sur un grand tableau, ce qui est très pénible pour l'orgueil. Si notre nom y était affiché, les autres pilotes commençaient à nous traiter comme si nous avions déjà un pied dans la porte. C'était très difficile de regagner une confiance en soi et de nombreux stagiaires n'y arrivaient tout simplement pas.

Avec chaque vol, « ça passe ou ça casse ». L'enjeu était particulièrement élevé pour moi : nous étions en 1983, l'année où le Canada sélectionnait ses premiers astronautes, et mon rêve impossible me paraissait légèrement plus réalisable, mais seulement si je pouvais piloter des avions à réaction, la première étape traditionnellement exigée en vue de devenir astronaute. Il n'y avait qu'une seule façon d'être sûr que je pourrais piloter des avions de chasse, c'était de réussir haut la main le cours de pilotage d'avions à réaction. Seul le stagiaire qui obtient les meilleurs résultats a le droit de choisir entre les avions de chasse et les avions de transport militaire (les gros appareils chargés de transporter les soldats et le fret), ou encore de devenir instructeur. Personne d'autre du groupe n'avait son mot à dire. J'étais donc déterminé à arriver premier. Les chances que je puisse devenir astronaute étaient très minces, mais si je ne devenais pas pilote de chasse, elles se réduisaient à néant.

Un jour, j'ai complètement raté un de mes examens de vol aux instruments. Je n'avais jamais encore piloté avec l'instructeur, qui ignorait donc tout de mes compétences. Ma performance lui a donné tout lieu de croire que je n'avais aucun talent. J'étais maladroit et je ne m'étais pas préparé adéquatement pour la transition d'une phase de vol aux instruments à la suivante. J'étais toujours « en retard sur l'avion », c'est-à-dire que je répondais aux réactions de l'avion plutôt que de les anticiper et de manœuvrer l'appareil en conséquence. L'instructeur a relevé les moindres erreurs stupides que j'ai commises et m'a critiqué sans ménagement, puis il a consulté mon dossier d'un air sévère. J'étais persuadé qu'il était sur le point de m'obliger à reprendre le vol.

Je n'avais jamais eu d'échec académique auparavant. J'avais toujours réussi grâce à mon ardeur au travail et à mes aptitudes naturelles. Je n'ai même pas pensé à essayer de me défendre parce que l'instructeur avait raison : j'avais échoué.

Je regardais droit devant moi en silence, honteux, en écoutant l'instructeur tourner les pages.

Celui-ci a finalement levé les yeux au bout d'une longue minute et m'a dit : « Comme je constate que c'est le premier vol qui vous a causé autant de problèmes, je vais considérer que vous avez eu une mauvaise journée. Pas de reprise. »

Ce n'était pas simplement un sursis, mais aussi un événement qui a changé ma vie. S'il ne m'avait pas donné le bénéfice du doute, je ne serais peut-être pas astronaute aujourd'hui. Cela me hante encore à quel point j'ai failli rater le coche par ma propre faute. La morale de cette mésaventure était évidente même à l'époque : je ne pouvais pas me permettre de ne pas être préparé, quelle que soit la situation où j'allais être évalué, officiellement ou non. Je devais être prêt en tout temps.

J'ai décidé de changer ma méthode de préparation sur-le-champ. Le soir, plutôt que d'étudier seul dans ma chambre, je travaillais dans l'avion que je devais piloter le lendemain. Je « répétais » le vol au moyen des listes de vérification et des procédures de navigation en faisant semblant d'utiliser les commandes. Après avoir piloté l'avion et « atterri » en sécurité, je recommençais. Personne ne m'avait demandé de m'asseoir dans un hangar glacial pendant quelques heures pour simuler le vol à répétition jusqu'à ce que j'aie bien compris. Personne n'avait à le faire. La crainte de la reprise avait redoublé ma détermination à arriver premier de ma promotion afin de pouvoir piloter des avions de chasse. Il allait donc de soi que je serais beaucoup plus habile aux commandes du Tutor le lendemain avec l'instructeur si je répétais le vol pour la quatrième fois (du moins mentalement).

J'ai aussi commencé à visualiser l'itinéraire en détail : « Très bien : je monte à Speedy Creek, je tourne en direction de Regina… Mais à quoi ça ressemble vu d'en haut ? » Quand on vole à 61 mètres d'altitude à une vitesse de 445 kilomètres à l'heure, on a intérêt à savoir où on se trouve en tout temps. On se perd facilement dans les Prairies. Vu du haut des airs, le sud de la Saskatchewan est peu varié : c'est une région vaste et plate parsemée de champs verts et bruns, dépourvus d'arbres, bordés par le quadrillage des routes et ponctués de temps à autre par le lit asséché d'un lac ou la cicatrice laissée par une vallée. J'ai pris l'habitude, quand j'avais congé, de me rendre en voiture dans la région que je devais survoler au courant de la semaine. Je descendais de l'auto et j'observais les environs. Cette stratégie a valu la peine. Il est souvent arrivé que je reconnaisse quelque chose quand je survolais la région : « Eh, je me suis garé là ! Je reconnais la route. Je sais exactement où je me trouve. »

En passant, ce n'était pas un truc de débutant. Je me préparais de la sorte même après avoir accumulé des milliers d'heures de vol. Pour un vol complexe aux commandes d'un F-18, par exemple, je traçais mon itinéraire sur une carte de la région même si je savais que je ne verrais pas le sol du haut des airs. Je déterminais quelles aides à la navigation aérienne je pourrais utiliser et quels interrupteurs je devais actionner dans le cockpit. Je révisais mes listes de vérification comme je l'avais fait la toute première fois que j'avais piloté un avion de chasse. Je faisais cela pour que tout me semble familier une fois dans le ciel. (Je dois ajouter que j'aime simplement comprendre exactement où je me trouve, particulièrement sur la Station spatiale internationale, d'où je pouvais apprécier la vue d'une grande ville située sur les rives d'un fleuve près de volcans calmes encore plus en sachant que je survolais Taipei à Taïwan.)

Quand on y pense bien, la préparation et les répétitions intensives de ce genre constituent une forme tolérée de tricherie. C'est un peu comme dire à son adversaire au beau milieu d'une partie d'échecs : « Eh ! Je voudrais faire une pause. Ne touche à rien, je reviens dans quelques heures », puis utiliser ce temps pour essayer des dizaines de gambits et déterminer les trois meilleurs jeux à faire. Cet effort supplémentaire vous donnerait un avantage concurrentiel important, particulièrement si l'autre type décide de profiter de l'arrêt de jeu pour faire la sieste.

Je considérais la formation au vol des avions à réaction comme un test ininterrompu, et mon objectif était de me donner le maximum d'avantages et de fournir la meilleure réponse possible à chaque question qu'on me posait. Alors, lorsque j'ai raté ce fameux vol qui m'a presque obligé à faire une reprise, j'ai dû réfléchir aux raisons pour lesquelles je n'avais pas été prêt. Étais-je fatigué ? Est-ce que j'avais la gueule de bois ? Est-ce que je manquais d'assurance aux commandes ? Est-ce que je me concentrais trop sur les mauvais éléments ?

Non. Le problème était simple : je me considérais déjà comme un pilote plutôt aguerri, assez bon pour ne pas avoir à me préoccuper de chacun des détails. Et c'est vrai qu'il n'est pas nécessaire de s'attarder au moindre détail si l'on est prêt à jeter les dés et à accepter toutes les conséquences. Par contre, si on veut atteindre l'excellence – que ce soit à la guitare ou aux commandes d'un avion à réaction –, on ne se prépare jamais trop. C'est la meilleure façon d'améliorer ses chances.

Dans mon domaine de travail suivant, ce ne serait même pas une option. Un astronaute qui ne se penche pas sur tous les détails est un astronaute mort.

* * *

Dans n'importe quel domaine, c'est un avantage de considérer les critiques comme des conseils d'une certaine utilité plutôt que comme des attaques personnelles. Mais pour un astronaute, dépersonnaliser la critique est une stratégie de survie élémentaire. S'il s'irrite chaque fois qu'il entend un commentaire négatif – ou s'il néglige obstinément d'écouter les remarques –, il est foutu.

Tous les employés de la NASA sont des critiques. Au fil des ans, des centaines de personnes évaluent notre rendement sur une base régulière. Elles analysent nos gaffes au microscope pour s'assurer que plus de gens encore en tirent quelque chose : « Voyez ce que Hadfield a fait. Assurons-nous que *plus personne* n'agisse ainsi à l'avenir. »

Nous sommes souvent scrutés et évalués en temps réel. Plusieurs simulations impliquent une petite foule : tous les employés du Centre de contrôle de mission qui travailleraient à ce problème en situation réelle, en plus des entraîneurs qui ont conçu le scénario et des experts qui comprennent plus que quiconque les composantes complexes du système mis à l'épreuve. Quand on simule une désorbitation pour l'atterrissage, par exemple, des douzaines de collègues nous observent en espérant que quelque chose de neuf – disons une lacune dans la procédure standard ou une meilleure méthode de travail – se révélera. En fait, ils *veulent* que nous trébuchions sur une zone grise que personne n'avait crue problématique afin de voir si nous pourrions trouver quoi faire. Si nous n'y parvenons pas, il est tout de même beaucoup mieux de découvrir cette zone grise pendant que nous sommes encore sur Terre, où nous avons le luxe de pouvoir simuler le problème à répétition avant de trouver la solution. Échouer ou réussir une simulation n'est qu'un élément de l'histoire. L'essentiel, c'est d'apprendre puis de passer l'expérience en revue par la suite sous tous les angles imaginables.

Le débreffage fait partie de la culture de la NASA, un véritable cauchemar pour ceux qui n'aiment pas les réunions. Au cours d'une simulation, le directeur de vol ou l'astronaute principal note les principaux événements survenus puis lance la discussion en révisant les faits marquants : ce qui s'est bien passé, ce que nous avons appris de neuf, ce que nous savions, mais qui doit être mieux assimilé. Ensuite, tous les participants repassent les systèmes un à un pour disséquer ce qui n'a pas fonctionné ou a été mal géré. Toutes les personnes qui ont un rôle à jouer ont la possibilité de faire leur bilan selon leur point de vue, à partir de leur console. Si l'on a commis une erreur, quelle qu'elle soit, des douzaines de personnes l'auront remarquée et pourront en énumérer les conséquences fâcheuses. Il ne s'agit pas d'une séance de flagellation : l'objectif consiste à constituer un savoir collectif. C'est pourquoi on ne réagit jamais à une erreur en disant : « Ce n'est pas grave, ne t'en fais pas. » On dira plutôt : « Allons voir plus loin » parce qu'une erreur est comme un fil tiré que l'on doit tenter d'arracher pour voir si tout le tissu se défera.

Il arrive par contre que les critiques soient personnelles et nous blessent, même si elles sont constructives. Avant ma dernière mission, mon coéquipier américain, Tom Marsh-burn, et moi participions à une évaluation de sortie spatiale dans la piscine devant un groupe de formateurs et d'astronautes experts. Tom et moi avions tous deux participé à des EVA dans l'espace et, au terme de notre entraînement de six heures, j'ai cru que nous avions réussi. Toutefois, lors du débreffage, après avoir expliqué pourquoi je m'étais attaché d'une certaine façon afin d'être plus stable pour effectuer une réparation, un de nos instructeurs a clamé devant tout le monde : «Quand Chris parle, il s'exprime clairement et avec assurance, mais ne vous laissez pas berner et n'ayez pas la certitude qu'il a raison. C'est vrai qu'il a été instructeur et évaluateur de sorties dans l'espace et qu'il est "Monsieur EVA", mais il n'est pas sorti depuis 2001 et beaucoup de choses ont changé depuis. Je ne veux pas que les jeunes formateurs ignorent leur petite voix intérieure et s'empêchent de remettre quelque chose en question pour la simple raison qu'elle a été dite avec fermeté par quelqu'un qui travaille ici depuis longtemps. »

Sur le coup, j'ai trouvé son message plutôt insultant parce qu'il se résumait à ceci : «Monsieur EVA» *semble* savoir ce qu'il fait, mais en réalité, il n'en a peut-être pas la moindre idée. Puis je me suis posé la question suivante : «Pourquoi l'instructeur a-t-il dit cela ?» J'ai rapidement conclu que son opinion était sensée. Je ne manque jamais de fermeté et j'ai l'habitude d'enseigner aux autres, alors je peux sembler très sûr de moi. Mais cela ne veut pas dire que je pense tout savoir sur tout. J'ai toujours tenu pour acquis que les gens comprenaient très bien cela et qu'ils se sentaient libres de remettre mon jugement en question, mais mon comportement ne le reflétait peut-être pas. J'ai décidé de mettre cette proposition à l'épreuve : plutôt que d'attendre les commentaires, j'allais inviter mes collègues à me donner leur opinion et voir ce qui se produirait. Après une simulation, j'ai commencé à demander à mes entraîneurs et coéquipiers : «Qu'est-ce que j'ai raté sur le plan technique et quels changements pourrais-je apporter la prochaine fois ?» Évidemment, la réponse était rarement : «Ne change rien, Chris, tout ce que tu fais est parfait ! » En procédant de cette façon, les séances de débreffage atteignaient leur but : elles révélaient un problème subtil, mais important, et je pouvais y répondre d'une façon qui, au bout du compte, a amélioré les chances de réussite de notre équipe.

Les gens de la NASA ne s'attendent pas seulement à ce que l'on réponde positivement aux critiques, mais aussi que l'on pousse l'analyse encore plus loin en attirant l'attention sur nos propres faux pas et erreurs de calcul. Il n'est pas facile pour des gens hypercompétitifs de parler ouvertement des gaffes qui les font paraître idiots ou incompétents. La direction doit créer un climat où il est permis d'admettre ses erreurs, et les collègues doivent accepter, ensemble, de donner du lest aux autres.

Je m'étais habitué aux confessions publiques quand j'étais pilote de chasse. Tous les lundis matin, nous nous réunissions pour un breffage de sécurité et parlions de tout ce qui aurait pu nous tuer la semaine précédente. Parfois, les pilotes avouaient des erreurs et des négligences vraiment élémentaires, et on s'attendait à ce que leurs collègues évitent de les juger. (Par contre, il en allait autrement des comportements idiots délibérés – comme voler sous un pont ou se pavaner en exécutant un vol supersonique au-dessus de la maison d'un ami et en faisant voler en éclats toutes les fenêtres du quartier. Des pilotes de chasse étaient renvoyés ou risquaient de l'être pour de telles actions.) Il m'était plus facile de ne pas porter de jugement après avoir compris que l'aveu d'un comportement abruti de la part d'un collègue pouvait me sauver la vie, au sens propre du terme, après avoir discuté des conséquences.

À la NASA, où la culture organisationnelle est si fortement axée sur l'éducation et non seulement sur les accomplissements, il est encore plus facile de présenter les erreurs d'un individu comme des occasions d'apprentissage plutôt que comme des gaffes qui peuvent anéantir une carrière. Je me souviens d'un astronaute, lui aussi ancien pilote de chasse, qui s'est levé lors d'une réunion pour nous expliquer en détail un incident où son T-38 (l'avion à bord duquel nous

nous entraînons tous pour tenir à jour nos techniques de vol) avait dérapé au bout d'une piste d'atterrissage en Louisiane. C'est une erreur de débutant très embarrassante pour un pilote. Puisque l'appareil n'avait pas subi beaucoup de dommages, le pilote aurait très bien pu ne rien dire et la morale aurait été « tout est bien qui finit bien ». Toutefois, sa mésaventure nous a permis de dégager la leçon suivante : soyez prudents parce que l'asphalte sur cette piste est plus lisse qu'ailleurs puisqu'il contient des coquillages pulvérisés qui s'avèrent dangereusement glissants sous la pluie. Cette information était précieuse pour nous tous. Bien que cette mésaventure ne nous ait pas donné une meilleure opinion de ce pilote, nous ne l'avons certainement pas sous-estimé de nous avoir épargné la même erreur.

* * *

Après une simulation de quatre heures, nous en discutons généralement pendant une heure, mais cela n'est rien. Après un vol spatial, nous débreffons toute la journée, chaque jour durant un mois ou plus. Nous abordons un sujet à la fois – les systèmes de communication, la recherche biologique, les combinaisons spatiales. Chaque aspect de chaque expérience est décortiqué lors d'une discussion approfondie avec les personnes responsables de ce domaine en particulier. Nous nous réunissons dans la salle de conférences principale du Bureau des astronautes au Johnson Space Center, un genre de caverne dépourvue de fenêtres. Les experts de haut niveau du sujet du jour s'assoient autour d'une grande table ovale, à côté des astronautes qui viennent de rentrer sur Terre, alors que les experts de moindre niveau prennent place sur des chaises adossées aux murs. Au menu du jour : astronaute sur charbons ardents. Les experts nous bombardent de questions auxquelles nous nous efforçons de répondre en fournissant un maximum de détails. Lors de la réunion portant sur la nourriture, par exemple, on nous a demandé : « Comment était la nourriture ? Qu'avez-vous aimé ? Pourquoi ? Y en avait-il suffisamment pour tout le monde ? Qu'avez-vous jeté ? Que pensez-vous de l'emballage ? Avez-vous des suggestions pour l'améliorer ? » (La rigueur des questions explique en partie pourquoi la nourriture servie sur la Station spatiale est, en général, vraiment savoureuse.)

Lorsque la séance porte sur un événement non planifié, comme une sortie extravéhiculaire imprévue pour localiser la source d'une fuite externe d'ammoniaque sur la SSI lors de ma dernière mission, le débreffage se prolonge durant des jours. Comme je l'expliquerai plus tard, c'était une sortie spatiale inusitée pour une foule de raisons et la réunion a été particulièrement longue et approfondie en raison du caractère de nouveauté de l'événement. La salle était pleine de gens qui essayaient de reconstituer et de déconstruire les événements, et de déterminer ce qu'ils pourraient mieux faire la prochaine fois.

Et comme dans tout débreffage, chacun voulait aussi réviser ce que *nous* aurions pu mieux faire, ainsi qu'amplifier et faire connaître nos erreurs afin que d'autres astronautes évitent de les commettre. Un des principaux objectifs d'un débreffage consiste à en tirer un maximum de leçons, puis de les inclure dans un manuel que nous appelons *Flight Rules* afin que tous les membres de l'organisation puissent en bénéficier.

Les *Flight Rules* (Règles de vol) constituent un corpus de connaissances consignées dans des manuels qui énumèrent, étape par étape, ce qu'il faut faire quand un événement X se produit et pourquoi. Au fond, il s'agit de procédures d'exploitation standard élaborées pour un scénario précis. Si, pendant que j'étais à bord de la SSI, un système de refroidissement était tombé en panne, les *Flight Rules* m'auraient fourni un mode d'emploi méthodique pour réparer le système aussi bien que la raison justifiant chaque étape.

La NASA consigne nos erreurs, nos catastrophes et nos solutions depuis le début des années 1960, lorsque les équipes au sol de l'ère *Mercury* ont commencé à colliger les leçons qu'ils ont tirées de chaque mission dans un compendium qui comprend maintenant des milliers de situations problématiques (panne de moteur, bris de poignées de sas, problèmes d'ordinateur…) et leurs solutions. Nos procédures de vol sont fondées sur ces règles, mais les *Flight Rules* sont destinées en réalité aux spécialistes du Centre de contrôle de mission afin qu'ils puissent expliquer aux astronautes la marche à suivre lorsque ceux-ci éprouvent des problèmes en orbite.

Il est surprenant de constater la fréquence à laquelle nous éprouvons des problèmes dans l'espace étant donné la préparation obsessive de la NASA. Malgré tous nos exercices pratiques sur Terre, il arrive souvent que nous fassions des erreurs de calcul ou que nous négligions une évidence, et nous avons besoin d'une nouvelle règle de vol pour couvrir cet aspect. Alors que j'étais chef du service de robotique à la NASA, une équipe sur la SSI a bien failli heurter par inadvertance une section fragile d'une navette arrimée sur le Canadarm2. Lors de la réunion bilan, il est devenu évident, même si la quasi-collision imminente avait été observée au sol, qu'il n'y avait aucune façon claire et simple de prévenir l'équipage. Le schéma des communications était incroyablement tortueux : les images vidéo et les données provenant de l'orbite étaient transmises à Houston, où un spécialiste dans une salle distincte devait cerner le problème et prévenir le contrôleur responsable de la robotique en vol (ROBO) au Centre de contrôle de mission, qui devait ensuite alerter le directeur de vol et le capcom, qui devaient alors comprendre la situation et donner des instructions aux astronautes, qui devaient enfin faire le nécessaire. Et tout cela se passait pendant que le télémanipulateur continuait à s'approcher dangereusement du seul véhicule qui pouvait ramener l'équipage sur Terre en sécurité.

Au cours des débreffages, nous nous sommes aussi rendu compte que, même si les astronautes étaient très bien préparés pour utiliser le télémanipulateur relativement simple de la navette – dont la soute était munie d'un éclairage efficace et qui avait peu de choses à heurter – ils étaient moins adéquatement formés pour manœuvrer un bras robotique plus perfectionné, installé sur une structure aussi complexe et mal éclairée que la SSI. Ainsi, dans le calme qui a suivi, nous avons décidé qu'en plus d'apporter certains changements à la formation, nous devions trouver une solution rapide et non ambiguë que les gens pourraient appliquer quand ils dénotaient un problème en temps réel. Ça semble simple, non ? Pourtant, personne n'avait vécu cela auparavant. Et nous avons dû tenir compte des communications radio parfois embrouillées et intermittentes, des astronautes dont la langue maternelle n'est peut-être pas l'anglais, des commandes sur le bras robotisé lui-même et du caractère urgent du problème détecté. Nous avons trouvé l'appel radio et la procédure les plus simples qui soient : quiconque voit que le Canadarm2 risque de percuter quelque chose crie *all stop* (« arrêtez tout ») trois fois. Tous ceux – au sol ou dans l'espace – qui entendent cet appel le répètent à voix haute. L'équipage n'a qu'à stopper le mouvement du bras au moyen d'un simple interrupteur. Cette mesure a fait l'objet d'une nouvelle règle de vol, et tous les équipages et les spécialistes du Centre de contrôle de mission s'entraînent en respectant le *All-Stop Protocol* et en le répétant à voix haute avant chaque manœuvre robotique, que ce soit en orbite ou lors d'une simulation. Le télémanipulateur n'a heurté aucune structure accidentellement.

Comme il est probablement évident maintenant, des décisions simples de prime abord peuvent être extrêmement difficiles à prendre dans l'espace. L'avantage des *Flight Rules,* c'est qu'elles nous rassurent sur la pertinence des décisions difficiles que nous devons prendre. En 1997, par exemple, j'étais capcom pour la mission STS-83 lorsque, peu après le lancement, l'une des trois piles à combustible de la navette a semblé éprouver des problèmes. Ces réservoirs génèrent de l'électricité, un peu à la manière d'une batterie. Le voltage de l'un d'eux semblait excéder les seuils permis. Au Centre de contrôle de mission, comme nous avons cru que le problème provenait du capteur plutôt que du réservoir, nous avons d'abord jugé bon de l'ignorer. Toutefois, les *Flight Rules* insistaient sur la nécessité d'éteindre le réservoir de carburant, et comme il ne restait que deux réservoirs de carburant entièrement fonctionnels, une autre règle de vol entrait en vigueur : la mission devait être interrompue.

S'il n'en avait tenu qu'à nous, la mission STS-83 se serait probablement poursuivie parce que la navette pouvait fort bien voler avec seulement deux piles à combustible si aucun autre problème ne se présentait. En temps réel, la tentation de courir un risque est toujours plus élevée. Toutefois, les règles de vol étaient sans équivoque : la navette devait rentrer sur Terre. La tâche d'en informer le commandant m'incombait à titre de capcom : « Écoutez, je sais que vous venez tout juste d'arriver en orbite, mais vous devez rentrer sur-le-champ. » L'équipage a eu le cœur brisé de rentrer trois jours à peine après le lancement alors qu'il s'était entraîné si longtemps pour cette mission sans avoir réalisé la plupart des objectifs. Je suis sûr qu'ils ont maudit les règles de vol en amorçant les manœuvres de désorbitation et qu'ils les ont maudites encore plus lorsque nous avons découvert ultérieurement que le réservoir n'aurait eu aucun problème s'ils étaient demeurés dans l'espace. (Cette histoire finit bien : la même équipe est repartie trois mois plus tard seulement, ce qui était sans précédent, et cette fois, rien de fâcheux n'est arrivé.)

Une raison qui nous permet de repousser les limites de la puissance des humains tout en assurant leur sécurité, c'est que les *Flight Rules* nous mettent à l'abri de la tentation de prendre des risques, tentation d'autant plus forte lorsque se fait sentir la pression de respecter une date de lancement. Le Soyouz peut décoller quelles que soient les conditions météo, mais la navette spatiale étant un véhicule beaucoup moins solide, les critères de lancement étaient des plus stricts pour ce qui était de la vitesse du vent, du froid et de la nébulosité, par exemple. Ces critères définissaient les conditions météorologiques minimales qui étaient acceptables pour assurer la sécurité d'un lancement. Nous les avons élaborés alors que nous ne subissions aucune pression ni urgence et que nous avions suffisamment de temps pour analyser toutes les hypothèses et leurs conséquences. Nous avons dû les invoquer pour environ le tiers des lancements. Disposer de règles absolues et se refuser à les contourner était une bénédiction le jour d'un lancement, où l'on risque toujours de succomber à la tentation de dire : « C'est vrai qu'il fait un peu plus frais que nous le souhaiterions, mais essayons quand même. »

J'avais collaboré à tant de lancements à Cape Canaveral que je m'attendais à un retard à cause de la météo lorsqu'on m'a attaché à mon siège de la navette *Atlantis* en novembre 1995 pour mon premier voyage dans l'espace. Effectivement, cinq minutes à peine avant l'heure prévue, la mission STS-74 a été annulée. Ce jour-là, il faisait pourtant un temps superbe en Floride, mais la météo était très mauvaise sur tous nos sites d'atterrissage d'urgence outre-mer. Les probabilités d'annuler la mission après le décollage étaient extrêmement minces, mais les règles étaient claires : il nous fallait prévoir le cas. Aucun des membres d'équipage ne se réjouissait de la tournure des événements, mais ils ne rouspétaient pas beaucoup. Après tout, au bout de tant d'années d'entraînement, qu'était une journée de plus ? C'est un plus d'avoir à se préoccuper des détails : on apprend à se montrer d'une patience infinie. (Nous avons fini par décoller le lendemain.)

Le fanatisme de la NASA pour les détails et les règles peut sembler tatillon et ridicule aux personnes de l'extérieur, mais lorsque des astronautes meurent au travail, la cause est presque toujours un détail qu'on avait négligé parce qu'il ne semblait d'aucune importance à l'époque. Au début de l'ère spatiale, par exemple, les astronautes ne portaient pas de combinaison pressurisée au décollage ni à la rentrée dans l'atmosphère. On avait abandonné cette initiative après y avoir brièvement songé. Pourquoi le faire alors que les astronautes voyageaient dans un véhicule éprouvé aux multiples niveaux de redondance ? Cette précaution semblait exagérée et, en outre, les combinaisons auraient pris beaucoup de place, alourdi le vaisseau et gêné les mouvements des membres d'équipage. Les Russes ont été les premiers à porter des combinaisons pressurisées au décollage et à l'atterrissage après que, en 1971, une valve de ventilation d'une fusée Soyouz s'est desserrée, entraînant la dépressurisation de l'appareil lors de sa rentrée dans l'atmosphère et la mort des trois cosmonautes à son bord, probablement en quelques secondes. Pour leur part, les astronautes de la navette spatiale ont commencé à porter des combinaisons pressurisées seulement après l'explosion du *Challenger* au décollage en 1986. D'ailleurs, ce sont des détails insignifiants en apparence – un joint torique fissuré et un débris de mousse isolante – qui ont causé deux terribles catastrophes : la perte des navettes *Columbia* et *Challenger* et de leurs équipages.

C'est pourquoi, tant personnellement qu'à titre de membres d'une organisation, nous avons la patience de nous attarder aux détails les plus infimes, même si – et surtout si en fait – nous sommes en quête d'objectifs considérables. Nous avons appris de la manière la plus difficile qui soit à quel point les détails comptent.

* * *

La veille de ma première sortie extravéhiculaire en 2001, j'étais calme, mais très conscient du fait que j'étais sur le point de faire ce dont j'avais rêvé toute ma vie. La mission STS-100 était ma deuxième, mais la première où j'avais autant de responsabilités pour une tâche aussi capitale en orbite puisque j'étais EV1, le chef de sortie extravéhiculaire. Je me sentais prêt. J'avais étudié et je m'étais entraîné durant des années. Pourtant, je voulais me sentir encore plus prêt, alors j'ai passé quelques heures à polir la visière de ma combinaison pour éviter que mon souffle l'embue, à déballer et à vérifier chaque pièce d'équipement dont j'aurais besoin pour la sortie, à pré-assembler un maximum de pièces puis à les fixer soigneusement aux parois de la navette avec du Velcro. Par la suite, j'ai vérifié mon travail à deux et trois reprises tout en répétant mentalement les procédures apprises dans la piscine à Houston.

Scott Parazynski et moi nous étions entraînés durant une année et demie pour installer le Canadarm2, le télémanipulateur qui allait servir à poursuivre la construction de la SSI qui commençait à peine. En mai 2001, la Station n'avait qu'une fraction de sa taille actuelle. Les premiers éléments de la SSI n'avaient été envoyés dans l'orbite que trois ans plus tôt, et les premiers astronautes s'y sont installés en 2000. Notre équipage n'y avait encore jamais pénétré. Nous y avions arrimé *Endeavour* quelques jours plus tôt, mais nous n'avions pas pu ouvrir l'écoutille parce que notre EVA devait commencer dans le sas de sortie de la navette, essentiellement un pont dépressurisé entre les deux vaisseaux.

Cette nuit-là, je voulais m'endormir tout de suite pour me réveiller plus vite. Je me sentais comme un petit garçon la veille de Noël et pourtant, la navette nous rappelait davantage l'Halloween. Nous dormions dans des sacs de couchage attachés aux murs et au plafond de la navette, comme dans un repaire bizarrement macabre de chrysalides humaines qui flottaient, immobiles. Je me suis réveillé en pleine nuit et j'ai regardé le voyant vert de ma montre d'astronaute Omega Speedmaster. Je ne sortirais pas avant des heures et tous mes coéquipiers dormaient encore. Je me suis rendormi jusqu'à ce que de la musique lourde de statique me réveille. C'était une chanson qu'Helene avait choisie pour moi : *Northwest Passage* de Stan Rogers, un de mes chanteurs folk préférés. Je me suis prudemment extrait de mon sac de couchage, j'ai pris le microphone, j'ai remercié ma famille et le Centre de contrôle de mission, puis je me suis préparé à sortir.

On doit suivre une séquence de multiples étapes vitales pour se préparer à une EVA. Si on en rate une seule, on ne pourra pas sortir du vaisseau. Scott et moi ne pourrions pas sortir du sas pour flotter avant de longues heures et, d'ici là, la NASA avait soigneusement chorégraphié chacun de nos gestes en tranches de cinq minutes, allant jusqu'à nous dicter l'heure et la composition de notre déjeuner : des barres énergétiques PowerBar et du jus de pamplemousse réhydraté. Je me suis rasé et lavé, et j'ai utilisé la toilette (je voulais à tout prix éviter de porter une couche). Puis j'ai sorti le vêtement de refroidissement par liquide qui ressemble à un long sous-vêtement doté d'une grande personnalité : il est parcouru de tubes de plastique transparents dans lesquels circule de l'eau dont nous pouvons régler la température. Il est raide comme un costume d'Halloween bon marché, mais cela importe peu lorsqu'on est dans l'espace : quand les rayons du Soleil nous frappent lors d'une sortie spatiale, le tissu de la combinaison devient extrêmement chaud, et ce système d'air climatisé personnel semble alors une bien bonne idée.

Environ quatre heures plus tard, Scott et moi flottions enfin, vêtus de la tête aux pieds de notre combinaison spatiale. Nous dépressurisions lentement et soigneusement le sas tout en vérifiant à de multiples reprises les écrans d'affichage à diodes électroluminescentes (DEL) sur nos combinaisons pour nous assurer qu'elles fonctionnaient adéquatement et pouvaient nous maintenir en vie dans le vide de l'espace. Si nous remarquions une fuite dans la combinaison une fois dans l'espace, nos poumons allaient se rompre, nos tympans éclateraient, notre salive, notre sueur et nos larmes se mettraient à bouillir et nous souffririons de la maladie des caissons. La seule bonne nouvelle, c'est que nous perdrions connaissance en moins de dix à quinze secondes. C'est le manque d'oxygène au cerveau qui nous achèverait.

Mais pendant que je flotte doucement dans le sas, je ne pense pas à mon éventuel décès. C'est le moment reposant de la journée, comme lors d'un vol à travers les États-Unis lorsqu'on aperçoit le Nebraska par le hublot. Nous serons occupés plus tard, mais pour le moment, nous sommes en attente, toujours accrochés au vaisseau par nos liaisons ombilicales, des tubes de la taille d'un anaconda qui nous rafraîchissent et nous fournissent oxygène, communications et courant électrique.

Quand le sas est finalement dépressurisé, je saisis la poignée de l'écoutille et je la tourne, ce qui n'est pas facile puisque rien ne se fait en criant ciseau quand on porte une combinaison spatiale. Je parle calmement à Houston pendant ce temps, mais je suis soulagé quand j'entends enfin le clic et que je sens bouger l'écoutille. Lors d'une précédente mission, la poignée s'était complètement coincée et les astronautes avaient dû abandonner la sortie et rentrer dans la navette. L'écoutille ressemble à un couvercle de trou d'homme que l'on doit enlever et ranger dans un dispositif semblable à un support à vélos au-dessus de nous. Je ne peux pas encore voir à l'extérieur parce que l'ouverture est masquée par un couvercle isolant en tissu blanc, mais les rayons du soleil qui filtrent à travers illuminent soudainement le sas. Quand je l'enlève et que je le range enfin, je suis face à la soute de la navette et je n'aperçois qu'une mince bande de ciel dans mon champ de vision. Tout ce qui m'intéresse, c'est d'aller voir plus loin, mais détacher la liaison ombilicale est toute une acrobatie : il faut procéder très prudemment parce que les connecteurs sont fragiles, puis on doit l'envelopper et la fixer solidement à la paroi pour qu'elle soit à portée de main au cas où il faudrait regagner rapidement le sas pour rester en vie.

Le temps est venu de sortir. Oh-oh, le dilemme : astronaute rectangulaire, trou rond. Ma sortie n'aura rien de gracieux, mais ma première inquiétude à ce moment, c'est d'éviter de m'envoler dans l'espace. Alors, comme on nous l'a enseigné, je suis attaché à Scott, qui est relié à la structure, et je tiens une laisse de sécurité que je dois attacher à la main courante fixée sur les côtés de la navette. J'abaisse le couvre-casque doré par-dessus ma visière pour me protéger les yeux du Soleil puis doucement, avec précaution, je tortille mon corps à l'extérieur du sas. Je me trouve toujours dans le ventre de la bête, la soute, mais ma combinaison encombrante est devenue mon vaisseau spatial personnel et a la fonction de me garder en vie. En émergeant de la soute, mon existence se limite à une seule préoccupation : attacher ma laisse au câble qui relie une extrémité de la navette à l'autre. Je m'y attache et je préviens tout le monde que je suis solidement attaché en laisse. Scott, qui est toujours à l'intérieur, peut maintenant se détacher et venir me rejoindre. En l'attendant, je jette un coup d'œil derrière moi pour m'assurer que je n'ai pas activé par mégarde mon réservoir d'oxygène auxiliaire. À ce moment, je remarque l'Univers. L'échelle est bouleversante, les couleurs aussi. L'incongruité de la situation me sidère : j'étais dans une petite boîte, et maintenant me voilà au milieu de tout cela… mais comment est-ce possible ?

J'articule un mot, un seul : « Wow. » Ou plutôt : « Wwwooooowww ! » Mon esprit est en ébullition, j'essaie de comprendre et d'exprimer ce que je vois, de trouver des analogies pour une expérience aussi unique. C'est semblable à ceci, je pense : c'est comme être concentré pendant qu'on lave une fenêtre, puis se retourner pour se rendre compte qu'on est suspendu dans le vide à une paroi de l'Empire State Building et voir Manhattan s'étaler tout autour et en dessous de soi. Je savais que je sortirais dans l'espace et pourtant, la vue me secoue profondément. Une combinaison spatiale nous empêche d'éprouver des sensations de goût, d'odeur et de toucher. Notre propre souffle et les voix désincarnées qui nous parviennent par les écouteurs sont les seuls sons que l'on perçoit. On se trouve dans une bulle autonome, coupé de tout, puis on délaisse sa tâche pour lever les yeux et l'Univers nous gifle effrontément en plein visage. C'est visuellement envahissant, et aucun autre sens ne nous prévient qu'on est sur le point de subir l'assaut de la beauté à l'état pur.

Une autre analogie : imaginez que vous vous trouvez dans votre salon, absorbé dans la lecture d'un livre, et que vous levez les yeux et apercevez un tigre devant vous. Aucun avertissement, aucun son, aucune odeur ne vous ont prévenu de la présence du fauve. La vue qui s'offre alors à moi évoque quelque chose d'aussi surréaliste et onirique, complètement dissociée de mes gestes maladroits avec le crochet de la laisse quelques minutes auparavant. Il va sans dire que j'avais jeté un coup d'œil à l'espace par le hublot de la navette, mais je comprends maintenant que je ne l'avais pas vraiment vu. Accroché aux flancs d'un vaisseau spatial qui fait le tour de la Terre à 28 000 kilomètres à l'heure, je peux vraiment *voir* notre planète dans toute sa splendeur, avec son infinité de textures et de teintes. De l'autre côté, j'aperçois le noir profond de l'espace débordant d'étoiles. Cette immersion visuelle est vaste et écrasante et je pourrais m'y abreuver pour toujours… si ce n'était de Scott, maintenant sorti du sas, qui flotte dans ma direction. Le travail nous attend.

Au bout d'environ cinq heures, l'installation progresse bien, quoique lentement, lorsque je me rends compte tout à coup que des gouttelettes d'eau flottent à l'intérieur de mon casque. Toute sortie extravéhiculaire est très exigeante sur le plan physique et, au cours des ans, nous avons tenté de mettre de la nourriture – un rouleau de fruits séchés ou d'autres collations du genre – à l'intérieur de la combinaison pour nous rassasier un peu. Par contre, nous n'avons pas résolu le problème des miettes et des taches de nourriture. C'est pourquoi nous nous limitons généralement à un sac à boire. On mord dans une paille qui ouvre une petite valve, puis on aspire l'eau. En théorie, du moins. Mon sac à boire ne fonctionnait pas adéquatement depuis le début de la sortie et il semblait fuir. Super.

J'essaie tant bien que mal d'ignorer ces petites gouttes qui flottent devant mon visage lorsque mon œil gauche se met à piquer. Très agaçant. J'ai l'impression qu'un gros grain de sable s'est logé sous ma paupière et, instinctivement, je lève la main pour me frotter. Ma main heurte la visière de mon casque. « Tu portes une combinaison spatiale, espèce d'imbécile ! » me dis-je. J'essaie de cligner des yeux à répétition et je secoue la tête vigoureusement d'un côté à l'autre pour tenter de déloger le corps étranger, mais mon œil me fait toujours mal et je ne peux le garder ouvert pour plus d'une seconde avant qu'il se referme.

Nous nous sommes entraînés pour faire face à toutes sortes de problèmes lors d'une sortie extravéhiculaire, mais la cécité partielle n'avait pas fait partie des éventualités. Que dois-je faire ? Je fais le point : je suis en train de resserrer les boulons du Canadarm2 au moyen d'un énorme tournevis électrique, les pieds solidement attachés au cale-pieds et ma laisse solidement attachée à la Station. Je ne suis exposé à aucun risque imminent. Mes autres organes sensoriels se portent bien et il me reste un autre œil parfaitement fonctionnel. Je décide de poursuivre mon travail et de n'informer personne de mon problème. Je m'attaque au prochain boulon et je me mets à le visser. Mon œil gauche, par contre, non seulement me brûle, mais se remplit de larmes.

Les larmes ont besoin de la gravité. Sur Terre, les larmes, produites par un petit conduit au-dessus de l'œil, s'écoulent le long de la joue. Quel que soit l'irritant que l'on a dans l'œil, le canal lacrymal se vide et le nez coule. En apesanteur, par contre, les larmes ne tombent pas vers le bas : elles restent là tandis que l'on continue à pleurer et forment une boule de liquide salin tremblante sur notre orbite oculaire.

Quelques détails importants d'ordre anatomique. Mes arrière-grands-parents venaient tous du nord de l'Angleterre et du sud de l'Écosse. Et même si les habitants du Yorkshire et les Écossais sont reconnus pour leur résistance et leur stoïcisme, leurs nez n'ont rien de remarquable. Plutôt que de me léguer un nez busqué, ils m'ont transmis un appendice quelconque par-dessus lequel une grosse boule de larme dans l'œil gauche peut facilement s'écouler de l'autre côté comme à travers un barrage rompu et envahir rapidement mon œil droit.

D'ailleurs, mon œil droit se ferme parce que le produit quelconque qui contamine l'œil gauche n'a pas été dilué par mes larmes, ce qui fait que l'œil droit se met à pleurer abondamment lui aussi. J'essaie de forcer mes yeux à demeurer ouverts, mais il n'y a pas grand-chose à faire : tout ce que j'aperçois avant que mes réflexes me fassent clore les paupières, c'est un flou aqueux. En seulement quelques minutes, je passe d'une vue de 20/20 à la cécité. Dans l'espace. Et en tenant un tournevis électrique.

« Houston, ici EV1. J'ai un problème. » Pendant que ces mots s'échappent de ma bouche, j'imagine aisément la réaction au sol puisque j'ai moi-même agi comme capcom pour tant de missions. Premièrement, on s'inquiétera pour moi personnellement puis, quelques secondes plus tard, tous les spécialistes au Centre de contrôle de mission seront galvanisés : les gens commenceront à lancer des hypothèses sur les causes de mon problème, ils se demanderont à voix haute ce qu'il entraînera comme conséquences sur le plan des opérations et ils essaieront de trouver des solutions.

Scott et moi avons déterminé que la meilleure option consiste à ne pas dramatiser : je ne vois strictement rien, mais mon coéquipier se porte très bien et travaille encore au filage sur une autre partie de la Station. Il ne servirait à rien qu'il arrête et vienne me rejoindre puisqu'il ne peut absolument rien pour moi. Bien entendu, si on découvre qu'il n'y a aucune solution à mon problème, il devra m'escorter jusqu'au sas et m'aider à regagner l'intérieur en toute sécurité, mais nous convenons tous deux que nous n'en sommes pas encore là. Je ne veux pas non plus que nous en venions là. Je dois terminer ma tâche, et mon pays compte sur moi : le Canadarm2, conçu et fabriqué au Canada, est à la fois un test et la preuve éblouissante de notre expertise en robotique. La sortie spatiale représente beaucoup elle aussi pour mes concitoyens parce qu'aucun Canadien ne s'est jamais promené dans l'espace. Autrement dit, ce n'est vraiment pas le moment d'avoir des problèmes aux yeux.

Par chance, le directeur de vol, Phil Engelauf, me connaît bien. J'ai travaillé avec lui à de nombreuses reprises à titre de capcom pour des vols de la navette, et il est prêt à me faciliter les choses plutôt qu'à m'ordonner de rentrer sur-le-champ. Il m'autorise à demeurer immobile un certain temps pendant que les spécialistes travaillent à déterminer à quel point ma vie est en danger. Je sais que les spécialistes au sol sont très actifs parce que, chaque fois que le capcom me parle, j'entends l'agitation en bruit de fond : « Comment cela s'est-il produit ? Est-ce que ça va empirer ? Que pouvons-nous faire ? » Ce n'est pas un mince détail de préciser que nous n'avons pas fini d'attacher le télémanipulateur. Il est bien vrai que la sécurité de l'équipage demeure la priorité numéro un, mais nous ne pouvons tout de même pas laisser cette pièce d'équipement d'une importance capitale se heurter contre les côtés de la SSI.

Après quelques minutes, les spécialistes au sol se concentrent à déterminer la cause de la contamination. Puisqu'on est dans l'espace, on envisage le pire scénario : le problème a peut-être un lien avec le système de purification d'air de la combinaison de sortie spéciale qui fait appel à l'hydroxyde de lithium pour absorber le dioxyde de carbone. L'hydroxyde de lithium est vraiment caustique et peut causer des lésions graves aux poumons. Puisque l'irritation des yeux est l'un des premiers signes de fuite, il ne me reste plus que quelques minutes à vivre. La capcom, Ellen Ochoa (qui dirige maintenant le Johnson Space Center), me dit calmement d'ouvrir la valve de purge, qui équivaut à ouvrir un trou dans ma combinaison, et de commencer à évacuer l'air potentiellement contaminé que je respire jusqu'à ce qu'il sorte complètement ou du moins jusqu'à ce qu'il soit hautement dilué par l'oxygène frais pompé dans ma combinaison.

Cette directive va à l'encontre de mon instinct de survie, mais j'obtempère. Par chance, j'ai répété la manœuvre tant de fois que je peux atteindre la valve de purge derrière mon oreille gauche et l'ouvrir sans problème. Je ne vois rien, mais j'entends un sifflement tandis que mon oxygène s'échappe dans l'infini en émettant un bruit joyeux. Je vis un moment de paix étrange. Une sortie spatiale est avant tout une expérience visuelle puisque nos autres sens sont à peine stimulés. Les couleurs brillantes de la Terre, les miroitements provenant du vaisseau et la noirceur profonde de l'espace nous confirment où nous sommes, mais sans la vue, mon corps ne peut pas m'informer que je me trouve dans un lieu exceptionnel. J'ai davantage l'impression de rêver à la Station spatiale au creux de mon lit que d'être suspendu à l'un de ses flancs, dans une situation de danger mortel.

Ma capcom écoute les médecins, les ingénieurs biomédicaux et tous les spécialistes du Centre de contrôle de mission, mais elle me dit, sur le ton d'un bavardage agréable : « Voyons, Chris : nous analysons toutes les données et ton niveau de pression d'oxygène. Comment te sens-tu ? » Bizarrement, je ne suis pas inquiet parce que Scott est là pour moi. Il est à la fois médecin, pilote commercial et alpiniste, et je n'ai jamais rencontré personne qui peut venir à bout de son énergie. Son esprit et son corps ne s'arrêtent jamais. En outre, je respire encore, toute une équipe s'affaire à régler mon problème et je suis certain de ne pas mourir au cours des soixante prochaines secondes. Je suis passablement rassuré qu'il ne s'agisse pas d'une fuite d'hydroxyde de lithium parce que je ne tousse pas. Je dois laisser l'équipe au sol faire son travail, et purger mon oxygène en guise de précaution, mais j'ai déjà décidé de ne pas prolonger les choses. La combinaison renferme une quantité importante d'oxygène, suffisamment pour me tenir en vie huit ou même dix heures, et je dispose également d'un réservoir auxiliaire, ce qui me permet d'évacuer l'oxygène et de demeurer en vie pendant très, très longtemps. Mais il faut me remettre au travail, et qui sait combien de temps encore il nous faudra rester dans l'espace pour finir de fixer le télémanipulateur ?

En fait, je suis nerveux : nous gaspillons du temps. Je n'apporte aucune contribution au projet que je suis venu faire. J'essaie donc par tous les moyens de recouvrer la vue : je secoue la tête dans tous les sens pour essayer de frotter mes yeux contre un élément du casque, je cligne des yeux sans arrêt. Les médecins disent probablement à Phil : « Il faut le rentrer immédiatement pour trouver ce qu'il a. » Je dis alors, presque sans mentir : « Vous savez, je ne sens aucune irritation aux poumons et je pense que mes yeux commencent à se dégager un peu. » J'éprouve toujours une douleur intense, mais j'y vois un peu plus clair.

À ma demande, Phil accepte que je cesse de purger mon oxygène. Pendant ce temps, je cligne des yeux sans arrêt et, par chance, au bout de vingt minutes, je vois un peu. Mes yeux piquent toujours et j'ai la vue encore embuée, mais quelques minutes plus tard, je crois voir suffisamment bien pour me remettre au travail. Heureusement, mes collègues me donnent le feu vert : « C'est bon, c'est toi qui es là-haut et tu connais la situation mieux que nous. » Pendant ce temps, le Centre de contrôle de mission demande à l'équipage de la navette de préparer la trousse médicale afin de prendre un échantillon de mes larmes et des sécrétions autour de mes yeux pour déterminer la cause du problème.

Le Centre de contrôle de mission nous a permis de prolonger notre sortie, qui devait durer six heures et demie. La grande majorité des EVA durent sept heures au maximum, mais puisque Scott et moi assurons que tout se passe bien, nous restons dans l'espace durant près de huit heures pour essayer de tout terminer.

Avant de regagner la navette, je baisse les yeux pour regarder défiler l'Univers. C'est un grand moment pour nous : nous avons surmonté cet obstacle, bien exécuté notre tâche et réussi à accomplir ce que nous devions faire. Par contre, lors d'une sortie dans l'espace, la toute dernière étape est aussi importante que la première, alors ce n'est qu'après avoir repressurisé le sas et regagné notre vaisseau que je me permets de relaxer. J'aperçois l'un des médecins de l'équipage se diriger en flottant vers moi. Armé d'un coton-tige long de un mètre bricolé avec les moyens du bord, il m'annonce qu'il va me passer ça dans l'œil pour prendre des échantillons. Je grelotte, je n'ai plus de jus, mais je trouve l'énergie pour éclater de rire.

Plus tard, nous avons tous soupçonné que mon irritation avait été causée par des gouttelettes d'eau issues de mon sac à boire, mêlées avec une perle de sueur ou un petit débris provenant de mes cheveux ou de ma combinaison. Nous passions en revue toutes ces possibilités avec le Centre de contrôle de mission lorsque le capcom a demandé : « Chris, as-tu pensé à utiliser ton liquide antibuée ? » Bien sûr que si : la veille, j'avais poli ma visière pour éviter qu'elle s'embue comme le font parfois les lunettes de ski. « Alors nous croyons que tu ne l'as pas fait à la perfection. Tu ne l'as peut-être pas essuyé complètement. » J'ai appris que la solution est en fait du détergent à vaisselle. C'est comme si j'avais reçu directement dans l'œil une giclée de savon mêlé de quelques gouttes d'eau. Ma première réaction a été la suivante : « On utilise du *détergent* ? Pour de vrai ? Le shampoing pour bébé Johnson's n'aurait pas été une option ? »

Ensuite, je me suis dit : « La prochaine fois, je ferai encore plus attention aux détails. » Une sortie spatiale en vue d'installer un équipement de plusieurs millions de dollars qui était – et demeure – capitale pour la construction de la SSI avait été menacée par une microscopique goutte de solution de nettoyage.

Deux jours plus tard, lors de ma deuxième EVA, j'ai essuyé ma visière avec tant d'énergie que je m'étonne de ne pas l'avoir transpercée. La NASA a finalement remplacé le liquide de nettoyage par une version un peu moins nocive, mais depuis, grâce à ma négligence largement publicisée, tous les astronautes nettoient frénétiquement l'intérieur de leur visière. Et lorsque certains d'entre eux ont temporairement perdu la vue lors d'une sortie, le Centre de contrôle de mission savait exactement quel était le problème : «Tu te rappelles ce qui est arrivé à Hadfield ? C'est la solution antibuée. »

C'est pourquoi cela vaut la peine de s'attarder aux menus détails. Et même dans mon domaine, tout est une question de menus détails.

5

Les dernières personnes au monde

Personne ne devient astronaute par hasard. Les nouvelles recrues ont en moyenne trente-quatre ans, et le désir de faire ce travail a motivé leurs choix durant de longues années. Les chances d'être choisi sont maintenant plus minces que jamais. Lors de la dernière période de recrutement au Canada en 2009, à peine deux astronautes ont été choisis parmi les 5 351 candidatures reçues. La même année, la NASA a analysé 3 564 dossiers pour pourvoir neuf postes. Le processus de sélection est à la fois rigoureux et envahissant. Un doctorat n'est qu'un minimum et un polype sur le nez peut entraîner le rejet d'une candidature. Les aspirants astronautes qui se rendent à la ronde finale sont soumis à des tests psychologiques, à des touchers rectaux et à d'innombrables entrevues et tests écrits. Les personnes qui subissent volontairement ces épreuves sont, par définition, très compétitives.

Je sais que c'était mon cas lorsque j'ai déposé ma demande. J'étais loin d'avoir l'assurance d'être sélectionné – le processus peut avoir raison des nerfs les plus solides –, mais j'avais la certitude d'être un bon pilote de chasse et d'essai. Être choisi parmi les quatre nouveaux astronautes de l'ASC était la preuve la plus éclatante de mes compétences. J'étais à la fois fier et excité lorsque, peu après, on m'a demandé de me rendre à Houston avec Marc Garneau pour commencer l'entraînement à titre de membre de la promotion de 1992. Comme c'était l'âge d'or de la navette spatiale, nous étions nombreux – vingt-quatre en tout – comparativement à aujourd'hui. Nous avons pris l'ascenseur pour monter jusqu'au Bureau des astronautes au Johnson Space Center dans une douce euphorie : c'était l'un des emplois les plus difficiles à décrocher au monde et pourtant, nous avions réussi. Nous étions la crème de la crème.

Puis nous sommes sortis de l'ascenseur.

En un instant, nous sommes devenus des moins que rien. On ne nous appelait même pas astronautes, mais « ASCAN » pour *astronaut candidates* ou aspirants astronautes. La plèbe, quoi. Inutile de nous imposer un rite d'initiation pour nous faire descendre de notre nuage. La simple vue des gens que nous avions idolâtrés pendant des années y est parvenue. Lorsqu'on m'a assigné à un bureau à côté de John Young – un des premiers astronautes sur les missions *Gemini*, un des douze hommes qui ont marché sur la Lune et le commandant du tout premier vol de la navette spatiale –, je n'ai pas eu l'impression d'avoir enfin réussi. Je me sentais plutôt comme un minus.

Au cours de ma première journée au Johnson Space Center, je suis passé du sommet de ma profession au plus bas échelon de la chaîne alimentaire en compagnie d'autres bourreaux de travail qui avaient l'habitude de se trouver au sommet et étaient déterminés à le regagner le plus rapidement possible. Il y avait de la camaraderie. Chaque promotion avait son caractère et son surnom : certains membres d'une promotion particulièrement nombreuse étaient les sardines et mes confrères de 1992 avaient été surnommés les « porcs » (en raison d'un numéro des Muppets intitulé *Pigs in Space*, mais aussi parce que nous avions décidé de commanditer un cochon ventru au zoo de Houston). Nous avions vraiment l'impression de travailler tous ensemble vers un même but, mais l'environnement était aussi très concurrentiel même si la compétition n'était jamais reconnue explicitement. Chacun était évalué et comparé pour tout ce qu'il faisait, absolument *tout,* et il était très clair que les missions dans l'espace étaient attribuées au mérite. C'est pourquoi les exigences étaient sans fin. Je n'ai jamais osé refuser une demande, j'ai saisi toutes les occasions possibles et, comme tous les autres, j'essayais toujours de faire croire que tout m'était facile.

Pendant ce temps, ma famille s'était installée à Houston : nouvelle maison, nouvelles écoles et nouvel emploi pour Helene. La première année est toujours très difficile pour les familles à cause de tous les changements et de l'adaptation. Quelques mariages d'ASCAN implosent notamment en raison des tensions entre les époux, mais en grande partie, selon moi, à cause des efforts déployés par les astronautes pour s'adapter à un nouvel endroit en respectant l'ordre hiérarchique. Le raisonnement semble être le suivant : « Mon rêve s'est réalisé, et pourtant, je me sens comme un moins que rien. Mais je suis toujours aussi performant, alors le problème, ce doit être mon mariage ! » Je suis extrêmement chanceux parce que ma famille a abordé nos nombreux déménagements avec un sens de l'aventure. Toutefois, comme nous venions du milieu militaire, nous avons été légèrement décontenancés au début par toute l'organisation à Houston. On se sentait dans l'armée, pourtant ce n'était pas cela. En règle générale, dans un escadron, les familles des pilotes habitent près les unes des autres sur la base et ont aussi tendance à tout faire ensemble. Mais à la NASA, tout le monde est trop occupé. Au début, nous nous sentions seuls puisque nous avions été habitués à un esprit communautaire.

Dans un autre ordre d'idées, aller au travail chaque jour était aussi déconcertant. Au cours de mon année à titre d'ASCAN, la courbe d'apprentissage était vertigineuse et les occasions de me démarquer étaient rares. Au terme de cette première année, j'ai travaillé à l'attestation de charges utiles, ce qui impliquait d'interminables réunions pour s'assurer que toutes les expériences scientifiques étaient sécuritaires pour le vol spatial. Entre-temps, je suivais, comme tous mes confrères, une formation générale en géologie, météorologie, mécanique orbitale et robotique, notamment. Les gens qui étaient arrivés au Bureau des astronautes un an ou deux avant moi semblaient à des années-lumière de nous, même s'ils n'avaient jamais été dans l'espace.

Puis est arrivé le jour où le premier membre de notre groupe a été affecté à un vol spatial. C'était un grand moment : l'un d'entre nous avait réussi ! C'était comme une reconnaissance pour notre groupe, comme si nous avions tous enfin franchi ce cap. Et on a assigné une deuxième personne, ce n'était pas moi. Je me suis dit : « Bon, ils ont choisi un scientifique parce qu'ils n'avaient pas besoin d'un pilote. » Puis, au milieu de la nuit, je me suis dit qu'on ne m'avait probablement pas choisi parce que je suis canadien. Un troisième puis un quatrième astronautes ont été appelés, et j'ai commencé à me demander quel était mon problème. J'avais toujours tout réussi et je ne comprenais pas pourquoi on ne m'avait pas choisi.

C'est à partir de ce moment que l'attitude a commencé à avoir son importance. Je me rappelle clairement m'être récité des paroles d'encouragement qui commençaient par « Ne fais pas l'idiot ». Je me suis rappelé que je ne restais pas assis à ne rien faire. J'apprenais tant de choses tous les jours que je sentais pratiquement mes neurones chauffer.

Si on a déjà eu l'impression d'avoir réussi, par contre, il est difficile de ne pas s'inquiéter lorsqu'on nous surpasse. Détail intéressant : les astronautes qui semblent éprouver le plus de difficultés à ce chapitre sont souvent ceux qui ont le plus de talent naturel. Comme certaines personnes peuvent jouer extrêmement bien au golf dès le premier jour, il y a des astronautes qui sont simplement plus doués que le reste de nous. Ils sont très habiles de leurs mains et de leurs pieds. La première fois qu'ils sont montés à bord d'un avion, ils ont pu le piloter aussi bien, sinon mieux, que leur instructeur. Ou bien ils sont des superstars sur le plan académique, doués de compétences interpersonnelles hors du commun. Quelle que soit la combinaison de dons dont ils jouissent, ils se démarquent et jusqu'à leur arrivée au Johnson Space

Center, tout leur était facile : ils remportaient les concours de vol, réussissaient les tests haut la main et racontaient les histoires les plus drôles sans effort.

Connaître le succès tôt dans sa carrière est une bien piètre leçon. Essentiellement, on se voit récompensé pour un manque de préparation, alors quand on se trouve dans une situation où l'on *doit* se préparer, on n'y parvient pas parce qu'on ne sait pas comment s'y prendre.

À un certain moment lors de leur formation d'astronautes, même les personnes les plus douées au monde franchissent un seuil où elles ne peuvent plus improviser. Le volume d'informations et de compétences complexes qu'il faut maîtriser est simplement trop considérable pour tout assimiler sur-le-champ. Certains parviennent à ce point de rupture et prennent conscience qu'ils ne peuvent plus compter sur leur talent brut : ils doivent s'atteler à la tâche et étudier. D'autres ne s'en rendent pas compte et, comme dans la fable *Le Lièvre et la Tortue,* ils aboutissent à un endroit où ils ne pensaient jamais être relégués : au bout de la file. Ils ignorent comment se pousser au-delà de l'inconfort. En général, ils ne reconnaissent pas non plus leurs propres faiblesses et hésitent donc à accepter la responsabilité lorsque les choses se passent mal. On ne souhaite pas avoir ces personnes comme coéquipiers lorsqu'on travaille dans de mauvaises conditions environnementales avec un équipement très spécialisé et une longue liste de tâches à accomplir dans un court laps de temps. Ces *rock stars* se forgent une réputation de personnes peu fiables quand les choses tournent mal.

* * *

On trouve au sein d'un groupe d'astronautes une grande variété d'habiletés et de compétences, plus que ne peuvent l'imaginer la plupart des gens, mais beaucoup moins qu'à l'époque où cinquante personnes s'envolaient dans l'espace chaque année, où les équipages étaient plus nombreux et où chaque astronaute n'avait pas à exceller en tout. Sur la navette, nous n'avions besoin que de deux personnes qui étaient de bons opérateurs de télémanipulateur. Aujourd'hui, alors que le Soyouz accueille un petit équipage de trois membres, dont au moins un cosmonaute, si un astronaute ne maîtrise pas la robotique et n'est pas qualifié pour les sorties dans l'espace, il ne recevra probablement pas d'affectation à une mission.

Lorsque les missions ne duraient que deux semaines, les équipages étaient formés un peu comme une équipe sportive : tout était une question de mélange. Les administrateurs voulaient atteindre un équilibre entre les astronautes expérimentés et les recrues, les militaires et les universitaires, les extravertis et les personnes décontractées et affables. Bien entendu, la politique avait aussi son mot à dire : le nom de l'astronaute dont c'était le tour importait parfois, tout comme sa nationalité. Les Canadiens ne trônaient généralement pas en haut de la liste, mais lorsque le Canadarm2 a été installé, il a semblé de mise que l'un de nous fasse partie de la mission. Certains équipages n'ont jamais réussi à se souder, mais ce n'était pas vraiment important. Si on n'est dans l'espace que pour quelques semaines, on peut endurer à peu près tout le monde. Il n'est pas nécessaire de s'amuser coûte que coûte. Il faut faire son boulot.

Sur la Station spatiale internationale, par contre, l'homogénéité a plus de valeur parce qu'il faut un chevauchement des compétences : on peut avoir de sérieux problèmes si seulement un des trois astronautes à bord a une formation médicale, mais qu'il éprouve lui-même un problème de santé grave et n'est pas en mesure de se traiter. La formation est aussi beaucoup plus un travail solitaire. Pendant deux ans, les astronautes travaillent généralement seuls. Ils s'entraînent et étudient seul à seul avec un instructeur et puis, dans les six mois précédant une mission, alors que tout le monde a acquis les compétences voulues, ils commencent à s'intégrer à un équipage.

L'intégration n'est pas toujours facile parce que nous ne choisissons pas nos coéquipiers. C'est comme un mariage forcé, sauf qu'on ne jouit d'aucun droit conjugal, que la « lune de miel » dure six mois en isolement et qu'on doit compter les uns sur les autres pour absolument tout : la compagnie, la survie, le partage de la charge de travail.

C'est pourquoi la première question que se posent les astronautes est : « Avec qui pars-tu ? » Personne ne veut aller dans l'espace avec un pauvre type, mais à un certain moment, il faut se résigner à accepter ses coéquipiers, cesser d'espérer de s'envoler avec Neil Armstrong et déterminer comment les forces et faiblesses des autres peuvent se marier aux nôtres. On ne peut pas changer les briques et il faut trouver le moyen de bâtir un mur, tous ensemble.

On a parfois de la chance. Mes coéquipiers lors de ma dernière mission, Tom Marshburn et Roman Romanenko, ont des compétences techniques hors du commun et une éthique de travail inébranlable. Ils sont aussi deux des personnes les plus faciles à vivre et aimables, sur Terre comme au ciel. Je n'ai pas eu à me résigner à aller dans l'espace avec eux, j'ai dû plutôt me retenir de clamer ma bonne fortune.

Plus le vol est long, plus la personnalité de chacun joue un rôle important. Si les trois astronautes ne s'entendent pas sur Terre, il est encore moins probable qu'ils parviennent à se tolérer quelques mois sans pouvoir bénéficier d'une bonne douche. Ou d'un verre de scotch. Certains des premiers astronautes américains qui ont séjourné longtemps sur Mir ont connu la dépression et se sont sentis irrités à la fois par leurs coéquipiers et par ce qu'ils percevaient comme un manque de soutien de la part du Centre de contrôle de mission. Lorsqu'on ne peut pas aller prendre l'air pour se changer les idées, les conflits de personnalités risquent de compromettre une mission ou de la faire échouer complètement. Dans le passé, des tensions latentes ont fini par exploser en conflit de personnalités, comme le racontent avec animation certains des premiers cosmonautes qui ont séjourné longtemps dans l'espace. J'ai entendu des rumeurs d'astronautes qui en sont venus aux poings et ont refusé de s'adresser la parole (et de parler à l'équipe au sol) durant des jours. C'est pourquoi la NASA recherche dorénavant un certain type de personne, quelqu'un qui collabore bien avec les autres.

Une chose par contre n'a pas changé : les astronautes sont tous, sans exception, extrêmement compétitifs. Je l'ai peut-être déjà dit. Alors, comment fait-on pour réunir un groupe de gens hypercompétitifs et les amener à hypercollaborer au point où ils recherchent les occasions d'aider l'un ou l'autre à se démarquer ?

Cette situation ressemble à réunir un groupe de sprinters et leur dire qu'ils participeront dorénavant à une course à relais perpétuelle. Ils doivent encore courir aussi vite que possible, sauf qu'ils doivent désormais encourager leurs coéquipiers à aller encore plus rapidement. Chacun doit trouver comment remettre le témoin de façon à ce que le coureur suivant ait encore plus de chances de réussir mieux que lui.

Pour certains astronautes, la transition se fait relativement sans douleur. On l'accueille même avec soulagement après des décennies d'efforts solitaires. D'autres en éprouvent un choc intense et doivent se réorienter complètement.

Je me situais quelque part au milieu. À ma déception, j'étais le genre de père qui laissait rarement ses enfants gagner : ils devaient mériter leur victoire de façon juste et loyale. Je ne regrette pas beaucoup de choses, mais un de mes plus grands remords remonte à l'enfance de mon fils Kyle. Alors qu'il avait une dizaine d'années, il m'a montré avec fierté le nombre de longueurs de piscine qu'il pouvait parcourir sous l'eau sans respirer. J'ai sauté dans la piscine et j'ai nagé une longueur de plus que lui. Ce geste irréfléchi démontre très bien le pouvoir destructeur de la compétition. Je ne me suis pas seulement mis en valeur devant mon enfant, j'ai risqué de miner sa confiance personnelle ainsi que nos relations.

Paradoxalement, il m'a fallu quelques années de travail aux côtés de personnes hautement compétitives pour que j'apprenne à considérer la réussite comme un sport d'équipe. Pour inculquer et renforcer un esprit de corps (en gros, la capacité de travailler de façon productive et joyeuse en équipe dans des situations difficiles), les astronautes font une formation en survie, sur l'eau et sur la terre ferme. Au cours de ma carrière, j'ai suivi une formation avec les armées des États-Unis et du Canada, et j'ai participé à deux expéditions dans la nature sauvage en Utah et au Wyoming, organisées par la National Outdoor Leadership School (NOLS). Les détails de ces expériences étaient différents, mais elles partageaient le même objectif: découvrir comment réussir individuellement, mais aussi en groupe, lorsqu'on s'éloigne de sa zone de confort.

La formation de survie simule très adéquatement certains aspects du voyage spatial. Dans les deux cas, un petit groupe de personnes sont précipitées dans un environnement inhospitalier où elles doivent accomplir des tâches précises sans pouvoir compter sur d'autres qu'elles-mêmes. À la NOLS, par exemple, nous étions regroupés en équipes et agissions comme chef à tour de rôle. Nous devions faire un parcours en pleine nature en toute sécurité en dix à quatorze jours. Ce fut une expérience collective éprouvante. Il nous a fallu dormir à la dure, nous orienter, descendre des falaises en rappel, trouver des sources d'eau potable et tout le reste, tout en transportant un lourd sac sur le dos.

Au cours de notre expédition en Utah, je me souviens d'avoir atteint le sommet particulièrement escarpé d'une crête et d'avoir regardé vers la vallée plus bas, où nous devions monter le camp pour la nuit. Nous étions complètement démoralisés. Il n'y avait aucun moyen de descendre. Nous étions tous épuisés et grincheux, et s'il avait été possible d'abandonner et de nous faire évacuer par hélicoptère jusqu'au Hilton le plus proche, je pense que la plupart d'entre nous auraient abandonné sur-le-champ. Mais après avoir évalué la situation, Scott « Doc » Horowitz et moi avons pensé qu'il serait possible de descendre une des pentes en zigzaguant. Si nous nous étions trompés, par contre, le groupe aurait pu rester coincé sur une pente rocheuse abrupte à la tombée de la nuit, alors que la température chute, et aurait couru un danger plus grand que si nous étions restés sur la corniche. Alors plutôt que de tenter de persuader tous nos coéquipiers de descendre avec nous, Scott et moi avons décidé d'y aller en éclaireurs. Nous avons prouvé que c'était faisable puis nous sommes remontés pour montrer aux autres comment descendre. La leçon : avoir du leadership, c'est ouvrir la route et non forcer les autres à faire les choses à notre façon. L'intimidation, les querelles et la volonté de dominer à tout prix sont, même en situation de risque minime, d'excellentes façons de miner le moral et de diminuer la productivité. Quelques équipes de la NASA se sont, en fait, désolidarisées et ont été incapables de terminer les exercices de survie, ce qui a certainement été remarqué au Johnson Space Center par les gens qui assignent les missions.

Une autre chose que nous avons apprise lors de notre entraînement, c'est que la gestion du risque est capitale lorsqu'on se trouve au milieu de nulle part. J'ai descendu la falaise de manière extrêmement prudente parce que je savais que, si je me fracturais la cheville, je ne serais pas considéré comme un héros ou un martyre, mais plutôt comme le type qui avait compromis la mission. L'esprit de groupe est une bonne chose quand il est question de risques. Si on ne pense qu'à soi, on ne peut pas voir le tableau global. Se blesser – ou encore, perdre le seul marteau du groupe ou bien se précipiter pour exécuter une procédure délicate –, que l'on soit dans les montagnes de l'Utah ou accroché à l'extérieur de la SSI, peut causer des problèmes graves pour toute l'équipe.

Ce que j'ai retiré de tous mes entraînements de survie, c'est que la question-clé que l'on doit se poser quand on fait partie d'une équipe, sur Terre ou dans l'espace, c'est: « Comment puis-je nous aider à nous mener là où l'on doit aller ? » Il n'est pas nécessaire d'être un superhéros: l'empathie et le sens de l'humour sont souvent plus importants. C'est ce que j'ai découvert lors d'un des entraînements de survie les plus ardus que j'aie jamais faits au Québec avec cinq autres astronautes. Nous nous trouvions à la base militaire de Valcartier, à la limite des Laurentides en terrain montagneux. La randonnée y est déjà difficile dans les meilleures conditions, mais nous étions au mois de février et il neigeait sans arrêt, presque trente centimètres par jour, et pendant deux semaines, il nous a fallu avancer péniblement à travers les amoncellements, en raquettes, en tirant notre traîneau qui transportait notre nourriture et notre équipement. Quand on pense à un traîneau, on s'imagine souvent filer sur une pente enneigée. Mais ce n'était pas le cas du nôtre, qui pesait plus de cent trente-cinq kilos et ne bougeait pas sans un effort considérable de notre part. Quelques-uns d'entre nous allaient à l'avant à tour de rôle pour le tirer, souvent pour monter. Nous étions tellement à bout de souffle après quinze pas que nous crachions presque du sang. Nous faisions alors une pause, puis nous changions de place avec ceux qui poussaient. Étant canadien, j'aurais normalement dû être habitué à participer à des expéditions hivernales de ce genre et pourtant... ce n'était pas le cas. Je n'ai pas grandi dans le bois ni dormi à la belle étoile sur un banc de neige.

C'était la situation idéale pour acquérir des qualités de chef de file et l'esprit de subordination, et pour tester tant l'endurance physique que la force mentale. En rétrospective, notre aventure avait les caractéristiques d'un récit épique : la neige aveuglante, le traîneau lourd, nos efforts laborieux. À l'époque, par contre, ce n'était pas agréable du tout.

C'est dans un cas comme celui-là que le comportement d'un groupe en expédition entre en jeu. On peut se vautrer dans le malheur ou se concentrer sur ce qui est préférable pour le groupe (un truc : ce n'est jamais le malheur). Selon mon expérience, chercher des moyens d'alléger l'atmosphère n'est jamais une perte de temps, surtout pas lorsqu'il fait -25 °C. Étrangement, nous avions dans nos provisions un ananas. Quelqu'un a eu l'idée d'y graver un visage et de le baptiser Wilson, comme le ballon-compagnon de Chuck Noland (Tom Hanks), perdu sur une île déserte après un accident d'avion dans le film *Seul au monde*. Wilson est devenu un membre à part entière de notre équipe et nous le traitions avec la même vénération que Hanks manifestait pour son ballon jusqu'à ce que le fruit arbore une couleur peu appétissante et que des funérailles soient de mise. Mais Wilson a accompli sa mission en nous remontant le moral.

Lors de cette expédition au Québec, j'ai trouvé un truc pour nous distraire quand la situation s'envenimait : je demandais à nos coéquipiers de décrire leur demande en mariage à tour de rôle. Tout le monde aimait raconter sa version, et moi, j'aimais entendre les histoires de mes coéquipiers parce que la plupart d'entre eux étaient plus âgés que moi lorsqu'ils se sont fiancés et leurs demandes en mariage étaient pas mal mieux orchestrées que la mienne. J'ai demandé Helene en mariage le jour de la Saint-Valentin. J'avais vingt et un ans et je n'avais pas terminé mes études au collège militaire. Je l'ai emmenée manger dans un restaurant romantique, la bague dans ma poche, en ayant l'intention de lui demander sa main à la lueur des chandelles. Mais une fois sur place, cela ne me semblait plus adéquat et je lui ai finalement fait ma grande demande plus tard ce soir-là, assis sur le bord du lit dans un Holiday Inn à Kingston. J'étais nerveux, elle a pleuré, et ni elle ni moi ne nous souvenons exactement de ce que nous avons dit. Par contre, Helene se rappelle que ma demande aurait pu bénéficier de quelques enjolivements. Partager cette histoire avec les autres astronautes dans notre formation de survie, puis écouter à mon tour leurs récits de demandes en mariage idylliques sur la plage au coucher du soleil avec des discours soigneusement préparés m'a permis de mieux comprendre ma vie et mes coéquipiers. Raconter des histoires nous distrayait un bon moment de notre tâche de Sisyphe.

Cette expérience arrive au deuxième rang des plus difficiles sur le plan physique. J'ai vécu la plus ardue à l'âge d'environ quatorze ans avec ma famille. C'était la fin de l'été et nous avions passé une longue journée à récolter le maïs. Nous étions à table pour souper lorsque mon père est rentré. Il venait de prendre la température dans l'un des réservoirs profonds de deux mètres au moyen d'un long thermomètre. Les épis séchés étaient en train de chauffer et commençaient à fermenter, et si nous n'agissions pas rapidement, nous allions perdre tout le profit de la ferme pour l'année. Nous nous sommes donc précipités dans la grange et avons commencé à remuer les épis avec une pelle du fond des réservoirs vers la surface de façon à les aérer et à les rafraîchir. La famille a travaillé toute la nuit pour sauver la récolte. Il n'était pas question de baisser les bras.

Ni de se plaindre. Mon père nous menait parfois à la baguette et, selon lui, les enfants ne devaient pas se lamenter parce que c'était un comportement contagieux et destructeur. Parler de l'injustice, de la difficulté ou du ridicule d'un événement ne favorise pas la solidarité, bien que ce genre de récriminations puissent parfois accentuer l'impression que l'on se serre les coudes, envers et contre tous. Très rapidement, par contre, la chaleur de l'unité se transforme sous l'effet de l'aigreur de la rancœur, ce qui rend les difficultés encore plus intolérables et n'aide nullement à accomplir le travail. Se plaindre est l'antithèse du comportement d'expédition, qui consiste à rallier les troupes autour d'un même but.

Tout ça est bien facile à faire dans une situation axée sur un événement, comme une mission sur la navette spatiale consistant à réparer un télescope ou installer de nouveaux équipements sur la SSI. Lorsqu'un objectif est bien défini et limité dans le temps, la plupart des gens peuvent demeurer concentrés sur son atteinte. Sur la Station spatiale, par contre, les objectifs (comme superviser les expériences ou entretenir les lieux) sont moins bien définis. Comme tout travail domestique, ces tâches tatillonnes dignes d'un concierge sont toujours à recommencer. En outre, nous vivons assez longtemps sur la Station pour que s'accumulent les irritations et les conflits mesquins, et qu'ils finissent par gagner de l'importance. C'est pourquoi, à titre de commandant de l'Expédition 35, je désamorçais délibérément les plaintes dès que je les sentais poindre dans la conversation. Par contre, je ne pouvais pas simplement imposer ma volonté aux autres membres d'équipage. C'est seulement grâce à la valeur que mes coéquipiers accordaient eux-mêmes au comportement propre à un groupe en mission que nous avons pu bannir les plaintes au sein du groupe.

Chacun a aussi insisté pour promouvoir l'esprit d'équipe. Tom, par exemple, est médecin de formation et son comportement est un modèle de gentillesse et d'encouragement. S'il sentait que quelqu'un avait besoin d'aide, il interrompait ce qu'il faisait pour lui porter secours en lui laissant croire que c'est ce qu'il préférait. D'une certaine façon, il nous donnait l'impression que nous lui rendions service en lui offrant l'occasion de nous aider. Roman est l'un de ces êtres joyeux qui semblent perpétuellement sur le point d'éclater de rire. Il comprend l'importance du plaisir, et si l'humeur générale était morose, il détendait l'atmosphère en jouant de l'harmonica ou en saisissant la guitare de la Station pour jouer quelques mesures d'une chanson que tout le monde connaissait.

À bord de la SSI se trouve un sac de décorations de fêtes : un petit arbre de Noël pourvu d'ampoules, des œufs de Pâques en plastique, des flûtes pour souligner le jour de l'An, un assortiment de chapeaux, etc. Ces articles se sont ajoutés au fil des ans et sont des souvenirs intéressants quoique non officiels des équipages qui nous ont précédés dans lesquels Roman fouillait constamment. Juste avant les vidéoconférences avec des membres de sa famille ou des amis, avant d'enregistrer un message quelconque ou pour assister à l'un de nos repas de groupe, il enfilait un drôle de veston orange et des lunettes de Groucho Marx, n'importe quoi qui lui donnait l'air ridicule et nous faisait rire. Il était toujours à l'affût de nouvelles expressions anglaises qu'il utilisait à dessein de manière saugrenue. Un jour, nous manipulions une pièce d'équipement délicate que nous devions secouer légèrement quand, soudainement, il a lâché avec un fort accent russe : *Shake what your mama gave ya !* (« Agite ce que ta maman t'a donné ! »), puis il a éclaté de rire.

* * *

J'ai aussi travaillé avec des gens au tempérament désagréable. Un astronaute particulièrement acerbe a participé à plusieurs missions de la navette pour lesquelles j'étais capcom principal. Nous devions travailler en étroite collaboration, notamment au cours de la mission qu'il dirigeait. Le capcom est le représentant de confiance de l'équipe au sol, et je prenais plaisir à faire en sorte que tout se passe bien pour les équipages, sauf lorsque je devais travailler avec ce type. Il était très compétent sur le plan technique, mais arrogant et il recherchait la confrontation, le genre de personne qui me lançait régulièrement des insultes, m'admonestait et me traitait de manière non équivoque d'idiot empoté. Je me suis mis à redouter toute interaction avec lui, et lorsqu'il m'a passé un savon devant tous mes collègues du Centre de contrôle de mission, j'ai voulu lui répondre, défendre mon point de vue de façon systématique, trouver des gens pour me soutenir et tenter de les convaincre que je n'avais rien fait de mal. Tout dans sa personnalité me hérissait, sur les plans tant professionnel que personnel.

Puis j'ai eu une révélation : ce type était vraiment efficace ! C'était sa façon de faire concurrence aux autres : en les terrifiant et en les diminuant. Il cherchait à produire un effet négatif, et ça fonctionnait. Il réussissait même à me faire douter de mes propres compétences.

Découvrir ce trait de sa personnalité m'a aidé à cesser de réagir émotivement à son comportement abusif et à essayer de tirer le meilleur de chaque situation. Je me suis vite rendu compte que je ne devais pas me sentir visé par son attitude. Je n'étais qu'une personne parmi les centaines d'employés de soutien qui, selon lui, manigançaient pour le faire échouer. Il faisait pleurer la secrétaire pratiquement tous les jours. Mais si je ne le respectais pas beaucoup en tant que personne, j'étais plus jeune que lui et je devais respecter sa fonction, qu'il respecte la mienne ou non. J'ai décidé de faire fi de ses critiques. J'affichais même un certain détachement qui me permettait de voir qu'il était un des meilleurs opérateurs d'un véhicule complexe et avait de grandes compétences, mais aussi certains problèmes fondamentaux. Le truc pour bien travailler avec lui a été de comprendre que les problèmes se situaient de son côté, pas du mien, et qu'ils semblaient tous trouver leur origine dans son insécurité. Il ne parvenait pas à considérer ses collègues autrement que comme des concurrents qui cherchaient à le détruire, et qu'il devait donc écraser comme des insectes.

Un jour où j'allais à Washington à bord d'un jet de la NASA, j'ai fait escale pour faire le plein et un militaire que je n'avais jamais rencontré m'a dit en remarquant l'avion : « Hé, connais-tu Untel ? Un vrai trou de cul ! » C'était frappant : de toutes les paroles qu'il aurait pu me dire lors de notre premier entretien, c'est son opinion défavorable sur cet astronaute qui était la plus urgente. Je me suis contenté de répondre : « Wow ! Tu l'as rencontré. »

Je pense souvent à cette anecdote. Je serais horrifié si un étranger disait à un de mes collègues : « Hé ! Connais-tu Chris Hadfield ? Je l'ai déjà rencontré. Quel con ! » Je serais encore plus horrifié si un de mes collègues qui me connaît très bien acquiesçait.

Lorsque cet astronaute a quitté le Bureau, ce fut un jour heureux pour moi, mais en rétrospective, je dois avouer qu'il m'a beaucoup appris. Entre autres leçons, que c'est une mauvaise idée de s'emporter s'il est nécessaire de formuler une critique sévère. Il vaut mieux adopter une approche « chirurgicale » : aller droit au but et mentionner le problème plutôt qu'attaquer la personne. Il ne faut jamais ridiculiser un collègue, même par une remarque désinvolte, peu importe l'envie de le faire ou la drôlerie de la situation. Plus on occupe un rang élevé, plus fort sera l'impact d'un commentaire lancé avec désinvolture. On doit éviter de s'emporter devant les gens avec qui on travaille. Quand on voit rouge, on prend une bonne respiration et on compte jusqu'à dix.

Ces règles sont valables en toutes situations, mais particulièrement dans le milieu de l'espace. Si je connais un problème grave en orbite, comme une urgence médicale ou un bris d'équipement catastrophique, mes coéquipiers seraient ma seule chance de survie. Ils sont pour ainsi dire les dernières personnes au monde. Chaque jour, j'essaie de garder cette pensée en tête, pas uniquement dans l'espace, sur Terre aussi.

* * *

Si nos coéquipiers sont les dernières personnes au monde, ils sont aussi les derniers que l'on veut s'aliéner ou irriter. Ayant grandi sur une ferme au milieu de quatre frères et sœurs, j'ai rapidement compris l'importance du respect dans des lieux exigus, mais j'avais apparemment besoin d'une autre leçon, et je l'ai eue au cours de ma dernière mission.

Je me trouvais sur la Station spatiale depuis environ trois semaines quand j'ai vu que je devais me couper les ongles.

HAUT, GAUCHE Je ne me doutais pas en 1964 que cet entraînement précoce me préparerait à une mission dans l'étroite capsule Soyouz. (Source : Chris Hadfield)

HAUT, DROITE Jeune cadet de l'Aviation royale du Canada, je porte fièrement ma première combinaison de vol avant de me rendre à mon cours de pilotage de planeur, été 1975. (Source : Chris Hadfield)

BAS Je franchis la première étape pour devenir pilote : je reçois une bourse pour apprendre à piloter des planeurs, printemps 1975. (Source : Chris Hadfield)

HAUT, GAUCHE Un couple heureux: Helene et moi, portant l'écarlate, l'uniforme de cadet du collège militaire, le jour de notre mariage, le 23 décembre 1981, à Waterloo (Ontario). (Source: Chris Hadfield)

HAUT, DROITE Un grand jour pour la famille: nous posons devant l'école des pilotes d'essai de l'Edwards Air Force Base en Californie, en décembre 1988, au terme de mes années de formation les plus dif-

ficiles – et les plus amusantes – avant de partir nous installer à Patuxent River, au Maryland, dans notre familiale pleine à ras bord. (Source: Chris Hadfield)

BAS La famille au grand complet – Helene, moi, Evan, Kyle et Kristin – réunie à Noël 2005 dans notre résidence près du Johnson Space Center. (Source: Chris Hadfield)

HAUT Je suis aux commandes d'un F/A-18 de la marine américaine, équipé d'un moteur à réaction alimenté à l'hydrogène installé sur l'extrémité de l'aile, accompagné par un biplace Dryden de la NASA, à Pax River en 1991. (Source : Chris Hadfield)

DROITE Des astronautes américains et moi marchons en tirant sur la neige un traîneau rempli de vivres, en février 2004, lors d'un entraînement de survie à Valcartier, au Québec. (Source : Chris Hadfield)

CI-DESSUS En 1996, j'ai été l'agent de communication vocale (capcom) de la mission STS-77 de la navette spatiale au Centre de contrôle de mission à Houston (Texas). Je porte une cravate peinte à la main par mes enfants pour la fête des Pères. (Source : NASA)

3

HAUT Je vérifie mes gants avant une simulation subaquatique de sortie extra-véhiculaire dans le Neutral Buoyancy Lab de Houston en 2011. (Source : NASA)

BAS En avril 2001 s'est déroulée la première sortie dans l'espace d'un Canadien (moi !). Je me trouve dans ce lieu intact, presque saint, entre la Terre et l'infini. (Source : NASA)

HAUT En novembre 2012, Roman, Tom et moi, ainsi que les membres de notre équipage de relève, dans le bureau de Youri Gagarine à la Cité des étoiles, en Russie, pour signer le livre d'or traditionnel avant le lancement. (Source : NASA)

DROITE La coupole d'observation de la Station spatiale internationale est un endroit extraordinaire pour jouer de la guitare en observant la Terre. (Source : NASA)

CI-DESSUS Quelqu'un avait demandé une photo sérieuse des membres d'équipage de l'Expédition 34 : voici le résultat ! (Source : NASA)

HAUT Je remets ma combinaison pressurisée Sokol après cinq mois dans la Station spatiale internationale en prévision de notre retour sur Terre. (Source : NASA)

BAS Tom, Roman et moi dans notre Soyouz, un vaisseau éprouvé, petit et solide, qui nous permettra de faire en toute sécurité la descente brutale à travers l'atmosphère jusqu'à la Terre. (Source : NASA)

HAUT La Station spatiale internationale. (Source : NASA)

BAS Le 13 mai 2013, le Soyouz s'est désamarré de la Station spatiale internationale avec Tom, Roman et moi à son bord. (Source : NASA)

LA VUE DE LA STATION SPATIALE INTERNATIONALE est phénoménale, une véritable féerie de lumières, de textures et de découvertes en constant changement. Par les hublots de la coupole d'observation, nous pouvons contempler les reliefs familiers de la Terre de façons inédites et époustouflantes. Un regard à travers l'objectif d'un appareil photo et un simple geste de l'index sur le déclencheur nous permettent d'admirer notre Univers avec une compréhension et un respect renouvelés. (Source : NASA)

Comme je n'avais jamais séjourné aussi longtemps dans l'espace, c'était une première, et je savais qu'en l'absence de gravité il fallait faire attention aux rognures. Le petit nouveau que j'étais a donc eu ce qui m'a semblé être une idée formidable : j'allais m'installer au-dessus d'un filtre d'admission d'un conduit d'air pour que les moindres morceaux d'ongle soient aspirés directement dans le conduit, et ça a fonctionné ! J'ai même filmé mon improvisation sur vidéo pour que les Terriens puissent observer comment une tâche des plus banales devenait étrangement intéressante en apesanteur. Par contre, je n'avais pas pensé à toutes les implications. Cette fin de semaine-là, Kevin Ford, commandant de l'Expédition 34 et responsable de nettoyer cette section de la SSI, a dévissé les vis pour pouvoir passer l'aspirateur derrière le panneau de filtre, libérant ainsi une nuée de fragments d'ongles dans son visage et partout ailleurs. Il a fait son possible pour tout aspirer, mais ce n'était certainement pas agréable. Plus tard, il m'a poliment demandé d'aspirer mes rognures d'ongles de l'admission d'air immédiatement après ma toilette. J'étais mortifié, mais je n'ai pu que présenter mes excuses, et retenir la leçon de me méfier des conséquences imprévues la prochaine fois que je serai fier d'une découverte.

C'était une erreur mineure si l'on considère l'ensemble de nos activités, mais si je commettais d'autres erreurs du genre, je risquais d'irriter tout le monde à bord, et mon comportement aurait pu, en fin de compte, miner l'efficacité de l'ensemble du groupe. Si on est perçu comme une personne manquant perpétuellement d'égards envers les autres, ou centrée sur elle-même, il y a un impact direct sur la communication et, généralement, sur la productivité dans son ensemble. Les gens ne travailleront tout simplement pas aussi bien avec vous qu'ils le feraient avec quelqu'un dont le comportement est un peu plus respectueux du groupe.

* * *

Au fil des ans, j'ai appris qu'investir dans les réussites des autres ne les porte pas seulement à aimer travailler avec moi : cela améliore mes propres chances de survie et de succès. Plus chaque astronaute sait faire de choses, et mieux il ou elle peut les exécuter, mieux c'est pour moi aussi.

Pour l'Expédition 34/35, ma dernière mission, Roman commandait le Soyouz, j'étais sur le siège gauche (copilote) et Tom était assis à droite. Le Soyouz est conçu pour être piloté par deux personnes. Puisqu'on ne confie aucune responsabilité à celui qui occupe le siège de droite (outre celle de prendre soin de sa personne), il ne reçoit pas de formation approfondie. On pourrait sans problème donner sa place à une valise. Mais Tom tenait à en apprendre le plus possible sur le Soyouz, et ce souhait m'a semblé une proposition gagnante, à la fois personnellement (il pourrait nous sauver s'il remarquait quelque chose qui aurait échappé à Roman ou à moi) et pour l'ensemble de l'organisation : plus il acquiert d'expérience, plus il a de valeur pour la NASA après la mission. J'ai dû investir un peu plus de temps et d'énergie pour m'entraîner avec lui après les heures normales de travail et lui expliquer les procédures en détail. Ce fut un excellent investissement, pas seulement dans sa carrière d'astronaute, mais aussi dans ses compétences de coéquipier. Même lors des simulations, Tom pouvait tenir le manuel d'anomalies ouvert à la bonne page et désigner l'étape nécessaire à Roman lorsque quelque chose allait mal ou encore calculer la durée de l'allumage des moteurs auxiliaires. Si je lui avais dit : « Écoute, Tom, contente-toi de prendre soin de toi, et nous allons t'emmener à la Station et te ramener sans problème », notre équipe n'aurait pas été aussi forte.

Avoir des coéquipiers « surqualifiés » est un filet de sécurité pour tout le monde et, par chance pour moi, Tom et Roman partageaient cette conviction et étaient prêts à investir dans ma propre réussite. Pendant l'entraînement, lorsque j'ai raté un examen pratique d'accostage avec le Soyouz, Roman a partagé ma déception et m'a régalé d'anecdotes de l'époque où lui et d'autres cosmonautes avaient échoué à des tests. Il m'a proposé des techniques et des trucs que je pouvais utiliser pour améliorer ma performance, puis s'est réjoui avec moi lorsque j'ai réussi la reprise. Il a agi ainsi non seulement parce qu'il est gentil, mais parce que plus je suis compétent, plus *il* est tranquille d'esprit. Il recherchait un coéquipier qui pouvait être utile en situation d'urgence.

Il ne suffit pas de mettre en veilleuse notre caractère compétitif. Il faut consciemment essayer d'aider les autres à réussir. Certains croient que cela équivaut à se nuire à soi-même. Selon eux, à quoi bon aider quelqu'un d'autre à obtenir un avantage sur soi? Je ne vois pas les choses de la même façon. Aider quelqu'un à bien paraître n'empire pas ma situation. En fait, cela améliore souvent mes propres performances, particulièrement en situation stressante.

Un jour, je participais à un entraînement de survie sur l'eau dans la mer Noire. En équipes de trois, nous simulions des amerrissages dans une capsule Soyouz. D'après le scénario, nous tombions dans l'océan et devions sortir de la capsule pour grimper sur un radeau de sauvetage en une demi-heure en utilisant les techniques appropriées. Je faisais cet exercice avec André Kuipers, un astronaute d'expérience qui était aussi grand que le permettait la capsule du Soyouz, ainsi que Max Ponamaryov, un cosmonaute de petite stature, mais fort, dans la fin de la vingtaine, qui venait de terminer la formation de base. C'était l'été, il faisait chaud dans la capsule et nous portions un vêtement de pressurisation. Il faisait si chaud que nous avons dû, par mesure de sécurité, avaler un capteur mesurant notre température interne. Nous transpirions tous abondamment et voulions nous extirper de la minuscule capsule le plus rapidement possible. Mais nous devions d'abord retirer nos vêtements de pressurisation – une opération délicate même si on a toute la place voulue – pour enfiler nos survêtements protecteurs, qui ressemblaient vaguement à des combinaisons de motoneige doublées de duvet, puis mettre un vêtement imperméable par-dessus. Autrement dit, nous devions accroître notre inconfort avant de pouvoir sortir de là.

Par contre, nous concentrer sur notre inconfort ne ferait qu'empirer les choses. Nous avons plutôt convenu de nous soutenir mutuellement et de faire du premier mandat de Max à titre de commandant une grande réussite. En dépit des avertissements constants d'André, un médecin, pour éviter la déshydratation, Max refusait de boire au début, sans doute parce qu'il sentait qu'il lui fallait faire ses preuves à titre de recrue. Alors André et moi avons commencé à boire beaucoup, ce qui a encouragé Max à en faire autant. Dans le même ordre d'idées, Max a insisté pour changer de place avec André qui, malgré le fait qu'il était le plus grand des trois, avait hérité du siège le plus étroit (celui de gauche) et avait le plus de difficulté à enlever son vêtement de pressurisation. Au moment où la chaleur a semblé plus difficile à endurer, j'ai fait semblant de grelotter et j'ai dit : «Brrr, il fait froid ! » Non seulement nous avons ri, mais pour une raison quelconque, nous nous sommes sentis légèrement mieux physiquement, alors nous nous sommes tous mis à grelotter et, pour un moment béni ou deux, nous avons presque oublié que nous baignions dans la sueur. Le vêtement de survie d'André ne lui allait pas, mais nous l'avons aidé à se tortiller à l'intérieur du mieux qu'il pouvait, puis avons réussi notre sortie. Au bout du compte, Max a été un commandant vedette.

Nous aurions peut-être réussi la simulation aussi rapidement si nous avions adopté une attitude de « chacun pour soi » ou si André et moi avions pris la direction des opérations parce que nous avions plus d'expérience, mais j'en doute. Je pense que le fait de concentrer nos efforts pour aider Max à réussir nous a aidés à surmonter les difficultés physiques tout en améliorant nos performances personnelles. L'autre groupe qui a fait le même exercice n'a pas réussi l'étape du changement de vêtements. Les astronautes ont dû être rescapés et suivre une formation supplémentaire le lendemain. L'exercice visait davantage à développer le travail d'équipe que la survie dans l'eau.

C'est contraire à l'intuition, mais je crois que c'est vrai : promouvoir les intérêts de ses collègues nous aide à rester compétitifs même dans un domaine où tous les professionnels sont les meilleurs de leur domaine. Et c'est facile à faire lorsqu'on comprend qu'on a tout intérêt à assurer la réussite de ses coéquipiers. Lors d'une crise, on veut qu'ils veuillent nous aider à survivre et à réussir aussi. Ils sont peut-être les seules personnes au monde qui le peuvent.

6

Qu'est-ce qui pourrait bien causer ma mort dans les prochaines minutes ?

Tout comme il est plus dangereux de marcher seul dans un quartier malfamé, un pilote militaire est plus vulnérable lors d'un vol en solo au-dessus d'un territoire ennemi. C'est pourquoi on nous apprend à voler en formation : si on a quelqu'un sur l'aile, on peut garder l'œil les uns sur les autres.

Par contre, on peut aussi s'entretuer sans déployer trop d'efforts. Voler en formation serrée exige une concentration extrême : il faut être capable d'ignorer absolument tout, sauf la nécessité de suivre le chef de file et d'exécuter les manœuvres avec précision. J'en ai saisi l'importance l'une des toutes premières fois que j'ai volé en groupe, lors de ma formation de base en pilotage d'avion à réaction. Nous étions dans nos Tutor, quatre par rangée, en éventail comme les doigts de la main. J'étais le troisième de la rangée, bien encadré, lorsque j'ai remarqué que quelque chose bougeait dans mon champ de vision. À l'intérieur de ma visière, en fait. C'était un insecte quelconque, si près de mon œil que je ne parvenais pas à deviner de quoi il s'agissait.

Oh, une abeille. Une grosse abeille, à quelques centimètres de mon œil.

Il est déjà arrivé qu'un insecte reste emprisonné dans le cockpit quand on a fermé la verrière, mais je n'en avais encore jamais eu à l'intérieur de mon casque. Et cette abeille avançait lentement, comme si elle était dans les vapes, probablement sonnée à cause du manque d'oxygène en altitude. La désorientation aurait pu la mettre sur la défensive et la rendre plus encline à me piquer, mais je ne pouvais absolument rien faire. Je ne pouvais pas souffler dessus parce que je portais un masque et je ne voulais rien faire non plus pour la faire tressaillir. Je devais continuer à piloter mon avion d'une main ferme. J'étais coincé au milieu de la ligne : je ne pouvais pas m'éloigner de la formation en toute sécurité sans prévenir personne. Nous étions si proches que, si je rompais la formation, je mettais en danger les deux pilotes à ma gauche et à ma droite.

Être conscient de la gravité des enjeux m'a aidé à passer outre ma première envie de me distancer légèrement de cette abeille. Impossible d'oublier sa présence : je l'avais directement dans mon champ de vision et je ne pouvais pas fermer les yeux. J'ai réussi à maintenir ma position jusqu'à ce que j'aie la possibilité de lancer un message radio pour demander au chef d'escadron de me laisser à l'arrière suffisamment longtemps pour que je puisse ouvrir ma visière et libérer l'insecte.

Rien ne mobilise l'esprit autant que piloter un avion à réaction. C'est pour cette raison que la NASA exige que les astronautes pilotent des T-38 : cette activité nous oblige à nous concentrer et à établir les priorités, un peu comme nous devons le faire à bord d'un vaisseau spatial. Bien que les simulateurs soient des outils formidables pour apprendre progressivement une procédure, la pire chose qui puisse survenir lors d'une simulation est d'obtenir une mauvaise note. Par contre, à bord d'un T-38, un ancien modèle d'avion d'entraînement rapide, mais qui consomme peu de carburant et qui ne réagit pas très rapidement, il faut activer des systèmes complexes qui ne laissent place à aucune erreur dans un environnement dynamique où la météo et les vents changent constamment. On est sans cesse appelé à prendre des décisions, comme rentrer ou continuer un peu quand il manque de carburant, qu'une tempête se profile à l'horizon ou que l'appareil a une défaillance. Prendre sans hésiter des décisions de vie ou de mort est une compétence qui peut se perdre, et piloter un T-38 nous permet de la maintenir.

Même durant un vol sans histoire, il est capital de demeurer concentré et prêt à régler tout problème qui pourrait survenir. Lorsqu'on vole à 45 mètres du sol à une vitesse de 740 kilomètres à l'heure, ce qui se produit souvent quand on est pilote de chasse ou d'essai, on doit se concentrer sur ce qui est directement en face de soi, sinon on meurt. Une concentration aussi intense dépend davantage de ce que l'on ignore que de ce que l'on inclut. « Ignorer » signifie ici bloquer complètement de son esprit, que ce soit une dispute avec le patron ou des problèmes financiers. Si ces soucis disparaissent pour les trente secondes suivantes, alors ils n'existent plus. On doit être en mesure d'ignorer ce qui ne se produira pas au cours des deux kilomètres suivants. Il n'y a qu'une question essentielle : « Qu'est-ce qui pourrait bien causer ma mort dans les prochaines minutes ? » Pour rester en vie, il faut se concentrer sur cette éventualité, quelle qu'elle soit.

Bien entendu, la chance joue aussi un certain rôle. Un jour, en tirant d'un coup sec sur le manche à balai de mon appareil lors d'un exercice de combat aérien individuel en CF-18, j'ai accidentellement débranché ma combinaison anti-g. Les CF-18 sont dotés d'un dispositif d'affichage tête haute qui ressemble à une projection brillante en vert devant le pare-brise. On n'a pas à regarder un peu partout dans la cabine puisque toute l'information importante se trouve devant nos yeux. Une caméra filme constamment cet affichage et, après nos sorties, nous regardons toujours la vidéo lors d'une séance de débreffage pour analyser ce qui s'est produit. C'est comme cela que j'ai appris que j'avais perdu connaissance pendant seize secondes après que mon coude a frappé le tuyau de ma combinaison, ce qui l'a débranché pendant que la force d'accélération de mon avion était poussée à son maximum en raison de la pesanteur. Le sang s'est rapidement drainé de ma tête et j'ai perdu connaissance. Quand je suis revenu à moi, j'ai pensé : « Comme j'ai bien dormi ! Je me sens en pleine forme. Mmm… On dirait que quelqu'un me parle à la radio. Je suis peut-être encore en train de rêver. Bizarre… On dirait Denis. Attends une minute, *c'est* Denis ! Qu'est-ce qui se passe ? Est-ce que je suis dans un avion ? » Ces réflexions se sont entrechoquées dans ma tête jusqu'à ce que j'ouvre les yeux, que je me rende compte que j'étais bel et bien à bord d'un appareil et que Denis, l'autre pilote, s'exerçait à me tirer dessus en se demandant pourquoi je volais aussi mal.

Au cours de ces seize secondes, j'aurais eu amplement le temps de nous tuer tous les deux. C'est un coup de chance si je suis resté en vie pendant que j'étais évanoui. La vigilance opérationnelle – le fait de voir le tableau global d'une situation et de se concentrer sur les risques de mort qui nous guettent – est ce qui m'a permis de demeurer en sécurité quand j'ai repris connaissance. Je n'ai pas gaspillé une seule seconde à m'interroger sur la cause de ma défaillance. Lors d'une crise, le « pourquoi » n'est pas pertinent. Je devais accepter la situation où je me trouvais et déterminer ce qui importait à cette minute précise, qui était d'atterrir le plus rapidement possible. On aurait suffisamment de temps par la suite pour se pencher sur la cause du problème. (On a si bien fait que le raccord de la combinaison anti-g des CF-18 a été amélioré de façon à ce qu'il ne puisse plus être débranché accidentellement.)

Si notre attention se porte sur les mauvaises choses (comme une abeille dans un casque ou trouver qui est responsable du fait que la combinaison antigravité se soit détachée), nous risquons de rater le créneau très étroit où l'on peut corriger une mauvaise situation. Au cours d'une vraie urgence dans un avion de chasse – une panne de moteur au décollage ou un incendie dans la cabine, par exemple –, nous n'avons qu'une ou deux secondes pendant lesquelles nos décisions détermineront si nous nous en tirerons morts ou vifs. On n'a pas le temps de consulter les listes de vérification. On doit connaître le *boldface,* les « mots en caractères gras », les gestes qui sont critiques pour notre survie et que l'on appelle ainsi parce que, dans nos manuels de formation, ils sont écrits en majuscules et en caractères gras.

Boldface est un terme de pilote, un mot magique pour décrire les procédures qui peuvent sauver la vie en situation de crise. Nous disons que le *boldface* est écrit dans le sang parce que l'on instaure souvent ces procédures à la suite d'une enquête sur un accident. Il met en relief la série d'étapes qui auraient dû être suivies pour éviter un accident fatal.

* * *

À Bagotville, en 1986, mon meilleur ami, Tristan de Koninck, et moi avons vécu l'une des expériences de solidarité masculine les plus intenses : nous nous sommes présentés ensemble à la clinique de la base pour subir une vasectomie. Helene m'avait imposé cette condition non négociable pour notre mariage après avoir appris qu'elle était enceinte de Kristin, notre troisième enfant. Tristan était père de deux fillettes qui avaient sensiblement le même âge que nos garçons, et sa femme croyait elle aussi que leur union profiterait d'une baisse de fertilité.

J'ai été le premier à passer sous le bistouri et j'ai voulu faire peur à mon ami en criant durant toute l'intervention, sachant que Tristan entendait tout de la salle d'attente. Ça n'a pas fonctionné : Tristan avait été pilote acrobatique avec les Snowbirds pendant deux ans avant de devenir pilote de chasse et il avait des nerfs d'acier. Nous sommes sortis de la clinique en boitillant, mais en riant aux éclats.

Environ un mois plus tard, je suis parti en mission aux Bermudes. Tristan, lui, a piloté son CF-18 dans un spectacle aérien à l'Île-du-Prince-Édouard. Le ciel était couvert et l'épaisseur nuageuse dépassait plus de quatre-vingt-dix mètres lorsqu'il a décollé le lendemain pour rentrer à Bagotville. Au début, il est demeuré à faible altitude puis est monté dans les nuages. Environ une minute plus tard, il est descendu à plus de 1 100 kilomètres à l'heure. Son appareil s'est complètement pulvérisé dans l'écrasement. Tout ce qu'on a pu retrouver de mon ami, c'est un petit morceau de son talon. C'était un accident inexplicable. Tristan était un excellent pilote, beaucoup plus habile que moi pour voler en formation.

Je suis rentré à Bagotville pour les funérailles, où j'ai chanté *This Old Guitar* en m'accompagnant sur sa guitare. Nous avions l'habitude de chanter cette chanson ensemble et ce fut l'une des choses les plus difficiles de ma vie. J'ai dû la répéter une centaine de fois au moins pour parvenir à la chanter jusqu'à la fin sans me mettre à pleurer.

Par la suite, j'ai collaboré à l'enquête sur l'accident, mais nous n'avons jamais réussi à déterminer pourquoi l'avion de Tristan s'était écrasé. Il n'avait fait aucun appel radio et les données de télémétrie et de radar de l'appareil n'ont rien révélé. À l'époque, le système d'affichage des CF-18, qui indiquait au pilote où se trouvait le ciel, avait certaines failles. C'est peut-être ce qui est arrivé. Il y a beaucoup de choses qui se produisent dans le corps humain lors d'une accélération rapide. Le système d'équilibre du corps peut nous fournir des renseignements imprécis. Lorsqu'on monte rapidement dans un nuage, on se fie aux instruments pour savoir quoi faire, alors s'ils nous fournissent des informations erronées ou si on est affaibli par des étourdissements, il est possible que l'on se précipite au sol à la verticale et à toute vitesse sans se rendre compte de ce qui arrive. La cause était peut-être tout autre, nous ne le saurons jamais. La seule chose dont je suis sûr, c'est que Tristan connaissait le *boldface,* mais que cela n'a pas suffi à lui sauver la vie.

Connaître ces procédures améliore nos chances de survie, mais ce n'est pas une garantie. On a beau être le meilleur automobiliste au monde et conduire la voiture la plus sécuritaire qui soit, si une semi-remorque brûle un feu rouge et se jette sur nous, ces avantages ne compteront pas. Intellectuellement, j'avais toujours compris cela, mais la perte de mon grand ami, une personne que je savais au moins aussi bon pilote que moi, m'a vraiment fait comprendre cette fatalité. Jeter un regard du côté sombre, s'attarder aux moindres détails, faire comme si ses collègues étaient les dernières personnes sur la Terre, connaître par cœur le *boldface* et savoir quand y avoir recours… au bout du compte, rien de toutes ces mesures ne pourrait nous sauver. Mais dans une crise, quel autre espoir nous reste-t-il? Plus on en sait et plus notre sens de vigilance opérationnelle est aiguisé, mieux nous sommes équipés pour nous battre contre un résultat négatif, jusqu'à la toute fin.

Tristan a été mon premier ami pilote à mourir dans l'exercice de ses fonctions. Par la suite, j'ai perdu un collègue pratiquement chaque année. En entrant dans la profession, nous savons tous que ce risque fait partie de la vie d'un pilote de chasse, mais on ne s'y habitue jamais. Chaque perte nous assène un coup suivi d'une vague de chagrin. Par contre, je n'ai jamais eu l'impression qu'un avion avait enlevé la vie d'un ami, mais plutôt qu'il fallait imputer de tels événements à un ensemble de circonstances inhabituelles. Toutes ces pertes n'ont pas eu l'effet cumulatif de me faire craindre l'avion. Elles ont plutôt accru ma détermination à comprendre ce que l'on pourrait faire pour permettre à tous les pilotes de régler les problèmes.

À titre de pilote d'essai à Pax River, j'ai passé des années à tenter de trouver comment rendre les avions de chasse plus sécuritaires en réfléchissant de façon systématique à tout ce qui pourrait tuer un pilote, puis à concevoir une nouvelle procédure pour essayer de l'empêcher. L'objectif consistait à donner aux pilotes réguliers de la flotte qui venaient de terminer leur formation de base en pilotage d'avions à réaction tout ce dont ils avaient besoin pour régler un problème, afin qu'ils puissent à tout le moins s'éjecter d'un avion et avoir la vie sauve s'ils ne parvenaient pas à sauver l'appareil.

Nous faisions cela en perdant délibérément la maîtrise de nos F-18 pour trouver un moyen d'en reprendre le contrôle. C'était une expérience complètement folle sur le plan physique, semblable à la sensation qu'on éprouve dans les montagnes russes: on se sent plutôt bien durant la montée, mais quand on commence à descendre, on sent monter la panique et la sensation d'une force externe imprévisible. Au milieu des accélérations violentes, des virages et des acrobaties qui donnent la nausée, il nous faut garder l'œil sur une grande quantité de données, comme l'altitude et les moteurs qui risquent d'étouffer à cause des variations de pression de l'air d'admission. Il faut aussi essayer de quantifier l'expérience : quelle est la cadence de rotation ? Avec quelle force faut-il saisir le manche à balai ?

Travailler comme pilote d'essai au sein du programme « perte de maîtrise » a augmenté ma capacité à me concentrer sur les éléments essentiels même au milieu du chaos. J'ai appris à ne jamais baisser les bras et à ne jamais tenir pour acquis que tout ira pour le mieux. Cela ne m'avait pas effleuré l'esprit, par contre, que c'est au sol que j'aurais vraiment besoin de mettre ces leçons en pratique.

Si je n'avais pas compris comment me concentrer sur un problème pour le régler, je ne serais pas allé dans l'espace une troisième fois. Pour tout dire, j'ai failli ne pas y retourner.

* * *

En 1990, tandis que j'étais pilote d'essai à Pax River, je suis retourné à l'île Stag avec ma famille à la fin août. Peu après notre arrivée, mes parents ont organisé une grande fête, le genre d'événement où les gens s'agglutinent autour du barbecue, jouent de la guitare, boivent du whisky et mangent l'équivalent de leur poids en épis de maïs et en hot-dogs. Je me suis réveillé au beau milieu de la nuit avec une douleur aux intestins. Je payais très cher mes excès de table, mais cette fois-ci, c'était autre chose. Je souffrais le martyre et, le lendemain matin, je me suis rendu à l'hôpital général de Sarnia. On m'a administré de la morphine, et je me suis mis à avoir des hallucinations pénétrantes de montagnes russes et d'araignées. Mon père était persuadé que je mourais du cancer et les médecins se sont mis à évoquer une opération chirurgicale exploratoire.

Helene, inquiète, a demandé à Charlie Monk, un ami médecin de l'île Stag, de s'en mêler. Elle lui a expliqué que, si je n'étais pas de retour à Pax River en santé et en forme quelques semaines plus tard comme prévu, je risquais de perdre mon autorisation médicale pour voler. La carrière d'un pilote militaire dépend de cette qualification. S'il la perd, il est cuit. Les interventions chirurgicales abdominales sont particulièrement problématiques. Charlie a expliqué aux médecins qui me traitaient que le poids additionnel subi par un pilote de chasse qui atteint l'accélération due à la pesanteur peut rouvrir ses plaies à l'abdomen en plein vol. Au bout de trois jours, je n'allais toujours pas mieux, et comme ils n'avaient pas encore trouvé la source de mon mal, ils ont décidé que l'opération était la seule solution.

Ils ont finalement découvert le problème après m'avoir ouvert le ventre : un brin de tissu cicatriciel qui s'était formé après une appendicectomie subie à l'âge de onze ans, enserrait et bloquait mon intestin comme un cordon. Le chirurgien a simplement coupé ce tissu et m'a recousu, en me laissant sur le ventre une immense cicatrice en dents de scie longue de vingt centimètres. Mais je me sentais bien. Deux semaines plus tard, je montais à cheval, et à notre retour au Maryland, les médecins de la marine américaine m'ont autorisé à piloter après un examen médical. Un mois après mon congé de l'hôpital, je prenais les commandes d'un F-18.

À l'époque, j'ai cru que je l'avais vraiment échappé belle, mais cette urgence médicale s'est révélée une vraie chance. Si cette constriction n'avait pas été découverte à ce moment-là, elle l'aurait vraisemblablement été deux ans plus tard lorsque j'ai déposé ma candidature pour être astronaute, et j'aurais échoué à l'examen médical de la NASA. Un problème dont j'ignorais l'existence aurait anéanti mes chances de réaliser le rêve de ma vie. Des candidatures sont régulièrement rejetées pour des problèmes médicaux moins graves.

Au cours des deux décennies suivantes, mon problème de santé le plus grave a été un rhume de cerveau. J'ai réussi les examens médicaux pour les vols de la navette sans problème et, en 2001, j'ai subi l'examen médical le plus rigoureux au monde qui m'a déclaré apte à aller sur la Station spatiale internationale. Puis, à la fin de l'automne 2009, l'équipage de l'Expédition 35 a été sélectionné et j'ai été désigné commandant. J'avais visé cet objectif toute ma vie d'adulte et c'était à la fois une source de fierté et une grande leçon d'humilité. Je voulais mériter cet honneur pour justifier la confiance que la NASA m'avait manifestée et l'investissement de l'ASC. J'allais devenir le premier Canadien à prendre les commandes de la SSI, et c'était la deuxième fois seulement qu'on confiait le poste à un astronaute qui n'était ni Américain ni Russe.

On forme un équipage pour qu'il puisse s'occuper de tout à bord – du distributeur d'eau potable à tous les systèmes dans le module japonais –, mais avec des degrés d'expertise divers. Être certifié comme usager signifie que l'on possède les connaissances de base et que l'on peut allumer et éteindre les appareils, tandis que les opérateurs peuvent faire fonctionner un module ou un système seuls, ils savent comment ceux-ci fonctionnent, mais ignorent comment les réparer. De leur côté, les spécialistes savent tout faire : manœuvrer, comprendre et réparer les appareils. Enfin, devenir spécialiste de tous les modules et systèmes exigerait considérablement plus de vols et des centaines d'heures de formation supplémentaires, ce qui, selon toute probabilité, ne me servirait presque à rien sur la SSI. Mais cela ne me causait aucun problème. J'ai décidé d'essayer d'être désigné comme spécialiste dans un maximum de modules et de systèmes. C'était ma dernière chance d'apporter une contribution valable au programme spatial puisque je n'aurais plus d'occasions de quitter la Terre.

En octobre 2011, j'étais devenu spécialiste de pratiquement tous les systèmes, expériences et modules de la Station spatiale. Je m'étais entraîné d'arrache-pied pendant deux ans, travaillant régulièrement les soirs et les fins de semaine et passant soixante-dix pour cent de mon temps soit en Russie, soit en déplacement. J'étais heureux d'être de retour à Houston avec Helene pendant quelques semaines, mais j'éprouvais des malaises à l'estomac. Comme ma femme se relevait d'une grippe, j'ai cru l'avoir attrapée, mais je me suis tout de même présenté à la clinique de la NASA pour me rassurer. Le médecin a rejeté cette hypothèse, soupçonnant plutôt une obstruction intestinale, confirmée par une IRM.

Ce n'était pas une bonne nouvelle, même si un blocage se règle parfois tout seul. C'est ce que je souhaitais, mais mon séjour à l'hôpital a été l'un de ceux où tout tourne mal : on m'a accidentellement déshydraté et, après trois jours, j'étais beaucoup plus mal en point qu'à mon arrivée, et le chirurgien chargé de mon cas m'a annoncé qu'il m'opérerait le lendemain. Il voulait procéder exactement comme le médecin de Sarnia en 1990 : faire une longue incision dans l'abdomen, l'ouvrir et déterminer la cause du problème. Depuis, par contre, les laparoscopies se pratiquaient beaucoup plus couramment. Cette intervention consiste à faire une petite incision et à introduire une caméra qui permet de voir l'intérieur de la cavité sur un moniteur vidéo. Comparativement à une opération chirurgicale traditionnelle, cette intervention non invasive diminue grandement les risques de complications et la durée de la convalescence.

Étant donné ce que je venais de vivre, la perspective de subir une opération à cet hôpital ne me souriait pas du tout. En outre, je savais que, si le chirurgien avait recours à la méthode conventionnelle (c'est-à-dire faire une longue incision au scalpel), je n'irais pas sur la Station spatiale en 2012. Je serais disqualifié sur le plan médical. Cependant, j'avais encore une chance de retourner dans l'espace si je subissais une laparoscopie et s'il s'avérait que le problème était mineur. Il fallait le régler en vingt-quatre heures et je me sentais vraiment malade. Helene a fait des appels, et en peu de temps j'ai été transporté dans un autre hôpital, où j'ai reçu d'excellents soins. Peu après, le Dr Patrick Reardon, qui avait déjà soigné Barbara Bush, m'a fait une laparoscopie.

Il a fait deux très petites incisions dans mon abdomen, puis au moyen d'appareils flexibles semblables à des serpents de trois millimètres de largeur, il a rapidement localisé le problème : l'intervention de 1990 avait engendré une adhérence de quatre centimètres, en fait une petite boule de tissu cicatriciel collant. La grande majorité des interventions à l'abdomen occasionnent des adhérences qui constituent à leur tour l'une des causes d'obstructions les plus courantes parce qu'elles peuvent pincer ou tordre les intestins. C'était exactement ma situation : cette adhérence, probablement enflammée par le virus de la grippe, collait mes intestins contre ma paroi abdominale. Lorsque le médecin a décollé cette adhérence, tout est revenu à sa place. Après avoir soigneusement inspecté l'intérieur de mon abdomen, le Dr Reardon m'a assuré que je ne devrais plus avoir d'ennuis de ce côté.

Je savais par contre que ce n'était pas exact. J'avais un nouveau problème sur les bras : il me fallait persuader les hauts dirigeants que j'étais suffisamment en santé pour aller dans l'espace. Il fallait leur faire voir le bon côté des choses : je ne souffrais d'aucune maladie chronique et l'un des meilleurs chirurgiens en Amérique du Nord me jugeait apte au voyage. Toutefois, si j'avais une rechute dans l'espace, notre mission serait abrégée, il nous faudrait rentrer plus tôt que prévu et une autre équipe devrait partir pour nous remplacer. Les coûts seraient astronomiques.

Je devais être rassuré moi-même avant de pouvoir convaincre quiconque que je pouvais voler. Il va sans dire que je voulais retourner dans l'espace, mais s'il y avait le moindre risque que je tombe malade et que mon état nécessite mon évacuation de la SSI, j'avais la responsabilité de me retirer de l'expédition. Je devais trouver quels étaient les risques de rechute, alors Helene et moi avons commencé à chercher des spécialistes et à les consulter. Je me suis complètement rétabli et j'ai eu l'autorisation de reprendre l'entraînement, mais pas celle d'aller dans l'espace. Chaque pays qui finance la SSI devait donner son accord, ce qui était ardu étant donné ce qui était en jeu.

Au cours des deux mois suivants, un bataillon de chirurgiens, de médecins de l'armée et d'autorités sur les aspects médicaux du vol spatial a analysé la situation en vue de faire des recommandations au Multilateral Space Medicine Board (MSMB), qui réunissait des représentants des États-Unis, du Canada, d'Europe, du Japon et de la Russie. Ils avaient besoin de statistiques pour décider si je posais un risque raisonnable ou non. Un médecin a donc été embauché pour examiner la recherche sur les probabilités de souffrir d'une autre obstruction postchirurgicale. Mais il s'avéra que la plupart des études avaient été menées avant que l'usage de la laparoscopie se généralise : la majorité ne faisaient aucune distinction entre les patients qui avaient subi une intervention mineure comme la mienne et d'autres qui se relevaient de traumatismes internes majeurs à la suite d'accidents de voiture ou d'opérations pour enlever des tumeurs. Ces études démontraient que les risques de souffrir d'autres problèmes étaient inacceptables : soixante-quinze pour cent.

Je ne suis pas expert en médecine, mais le simple bon sens me disait que ces données n'avaient rien à voir avec ma situation. Mon problème avait été mineur et avait été corrigé grâce à une technologie perfectionnée et moins invasive. Le Dr Reardon avait dit au MSMB que le risque que je souffre d'une autre obstruction intestinale à bord de la SSI était de un dixième de un pour cent. Autrement dit, la probabilité que nous ayons à évacuer la SSI pour me ramener sur Terre était beaucoup plus basse que les chances qu'un astronaute doive être évacué à cause d'un abcès dentaire.

J'ai pensé qu'il était important de replacer ce risque des plus minimes dans son contexte : aller dans l'espace est en soi dangereux et des activités comme les sorties spatiales aggravent le danger. Vu sous cet angle, le risque d'une rechute était sans importance. J'ai défendu mon point directement aux deux Canadiens qui siègent au MSMB en présentant un maximum de renseignements sur les laparoscopies afin qu'ils soient bien préparés pour la rencontre. Lorsque les membres de ce comité international se sont réunis en novembre 2011, ils ont conclu à l'unanimité de m'autoriser à retourner dans l'espace, mais ils voulaient consulter certaines des études du Dr Reardon.

Ouf ! Tout est bien qui finit bien. Seulement, ce n'était pas tout à fait terminé. Deux mois plus tard, j'ai appris que des médecins de la NASA n'étaient pas convaincus que je serais vraiment rétabli et s'étaient adressés à leurs vis-à-vis canadiens pour obtenir plus de preuves. Mais comme beaucoup de médecins émérites qui sont très recherchés, le Dr Reardon n'avait pas eu le temps de publier ses résultats. Il n'avait pas d'article imprimé dans un journal scientifique à leur montrer, seulement sa propre opinion d'expert basée sur une longue expérience. Alors, à mon insu, un nouveau comité de quatre chirurgiens spécialisés en laparoscopie avait été convoqué pour déterminer si ce serait une bonne idée d'aller «jeter un petit coup d'œil à l'intérieur», autrement dit, de faire une intervention chirurgicale exploratoire pour vérifier mon état.

Personne n'avait soufflé mot de tout cela ni à moi ni aux médecins de l'air de la NASA, qui seraient directement responsables de ma santé au cours de mon séjour sur la SSI. Cette culture du secret et cette attitude paternaliste m'ont vraiment ennuyé. Ils avaient suffisamment confiance pour me laisser les commandes d'un vaisseau spatial, mais ils avaient pris des décisions qui concernaient mon propre corps comme si j'étais un rat de laboratoire qui ne méritait pas qu'on lui demande son avis. Une chose que j'ai apprise, c'est que je ne pouvais pas m'attendre à ce que tous les professionnels de la médecine soient experts dans tous les problèmes et procédures d'ordre médical. L'information que nous avions découverte nous-mêmes avait été d'une importance capitale jusque-là, tout comme l'occasion de placer les risques médicaux dans le contexte de l'ensemble des risques d'un vol spatial. Me tenir à l'écart n'avait du sens que si les experts étaient omniscients et si je ne pouvais rien apporter à la discussion.

Le raisonnement me troublait aussi. Comme il y a fort à parier qu'un comité composé uniquement de coiffeurs recommanderait que vous changiez de coiffure, un comité de chirurgiens serait enclin à proposer une intervention chirurgicale. Et c'est exactement ce qui s'est produit, même si trois des quatre médecins croyaient que la possibilité de récurrence était faible ou inexistante.

Ainsi, en janvier, on m'a demandé de subir une autre opération. Mon opinion initiale («Je le ferai, mais seulement si vous insistez fortement») s'est rapidement muée en refus catégorique. Helene et moi avions procédé à des recherches approfondies et plus nous apprenions de choses, plus cette idée de «jeter un petit coup d'œil» nous semblait complètement idiote. Nous avons découvert qu'il existait deux études sur des cas identiques au mien : soit des patients ayant eu des obstructions après une opération conventionnelle qui ont par la suite été réglées grâce à la laparoscopie. Le taux de récurrence ? Nul. C'était, selon moi, la meilleure preuve possible que je présentais un bon risque pour aller à la SSI, surtout que ma santé était, et avait toujours été, excellente sur tous les autres plans. En outre, comme toute intervention chirurgicale, la procédure qu'on me proposait présentait de nouveaux risques importants. Je pouvais avoir une réaction négative à l'anesthésie générale, par exemple ; je risquais d'attraper une infection ou bien il aurait pu se produire toutes sortes d'erreurs médicales, et n'importe lequel de ces incidents suffisait à m'interdire de voler. Une intervention inutile n'avait tout simplement aucun sens à mon avis et constituerait aussi un précédent troublant. Qu'arriverait-il aux vingt pour cent d'astronautes qui avaient eu des appendicectomies et pouvaient donc avoir des adhérences ? Est-ce qu'on leur demanderait à eux aussi de subir une intervention exploratoire pour que les médecins puissent «jeter un petit coup d'œil» ?

Il y avait un autre élément à prendre en considération : les risques pour le programme spatial lui-même si je ne partais pas. J'étais réserviste pour un autre commandant, Sunita Williams, qui devait partir en juillet. Qui d'autre était en mesure de prendre ma place pour la couvrir ? La réponse, si peu de temps avant le décollage, était « personne ». Comme Suni, j'étais qualifié pour occuper le fauteuil gauche d'un vaisseau spatial flambant neuf, le Soyouz série 700. Ce vaisseau spatial doté d'un système numérique plutôt qu'analogique était équipé de tableaux de bord différents et assorti de procédures distinctes. Si on me retirait, l'ASC ne pouvait pas me remplacer. Aucun autre Canadien n'était même qualifié pour voler à bord du Soyouz ancien modèle, encore moins la nouvelle génération. La NASA ne pouvait pas me remplacer non plus : mon astronaute de relève n'avait jamais mis les pieds dans l'espace. Il était hautement compétent, mais il ne pouvait pas se qualifier avant le mois de juillet. Comme l'a mentionné l'astronaute en chef du Johnson Space Center, pour introduire un astronaute qualifié, il faudrait remanier cinq équipages, ce qui entraînerait un risque continu considérable pour la sécurité de l'ensemble du programme. Si les probabilités que je tombe sérieusement malade dans l'espace avaient été élevées, il n'y aurait pas eu d'autre option que de prendre ces risques. Mais les risques n'étaient pas élevés. En fait, ils étaient si bas qu'ils étaient négligeables.

Les mois suivants ont été kafkaïens, pendant que je continuais à m'entraîner et à me préparer pour une expédition que je pourrais diriger ou non. Je m'efforçais de me concentrer sur l'entraînement et sur l'apprentissage de tout ce que je pouvais, tout en faisant fi des bruits parasites. J'étais enlisé dans un bourbier bureaucratique où la logique et les données ne comptaient tout simplement pas. Ce sont la politique interne et les avis de gens mal informés qui importaient. Des médecins qui n'avaient jamais fait de laparoscopie donnaient leur opinion et des gens prenaient des décisions au sujet de risques médicaux comme si les risques beaucoup plus élevés que présentait le programme spatial lui-même n'étaient pas pertinents. Helene, moi et nos médecins de vol avons gaspillé énormément de temps et d'énergie à dénicher des études, à consulter des experts, à écrire des courriels à des administrateurs et à créer des graphiques et des tableaux complexes comparant des données médicales et différents facteurs de risque. Bref, tout cela uniquement pour trouver une autre façon de convaincre des administrateurs que je pouvais aller dans l'espace sans risques.

Pendant ce temps, le MSMB a pris sa décision : les données que nous avions colligées ont persuadé tous les membres internationaux que je pouvais voler, mais non l'Américain qui exigeait plus de preuves.

Ce n'était pas une bonne nouvelle. Nous avions présenté ce que nous et les experts que nous avions consultés considérions comme des preuves infaillibles. Si elles ne suffisaient pas, que lui faudrait-il de plus ? J'avais l'impression de constituer une preuve contre la superstition, à laquelle il est inutile d'opposer la science. Vous pouvez soumettre toutes les études fondées sur des échantillons que vous voulez pour prouver qu'on peut marcher sous une échelle sans danger, une personne superstitieuse se tiendra tout de même loin des échelles.

Les représentants de l'ASC me disaient constamment d'essayer de relaxer et de ne pas m'inquiéter. Ils étaient persuadés que tout finirait par se régler en notre faveur. Cette attitude était tout à fait conforme au caractère national : les Canadiens sont renommés pour leur politesse. Nous sommes un pays de gens qui tiennent la porte pour les autres, qui disent merci, mais nous en rions aussi. Comment fait-on pour sortir trente Canadiens ivres d'une piscine ? On n'a qu'à leur dire : « Veuillez sortir de la piscine, s'il vous plaît. » Dans des circonstances normales, Helene et moi aurions été les premières personnes à sortir de cette piscine, mais les circonstances n'avaient rien de normal. Nous avions l'impression que les Canadiens se comportaient un peu trop en Canadiens en présumant que la logique finirait par avoir raison du reste. À notre avis, il était évident que nos efforts pour amasser des données étaient capitaux, à la fois pour moi et pour protéger les intérêts canadiens. Plusieurs millions de dollars avaient été investis dans mon vol, et un grand nombre d'expériences canadiennes devaient être menées lors de mon expédition. Avoir un Canadien aux commandes du vaisseau spatial mondial était non seulement une source de fierté patriotique, mais aussi une justification du programme spatial, dont le financement, comme celui de la NASA, est perpétuellement menacé. Si nous abandonnions nos efforts pour régler le problème, je n'irais pas dans l'espace parce qu'un seul membre de la haute direction médicale de la NASA pouvait m'en empêcher.

Et puis en mars, à la onzième heure, quelques jours à peine avant une réunion où la NASA devait prendre sa décision, un membre du MSMB a proposé une solution : un examen par échographie révélerait probablement si j'avais une autre adhérence. J'étais abasourdi. Pendant des mois, j'avais demandé s'il n'y avait pas une autre méthode moins invasive qu'une intervention chirurgicale, et pendant des mois, la réponse avait été : « Non, l'opération chirurgicale est la seule option possible. » Et tout à coup, tout le monde était d'accord pour un ultrason, pourvu que l'examen soit mené par un radiologiste particulier, hautement qualifié. Mais il était en vacances. J'ai donc disposé d'une semaine pour faire quelques recherches qui ont suffi pour que je découvre que l'examen par ultrasons avait un taux de vingt-cinq pour cent de faux positifs. Autrement dit, le test pourrait déceler une adhérence, mais il y avait une chance sur quatre qu'il soit complètement erroné. Et même si j'avais une adhérence, qui pourrait savoir si elle présentait ou non une menace ? Personne ne semblait s'en préoccuper, sauf Helene et moi.

Lorsque le jour de l'examen est arrivé, nous avons roulé avec résignation pendant quarante-cinq minutes pour nous rendre à l'hôpital. Nous avions livré notre combat jusqu'à la fin. Le moment était venu de faire un genre de simulation : nous devions décider ce que nous ferions si j'échouais à l'examen. Nous avons discuté de nombreuses options : demeurer à Houston plus longtemps que je l'avais prévu, peut-être, ou prendre ma retraite et chercher du travail comme consultant en aérospatiale.

La grande décision que nous avons prise pendant le trajet en voiture a été de ne pas nous laisser définir par cette expérience. Je ne passerais pas le reste de ma vie comme celui-qui-a-failli-être-commandant, ce pauvre type qui n'a pas réussi à aller dans l'espace une troisième fois. Nous avions vu ce qui était arrivé à d'autres astronautes qui avaient été exclus de missions. Nous avons conclu que la prochaine chose qui nous tuerait, sur le plan métaphorique, n'était pas une échographie, mais la perte de nos propres objectifs. Heureusement, nous connaissions aussi le *boldface* qui pouvait nous sauver : se concentrer sur l'aventure, et non sur l'arrivée à une certaine destination. Toujours regarder vers l'avenir plutôt que pleurer le passé.

Nous étions dans un bel état d'esprit à notre arrivée à l'hôpital. Nous savions que ça irait, quoi qu'il arrive. L'expert a enduit mon ventre de gel, puis l'a examiné au moyen de différentes sondes. Ça n'a pas bien commencé. Le médecin a dit : « Oh, ce n'est pas ce que je m'attendais à voir. » Il cherchait à détecter du mouvement, qu'on appelle « déplacement viscéral ». Il a orienté le moniteur vers moi pour que je puisse regarder. Helene me tenait la main, dos à l'écran, tendue, mais résignée. Une minute a passé. Même moi, j'ai dû admettre que rien ne bougeait.

J'avais échoué, mais j'étais plus curieux que déçu. M'étais-je trompé à ce point ? Avais-je un problème après tout ? Alors, les yeux rivés à l'écran, je me suis mis à respirer plus superficiellement, à relâcher puis à tendre mes muscles abdominaux, à chercher activement à bouger mon ventre. Je voulais aller dans l'espace, bien sûr, mais je voulais aussi m'assurer que j'étais en santé.

Mes années d'études et d'entraînement se résumaient à ceci : à voir si une minuscule portion de mes intestins pouvait se mouvoir sur commande. Et puis, miraculeusement, cela s'est produit. Le médecin a souri et a allumé un magnétoscope pour immortaliser mon déplacement viscéral sur vidéo. Un autre médecin est entré pour le vérifier, puis le soulagement était palpable dans la salle d'examen.

Une fois de retour dans la voiture, Helene et moi avons appelé les rares personnes qui étaient au courant de cette histoire. Nous avions l'impression d'avoir mené un combat de David contre Goliath, une lutte à laquelle je m'étais préparé, à mon insu, durant toute ma vie d'adulte. Cela avait été le test ultime de « perte de maîtrise », régler un problème grave et complexe pendant que je me trouvais en chute libre, professionnellement parlant, sans perdre de vue l'objectif véritable de la mission : s'assurer que notre équipage était prêt pour le vol spatial, que j'en fasse partie ou pas. Mais je n'avais pas le temps de célébrer cette victoire. J'avais du travail à faire.

Je m'en allais dans l'espace, après tout.

DEUXIÈME PARTIE

LANCEMENT

7

Base de la Tranquillité, Kazakhstan

Beaucoup croient que les jours précédant un lancement sont les plus stressants dans la vie d'un astronaute. En fait, c'est plutôt l'inverse : au cours de la semaine avant une mise à feu, nous éprouvons ce qui s'apparente le plus à de la sérénité sur le plan professionnel, notamment parce que rien ne se fait à la dernière minute. Nous nous préparons pour une mission pendant des années, sans compter que nous avons rêvé d'aventure spatiale pour la plus grande partie de notre existence. Une autre raison, c'est que nous sommes en quarantaine, ce que les astronautes appellent à la blague la « prison pour cols blancs ». Nous avons des gardiens, nous ne pouvons pas quitter le complexe et une vitre nous sépare de la plupart des visiteurs. Par contre, nous *voulons* y être. On s'occupe de nous, on cuisine nos repas et on nous sert avec tant d'attentions qu'un observateur pourrait ne jamais deviner que la fonction de cette prison dorée est strictement d'ordre médical. On cherche à nous protéger des infections que l'on peut attraper sur Terre et qui pourraient nous rendre malades – et moins productifs – dans l'espace.

En orbite, le moindre rhume de cerveau devient grave. En apesanteur, comme les sinus ne peuvent pas se vider et que le système immunitaire ne parvient pas à se défendre aussi efficacement, on se sent plus malade, plus longtemps. En outre, comme notre habitacle est exigu, il ne fait presque aucun doute que tout l'équipage sera atteint. C'est d'ailleurs ce qui s'est produit à bord d'*Apollo 7* en 1968. Le commandant Wally Schirra a contracté un mauvais rhume au beau milieu de la mission de onze jours, et au retour, les trois astronautes étaient malades au point qu'ils ont refusé de mettre leurs casques pour l'atterrissage. Craignant que l'augmentation de la pression lors de la phase de rentrée orbitale provoque l'éclatement de leurs tympans, ils voulaient tenter d'égaliser la pression comme on le fait en avion – se pincer le nez tout en soufflant – ce qui aurait été impossible, la tête enfermée dans un genre de bocal à poissons rouges. Les jérémiades des membres d'équipage lors de leurs communications avec les spécialistes du Centre de contrôle sont célèbres et aucun des trois n'est retourné dans l'espace. Quelques années plus tard, Schirra a fait des annonces télévisées pour Actifed, le décongestionnant qu'il avait pris au cours de la mission.

Dans les années 1960, des virus se manifestaient souvent une journée ou plus après le début d'une mission chez des astronautes qui avaient semblé en parfaite santé au décollage. L'équipage d'*Apollo 12* s'est lui aussi fié à Actifed. Les trois astronautes d'*Apollo 8* ont souffert de gastroentérite, une maladie autrement plus désagréable en orbite que sur Terre. Malgré ces problèmes, ce n'est qu'en 1970 que la NASA a jugé plus prudent d'isoler les équipages avant leur départ. La situation vécue sur *Apollo 13* en 1970 a été la goutte qui a fait déborder le vase. Trois jours avant la mise à feu, un astronaute de relève a remplacé au pied levé un membre d'équipage qui avait été exposé à la rougeole (mais qui n'est finalement pas tombé malade). Au cours du vol, au milieu d'une crise qui a failli tourner à la tragédie – un réservoir d'oxygène avait explosé en causant des dommages sérieux à l'un des modules de la fusée – un autre astronaute a souffert d'une infection. Depuis, tous les explorateurs de l'espace doivent être placés en quarantaine avant une mission.

À l'époque de la navette spatiale américaine, nous passions six ou sept jours en isolement, ce qui équivaut à peu près à la durée de vie d'un virus. Les quartiers du Kennedy Space Center (KSC) étaient spartiates – nous dormions dans de petites chambres dépouillées, meublées d'une commode et d'un lit dur, comme dans les baraques de soldats –, mais l'ambiance était conviviale. Le décollage était un événement mémorable pour chaque membre d'équipage, bien entendu, mais les employés du KSC étaient habitués à envoyer des astronautes dans l'espace : une navette quittait la Terre avec sept personnes à son bord à une fréquence plutôt régulière. À la fin du programme en 2011, il y avait eu cent trente-cinq missions qui, pour la plupart, n'ont pas fait les manchettes.

Aujourd'hui, l'expérience de la quarantaine est complètement différente : le Soyouz, le seul vaisseau pouvant transporter des humains vers la Station spatiale internationale, ne décolle pas sous le chaud soleil de la Floride, mais dans les steppes quasi désertiques du Kazakhstan. Maintenant, nous ne sommes plus qu'une douzaine à nous envoler dans l'espace chaque année et nous y demeurons durant des mois, plutôt qu'une petite semaine ou deux. Notre séjour est suffisamment long pour que nous nous sentions comme chez nous dans la SSI et pour que nous risquions de rater quelque chose d'important à la maison. Savoir qu'un événement malheureux pourrait toucher les gens que nous aimons alors que nous sommes dans l'espace et que nous ne pourrons rien faire pour régler le problème ni rentrer avant la fin de la mission donne une saveur un peu plus solennelle et contemplative à toute l'expérience du confinement.

Il y a une autre différence : les Russes, qui sont si austères et sérieux dans de nombreux domaines, accordent une grande importance aux loisirs des explorateurs de l'espace. La quarantaine dure plus longtemps à Baïkonour (douze jours complets) qu'à Cape Canaveral, mais on croirait que l'agence spatiale Roscosmos ne la juge pas assez longue. Avant mon dernier vol, mon coéquipier Roman est parti cinq jours avec sa famille dans un centre de santé à la campagne *avant* d'entrer en isolement, afin de commencer le processus de relaxation. (Après les missions, les cosmonautes bénéficient aussi de plusieurs mois de congé, alors que les astronautes doivent rentrer au bureau quelques semaines à peine après leur retour sur Terre, bien qu'on ne s'attende pas à ce qu'ils reprennent toutes leurs responsabilités dès qu'ils franchissent le seuil de la NASA.)

Aujourd'hui, l'objectif de la quarantaine est aussi psychologique que médical : en contraignant les astronautes au repos, on les oblige à faire une pause, à réfléchir à ce qu'ils sont sur le point d'accomplir et à s'habituer à une nouvelle existence. La quarantaine est une maison de transition émotionnelle et physique avant la vie dans l'espace.

* * *

Lorsque nous sommes partis de la Cité des étoiles en direction du Kazakhstan, c'était la ruée folle habituelle pour prendre l'avion puis... plus rien. Tom, Roman et moi quittions la période préparatoire vécue dans l'ombre pour aller vers la lumière du lancement. En route vers Baïkonour, nous pouvions pratiquement palper les projets, les espoirs et les rêves des passagers. Par contre, la vue de mon hublot avant l'atterrissage n'avait rien d'idyllique. Le fleuve Syr-Daria serpentait, sombre, à travers le sol brun et sans relief, ponctué çà et là de petits immeubles d'appartements utilitaires surmontés de coupoles satellites. Les arbres étaient rares. Le paysage sous mes yeux ressemblait exactement au genre d'endroit où une fusée pourrait s'écraser sans nuire à personne ni même attirer l'attention.

Baïkonour est un cosmodrome, une base spatiale : le vol spatial est sa principale industrie, sa raison de vivre, et pourtant, on n'y trouve rien de vaguement léché ou futuriste. Ce n'est pas non plus une ville vibrante : les extrêmes de température saisonniers ne prédisposent pas les gens à flâner dans les rues. L'été, il y fait une chaleur écrasante, mais à notre arrivée en décembre, le froid était si intense que du givre s'est formé au bout de mes cils après seulement quelques minutes sous un ciel bleu éclatant. En périphérie de Baïkonour, les chameaux se glissaient par des brèches dans les clôtures tandis que les chiens errants hurlaient en appréhendant l'hiver. Je me serais cru dans un lieu abandonné où circulaient les fantômes de l'histoire et du triomphalisme de l'ère soviétique. L'arbre planté par Youri Gagarine, le premier être humain à quitter la planète, poussait étonnamment bien sur la plaine aride.

À mon premier jour là-bas, j'avais une impression étrange, en partie parce que la ville elle-même est un peu bizarre, à la fois détachée du monde et prosaïque, et aussi parce que j'avais bien failli ne pas pouvoir y être. En arrivant dans ce que l'on surnomme affectueusement l'«hôtel Cosmonaute», je me suis permis de croire que je ne rêvais pas. Alors que les attractions touristiques de Baïkonour rivalisent difficilement avec celles de Cape Canaveral, je dois avouer que les quartiers des équipages sont considérablement plus spacieux. Je disposais d'une suite complète de pièces avec un énorme bain à remous. Il y règne une ambiance rappelant le «charme institutionnel» d'un vaste dortoir universitaire. Les astronautes et les cosmonautes occupent une aile, tandis qu'une autre accueille le personnel de soutien et les formateurs. On trouve des tables de ping-pong et de billard, un gymnase bien équipé et une grande salle à manger. Tout est impeccable (stérile, en fait : les murs et les planchers sont lavés tous les jours à l'eau de Javel pour éloigner les microbes) et la nourriture est excellente (on ne risque aucun empoisonnement alimentaire puisque le personnel de la cuisine respecte les règles d'hygiène avec un soin maniaque).

Le déjeuner se compose de gruau, yogourt, *tvorog* (du fromage cottage russe), omelette au caviar rouge, kaki et miel, noix et compote de fruits, thé, café ou chicorée. Le midi et le soir, on sert des banquets de plats variés : soupe maison, poisson grillé, croquettes, *pelmeni* (raviolis à la russe) ou *manti* (des boulettes de pâtes turques farcies à la viande), des légumes frais et des desserts préparés sur demande. On peut vous confectionner sur demande et dans la bonne humeur un *brownie* rempli de noix et nappé de sauce au chocolat en vitesse.

Tôt le matin de notre première journée complète à Baïkonour, nous avons enfin vu notre Soyouz, celui qui nous amènerait dans l'espace. L'été précédent, nous avions rencontré une délégation des constructeurs du vaisseau pour porter le toast traditionnel au succès et à l'amitié en prenant une petite gorgée symbolique de carburant qui, même coupé avec de l'eau, a le goût du kérosène. C'est horrible. La fusée qu'ils nous avaient assemblée était légèrement différente du simulateur de la Cité des étoiles puisqu'on y apporte des modifications après chaque mission. Lors de la *primerka* ou vérification d'ajustement, nous avons passé environ une heure à l'intérieur, vêtus de notre combinaison pressurisée Sokol, à nous familiariser avec l'emplacement des commandes et à déterminer combien de temps nous allions consacrer à nos tâches. Nous en sommes ressortis rassurés : le Soyouz était solide et nous le connaissions bien.

Les autres journées du séjour en quarantaine étaient chargées, mais sereines. Nous les avons consacrées à faire des tâches légères, comme préparer les effets personnels que nous voulions emporter dans l'espace. Cela s'est fait rapidement, car le Soyouz est si compact que le poids et l'équilibre affectent sa façon de voler. On nous limite donc au contenu d'un sac de la taille d'une petite trousse de rasage. J'ai réussi à y glisser une nouvelle alliance pour Helene, des bijoux commémoratifs, une montre pour ma fille, Kristin (j'avais fait de même pour mes deux fils lors de mes deux autres missions), une photo de famille pour mes parents et des médiators ornés de l'emblème de l'Expédition 35 : des objets que je pourrais offrir plus tard comme des souvenirs de l'espace.

Nous faisions aussi du conditionnement physique, mais avec une grande prudence, surtout depuis qu'un gestionnaire russe s'était déchiré le tendon d'Achille en jouant au badminton à l'intérieur. Je savais que, si je me blessais, on m'enverrait tout droit à Houston plutôt qu'à la Station spatiale. Dans ce cas, mon départ ne causerait pas un si gros problème à la NASA puisque mon substitut se trouvait au bout du couloir à l'hôtel Cosmonaute. L'équipage de remplacement fait exactement la même chose que l'équipage principal jusqu'aux dernières heures avant la mise à feu. Pour s'assurer que tout se déroulerait comme prévu même si une catastrophe survenait, les deux équipages se rendent à Baïkonour par des moyens de transport distincts. Au cas où…

Dans notre domaine, l'entraînement n'arrête jamais, même pas sur la SSI, mais le rythme ralentit considérablement dans les journées précédant le lancement. On nous avait déjà qualifiés entièrement compétents pour aller dans l'espace puisque nous avions réussi les épreuves finales et signé le livre d'or traditionnel dans l'ancien bureau de Youri Gagarine en novembre. À Baïkonour, nous avons suivi quelques cours de rappel : par exemple, nous avons revu certaines leçons apprises lors des missions antérieures et répété les manœuvres d'amarrage du Soyouz sur un simulateur portatif. La charge de travail était, dans l'ensemble, plutôt légère et comprenait notamment des entrevues avec les médias (en respectant une certaine distance pour éviter les microbes). Nous avons signé des piles vertigineuses de photos de l'équipage, suffisamment pour chaque citoyen russe, aurait-on dit.

Pendant que les astronautes de remplacement exploraient les musées de la région (avec prudence, en considérant les autres visiteurs comme des vecteurs de maladie ambulants), nous demeurions cloîtrés et en profitions pour bouquiner et utiliser le Wi-Fi (ironiquement, sur la SSI, Internet est lent comme à l'époque du modem). Le soir, nous nous réunissions avec les instructeurs et le personnel de soutien pour aller au *banya*, le sauna russe. Par la suite, nous jouions souvent de la guitare en sirotant un scotch single malt entre amis de tous les coins du monde rassemblés autour d'une même mission.

On nous avait libérés des routines et des éléments de stress du quotidien pour nous encourager à nous concentrer émotionnellement, intellectuellement et physiquement sur notre mission. Au début, j'avais l'impression d'avoir perdu mes repères : après des années d'études et de répétitions, on exigeait tout à coup très peu de nous et nous n'avions aucun défi difficile à relever. Mais je me suis rapidement habitué à une existence plus simple. Dispensé de mes responsabilités de tous les jours, comme préparer mes repas et faire ma lessive – comme le font tous les astronautes à la Cité des étoiles, en déplacement ou à la maison –, je me la suis coulée douce, ce qui m'a permis de réfléchir. Tom, Roman et moi étions sur le point de partir durant plusieurs mois et de prendre des risques assez élevés. La meilleure chose que nous pouvions faire était de laisser cette réalité dominer notre paysage mental jusqu'à ce que la gravité de nos objectifs s'impose à nous : oui, nous sommes prêts à faire cela.

Alors que la quarantaine tirait à sa fin, je me sentais de jour en jour plus confiant et plus concentré. Je doute que j'aie été aussi prêt si on m'avait dit : « Bon, pointe-toi à Baïkonour mercredi matin. Tu prendras le vol de midi pour l'espace. » J'aurais probablement passé la veille à courir à droite et à gauche pour les derniers préparatifs, comme n'importe quel voyageur : faire les valises, payer les factures, aller chez le nettoyeur. Même si on est hautement compétent, quand on avance à toute vitesse pour respecter une échéance ou se rendre quelque part, on arrive à bout de souffle et on révise mentalement notre liste de choses à faire au lieu de se concentrer sur la tâche à accomplir. On obtient peut-être des résultats impressionnants quand même, mais on est sans doute beaucoup moins productif que si on ne subissait pas tant de pression. En ce qui me concerne, du moins, vivre une situation très stressante en étant calme et parfaitement préparé comporte un autre avantage : je profite pleinement du moment présent, absorbé et engagé, et je suis mieux en mesure de l'apprécier pendant qu'il se déroule plutôt qu'en rétrospective.

* * *

Il faut tout un village pour nous permettre de nous concentrer sur un seul objectif. D'autres gens doivent agir à notre place quand nous sommes occupés, au sens propre ou figuré.

Si on n'admet pas ce fait et qu'on ne se comporte pas en conséquence, on risque de causer des distractions et des conflits qu'on devrait justement tenter d'éviter lorsqu'on se prépare à relever un grand défi. Les personnes qui nous entourent nous feront savoir de façon très claire que notre dévouement à une seule chose ressemble fortement à de l'égoïsme entêté.

Lors de nos premières années à Houston, je me portais volontaire pour tous les projets de la NASA et de l'ASC, et ceux-ci exigeaient de fréquents déplacements. Après quelque temps, j'ai remarqué qu'on ne m'accueillait plus en héros quand je rentrais à la maison. Les enfants ne se précipitaient plus dans mes bras, fous de joie, lorsque je passais le seuil. Ils semblaient même légèrement ennuyés en me voyant, particulièrement si je leur rappelais mes attentes pour ce qui est des bonnes manières, des règles et du comportement. Helene s'est fait un plaisir de m'expliquer les causes de cet étrange phénomène. Elle m'a informé, le plus gentiment possible, que j'étais si souvent absent que ma famille avait appris à vivre sans moi. Les enfants et elle avaient pris de nouvelles habitudes et n'appréciaient pas vraiment mes tentatives pour rattraper le temps perdu. Autrement dit, j'étais devenu un visiteur dans ma propre maison, et il me faudrait investir beaucoup de temps pour retisser les liens de la paternité. Elle a poursuivi en me signifiant que j'exagérais peut-être un tantinet en acceptant tous ces mandats supplémentaires. Me rapprochaient-ils autant de mes objectifs professionnels que je le croyais ou bien avais-je simplement pris l'habitude de dire « oui » au travail et « non » à ma famille ?

Nous avions eu une discussion du même ordre à Bagotville quand nos trois enfants avaient moins de cinq ans et que je consacrais de nombreuses journées de congé à des exercices militaires optionnels. Helene m'avait demandé à brûle-pourpoint : « Veux-tu avoir une famille ou seulement une carrière ? Je serai heureuse de te soutenir pour que tu aies les deux et j'accepte de porter quatre-vingt-dix pour cent des responsabilités ici à la maison jusqu'à ce que je trouve un emploi, mais je ne peux pas faire quatre-vingt-dix-neuf pour cent. » Elle acceptait que je travaille beaucoup, mais elle m'a fortement encouragé à évaluer cas par cas si chaque projet supplémentaire qu'on me proposait était nécessaire pour mon cheminement professionnel ou si je le faisais simplement parce que j'en avais envie. À compter de ce jour-là, j'ai tenté de déterminer mes priorités différemment et d'être plus conscient des effets de chacune de mes décisions sur elle et sur ma propre relation avec mes enfants.

J'ai dû me rajuster à Houston. Dans la vraie vie, un astronaute est en déplacement presque les trois quarts du temps et n'a pas grand-chose à dire sur son horaire de travail. C'est pourquoi, quand il a un peu de latitude, il doit faire les choix qui témoignent de sa gratitude envers les membres de sa famille et de son désir de les voir de temps à autre dans le contexte qu'ils préfèrent.

Quand on se trouve en quarantaine, par contre, il est inutile de vouloir équilibrer vie professionnelle et vie personnelle : on n'a plus aucune responsabilité domestique, et la famille est mise au rancart. C'est d'ailleurs l'objectif de vivre en isolement. Mes proches et ceux de Tom Marshburn sont arrivés à Baïkonour avec une délégation de l'ASC et de la NASA trois jours avant le lancement. Ils habitaient dans un hôtel à quelques pas des quartiers de l'équipage. Nous pouvions recevoir des visites de nos conjointes et enfants, mais pour des périodes rigoureusement prescrites et relativement brèves, et seulement après qu'ils ont été examinés par un médecin (et malgré ces précautions, on nous a fortement encouragés à les tenir à distance). J'ai dû me plier à de longues négociations pour qu'on accepte que mon frère Dave entre dans notre résidence pour une demi-heure afin que nous puissions jouer de la guitare et enregistrer une chanson. Nous sommes demeurés aux extrémités opposées de la salle par prudence. La fille de Tom, Grace, qui avait dix ans à l'époque, n'a pas eu le droit de se trouver dans la même pièce que son père parce qu'on considère que les enfants de moins de douze ans sont trop prédisposés aux infections et trop turbulents pour l'environnement monacal de la quarantaine. De plus, ils ne peuvent communiquer avec les astronautes en isolement que par téléphone, derrière une vitre insonorisée.

Bien que la quarantaine ait pour objectif louable de protéger l'équipage, elle n'est pas sans inconvénient pour les membres de nos familles. Premièrement, ils doivent venir à nous, et le Kazakhstan est difficile d'accès à moins d'être au Kirghizstan. Ensuite, non seulement ils sont à la merci de notre horaire, mais ils doivent prendre part aux traditions « amusantes », qui ne le sont pas nécessairement pour eux. Un jour ou deux avant le lancement, par exemple, les cosmonautes russes et leurs familles regardent toujours *Le Soleil blanc du désert*, un film russe de 1970 dont le héros rappelle Lawrence d'Arabie. Inutile de préciser que le jeu forcé des acteurs amuse les membres de nos familles beaucoup moins que nous.

Pour ceux d'entre nous qui partent dans l'espace, les rituels comme celui-ci ponctuent de façon rassurante et prévisible les jours précédant la mise à feu. Pour nos familles, par contre, il s'agit davantage d'obligations qui s'ajoutent à l'épreuve qu'elles vivent. Alors que nous sommes libérés de toutes nos tâches domestiques, nos épouses doivent recevoir les amis et membres de la parenté venus assister au lancement. Le jour où nous nous dirigeons vers le pas de tir, sereins et concentrés sur notre mission, nos conjoints se sentent plutôt stressés. Comme l'a expliqué mon collègue, Mike Fossum : « Avouons-le : notre rêve devient leur cauchemar. »

La situation était encore plus stressante à l'époque de la navette. Lors de ma première mission, en 1995, Helene et moi avions invité à peu près toutes les personnes que nous connaissions, et toutes les personnes qu'elles-mêmes connaissaient, pour un total de plus de sept cents personnes qui s'étaient dit : « Hé ! Des vacances en Floride avec en prime un lancement de fusée et un laissez-passer VIP de la NASA ? Vendu ! » Environ une semaine avant le jour J, une horde de membres de notre famille et d'amis ont convergé à Cocoa Beach, dont même le nom évoquait les vacances. Parties de golf, visite à Disney World, baignade à la plage et sorties en ville : ils se sont beaucoup amusés pendant que les astronautes étaient enfermés. Il allait de soi que nous voulions tous qu'ils passent du bon temps, mais mon rôle à ce chapitre se limitait strictement à ne pas mourir. Helene, par contre, a organisé une fête, une multitude de déjeuners, de dîners et de soupers, et d'autres événements. De plus, elle a donné une quantité incalculable d'entrevues à des journalistes (« Oh, je suis tellement fière de lui ! »). Il y a eu de nombreuses rencontres : les gens étaient évidemment très heureux, ils avaient envie de fraterniser et cherchaient le plus possible à côtoyer les proches des héros du jour. Ma femme ne savait plus où donner de la tête.

Le contexte du lancement à Baïkonour en décembre 2012 était légèrement différent. J'étais limité à quinze invités, incluant les membres de ma famille, et le transport pour s'y rendre via la Russie à quelques jours de Noël coûtait extrêmement cher. Les proches et amis de Tom et moi, plus un dirigeant de l'ASC et les représentants de la NASA se sont installés dans un hôtel à Moscou. Helene et Ann, la femme de Tom, ont participé à l'organisation de visites touristiques, ont recommandé des restaurants et ont répondu à d'innombrables questions sur la tenue à porter, l'itinéraire vers la station de métro et l'horaire de l'autocar pour l'aéroport. Helene m'a dit que c'était comme organiser un mariage sur une plage du Sud, à l'exception que le futur marié n'était nulle part en vue.

Quelques jours plus tard, lorsque le groupe s'est rendu au Kazakhstan dans un avion antique nolisé par la NASA, l'atmosphère était encore plus festive. Les difficultés causées par le décalage horaire, le froid extrême, qui a saisi même les Canadiens, et une absence totale de connaissances du russe ont été aplanies par quelques folles soirées dans différentes « boîtes de nuit » de Baïkonour. Quand Helene et les enfants quittaient leur hôtel pour venir me voir durant l'heure ou deux qui leur étaient allouées chaque jour, ils me racontaient des anecdotes de plus en plus colorées sur des parents et amis, d'honnêtes travailleurs généralement raisonnables, qui s'étaient mués en fêtards imbibés de vodka et avaient acquis un goût douteux pour les soutiens-gorge portés sur la tête en guise de béret.

Tout le monde s'est énormément amusé, y compris Helene, mais elle vivait aussi le stress de gérer la logistique d'une réunion d'une semaine tout en redoutant qu'un incident puisse reporter le lancement. Toutefois, elle ne s'inquiétait pas pour moi, même après avoir relu mon testament. Elle comptait sur moi pour m'occuper des détails durant le lancement comme après. Elle est réaliste : elle connaît les risques élevés de l'exploration spatiale. Certains mourront, et se faire du souci ne change rien. Des conjointes sont si nerveuses avant la mise à feu qu'elles ont la nausée, mais la mienne était de plus en plus excitée à l'approche du décollage, et pas seulement parce que mon rêve était sur le point de se concrétiser. Elle éprouvait de la fierté et de la joie, mais aussi du soulagement. Elle était prête à retourner à sa vie normale et à ses propres aventures.

* * *

Heureusement, un employé futé de la NASA a admis il y a longtemps la difficulté des lancements pour les conjoints et a eu l'idée de jumeler des accompagnateurs à chaque famille d'astronaute. Celui-ci peut désigner deux collègues qui ne s'entraînent pas pour une mission : lors du lancement, un s'occupera des proches, et le second, des autres membres de sa famille et de ses amis. En fait, l'accompagnateur est comme un conjoint de substitution, quelqu'un qui peut aider sur la Terre durant le décollage, mais aussi après, quand la vie normale a repris son cours et que la mission se poursuit. J'ai joué ce rôle plusieurs fois, et il comprend une foule de tâches : courir à l'hôtel pour récupérer un laissez-passer oublié, raccompagner à la maison l'oncle qui a fait des excès lors d'une fête, aller chercher des sandwiches, compter les passagers dans l'autocar qui part en excursion ou encore régler les plaintes sur la température inadéquate de la chambre d'hôtel. Nous sommes un peu comme une bonne à tout faire, mais cela ne m'avait jamais dérangé le moins du monde parce que je savais que j'aurais besoin que quelqu'un fasse pareil pour ma famille si jamais je retournais dans l'espace. En

2012, c'est l'astronaute canadien Jeremy Hansen, un pilote de chasse décoré, qui a passé les quelques jours avant Noël à faire monter mes invités dans l'autobus, à les amener au musée, à transporter leurs bagages, à les aider à changer leurs devises et à s'assurer qu'ils se réveillent à quatre heures du matin pour prendre l'avion du retour, tout ça dans la bonne humeur de circonstance à cette époque de l'année.

Lorsqu'il choisit l'accompagnateur de sa famille, un astronaute ne se limite pas à choisir celui ou celle qui pourra hocher la tête en souriant quand tante Ruby se lance dans l'un de ses discours politiques. Nous pensons surtout à la personne que nous voudrions voir réconforter notre épouse si un être cher meurt pendant que nous sommes loin dans l'espace, ou encore si notre propre vaisseau explose. Dans le cas d'une tragédie, l'accompagnateur devra être à ses côtés durant des mois, si ce n'est des années. Rick Husband a été l'un des accompagnateurs de ma famille pendant ma deuxième mission en 2001 et il a fait beaucoup pour elle. À sa mission suivante, les accompagnateurs de sa famille, notamment l'astronaute de l'ASC Steve MacLean, ont dû soutenir sa femme dans l'épreuve la plus difficile qui soit : Rick était le commandant de la navette *Columbia* qui s'est désintégrée lors de la rentrée dans l'atmosphère. En acceptant de jouer le rôle d'accompagnateur, un astronaute sait qu'il risque d'aider le conjoint d'un collègue non seulement pendant une fête un peu trop arrosée, mais aussi aux funérailles d'un proche et longtemps après, pour mettre sur pied une fiducie pour les études des enfants ou pour défendre les intérêts de la famille lors de l'enquête sur l'accident, par exemple. Heureusement, je n'ai jamais eu à faire quelque chose d'aussi difficile, mais je sais que c'est une possibilité lorsqu'on accepte d'accompagner la famille d'un collègue. C'est une responsabilité énorme.

Il faut l'endosser pas seulement par générosité, mais également dans son propre intérêt. Aller chercher du café au Starbucks pour les invités et se procurer la marque préférée de pain sans gluten du grand-papa de son collègue nous dégonflent l'ego. Il y a un autre avantage : être accompagnateur m'a obligé à regarder le monde avec les yeux de la famille d'un astronaute. Les membres de ma propre famille m'ont fait comprendre une fois ou deux qu'être l'enfant ou la femme d'un explorateur de l'espace n'est pas toujours facile. Kristin me l'a expliqué comme ceci : « Quand tu es un enfant et que ton père est astronaute, la chose la plus intéressante à ton sujet n'a pas grand-chose à voir avec toi. Tu n'as aucune influence et tu ne peux rien y changer. Le fait que ton père est astronaute surpasse tout ce que les gens voient quand ils te regardent. » Mes enfants ont géré cette réalité et l'ont surmontée de façons différentes. Les trois sont maintenant des adultes accomplis qui mènent des vies riches et ont une foule de champs d'intérêt. Mais mon choix de carrière leur a compliqué l'existence à plusieurs égards, et être accompagnateur m'a aidé à comprendre qu'un grand nombre de difficultés dépendaient de la situation plutôt que de notre famille elle-même. En soutenant les proches d'un collègue lors d'un lancement, j'ai saisi à quel point ils doivent s'adapter et faire des sacrifices, pas seulement pendant que maman, papa ou le conjoint est dans l'espace, mais durant les années qui précèdent.

À partir de 2007, j'ai passé environ la moitié de l'année à la Cité des étoiles et je me suis entraîné aux États-Unis, au Japon, en Allemagne, au Canada et au Kazakhstan. Je n'étais à la maison qu'une quinzaine de semaines par année et j'ai manqué beaucoup d'anniversaires et de fêtes. Mon horaire a inévitablement été une épreuve pour tous mes proches. Je ne pouvais pas faire autrement, mais j'ai essayé d'anticiper les conséquences négatives pour les prévenir. Longtemps avant d'entrer en quarantaine, j'ai tenté de trouver des façons d'exprimer ma gratitude aux gens qui m'entourent, de les dédommager et de les inclure dans mes éventuelles réussites.

Avant ma deuxième mission à bord de la navette, j'étais en quarantaine quand mon fils Evan a eu seize ans. C'est un jour important dans la vie de tout adolescent, un tournant : il peut obtenir son permis de conduire et sera bientôt considéré comme un adulte. Toutefois, la fièvre autour du lancement jetait une ombre sur son anniversaire, et Evan m'a manifesté sa déception. En quarantaine, j'étais bien loin de son nuage noir et c'est Helene qui a tout pris sur ses épaules. Elle n'a pas hésité cependant à m'en faire part lors de ses privilèges de visite.

Honnêtement, je n'avais pas pensé à toutes les conséquences de l'échéancier du vol. Je m'y prenais un peu tard et ma seule option était de rendre son anniversaire spécial par tous les moyens dont je disposais, isolé en quarantaine. J'ai donc annoncé dans de nombreuses entrevues téléphoniques que j'allais allumer les plus grandes bougies au monde – les moteurs-fusées de la navette – pour souligner l'anniversaire d'Evan. On en a parlé aux nouvelles, il l'a entendu, ainsi que tous ceux qui le connaissaient. Et juste avant de ramper dans l'*Endeavour*, je tenais un écriteau portant le message *Happy Birthday, Evan !* Par chance, les médias ont remarqué ma petite mise en scène et l'ont diffusée. Evan était heureux, ou du moins *plus* heureux.

J'avais appris ma leçon. Avant ma dernière mission, j'ai consulté le calendrier et je me suis préparé. *Bon, je ne serai pas là à la Saint-Valentin, alors je ferais mieux de me procurer une carte et un cadeau dès maintenant, tandis que je peux encore m'organiser, pour que tout soit en place le jour voulu.* En planifiant ainsi, j'ai pu facilement montrer aux gens qui m'ont permis de faire mon travail que je ne les tenais pas pour acquis. Porter un toast enjolivé à notre retour en remerciant tous nos proches de leur soutien ne suffira pas à nous racheter si nous avons manqué à répétition les occasions de manifester notre reconnaissance au moment opportun.

J'ai compris très tôt que la seule façon équitable de compenser les déséquilibres causés par ma vie professionnelle consistait à essayer de passer du temps avec mes proches avant les périodes effrénées au boulot. Ce qui m'a grandement aidé à en arriver à cette conclusion, c'est le fait qu'aucun des membres de ma famille immédiate ne considère que souffrir en silence soit une vertu. Chaque année quand les enfants étaient petits, par exemple, je les ai emmenés seuls avec moi en vacances une dizaine de jours – en Europe, au Grand Canyon, en plongée sous-marine dans les Keys en Floride – pour que nous puissions tisser des liens et pour permettre à Helene de se reposer. Habituellement, elle se contentait de rester à la maison et d'aller au travail, mais elle dit encore aujourd'hui que ces pauses où il n'y avait «qu'une assiette sale dans l'évier de la cuisine» ont été parmi les plus heureuses de sa vie. Et lorsque je participais à une tournée de relations publiques dans un endroit exotique pour donner une conférence sur le programme spatial, où j'expliquais aux journalistes l'importance de ce que nous faisons, nous nous organisions pour qu'au moins un des enfants nous accompagne. Helene l'emmenait se balader pendant que je travaillais et le soir, nous mangions tous ensemble. La plupart de ces événements médiatiques sont exténuants : les entrevues et les discours se succèdent (on peut en faire six ou sept en une journée), puis je travaille dans l'avion au retour. Ces quelques escapades ont été bénéfiques pour les membres de notre famille parce qu'ils ont alors compris que, quand j'étais en déplacement, je ne me prélassais pas pendant qu'ils restaient coincés à la maison. Une tournée peut être plaisante dans la mesure où on trouve les occasions de se divertir, et j'ai appris que ce ne peut pas être une expérience agréable sans au moins un de mes proches à mes côtés. Malheureusement pour moi, après quelques années les membres de ma famille ont voulu consulter l'itinéraire avant d'accepter de m'accompagner.

Ce que j'essaie de dire, c'est que remercier les gens une fois de temps en temps ne suffit pas quand on demande qu'ils fassent de grands sacrifices pour permettre à quelqu'un d'autre de poursuivre ses objectifs. Les activités amusantes et hors de l'ordinaire comme les vacances ne suffisent pas. Il faut aussi faire ce que l'on peut pour créer de temps à autre des conditions qui donnent à son conjoint la liberté de se concentrer sur une seule chose. Ce n'est pas facile, mais c'est possible en s'organisant soigneusement, peu importe ses ambitions ou les exigences de son travail. Certains astronautes finissent par épouser un collègue, fondent un foyer et parviennent, entre deux missions spatiales, à réussir leur vie familiale.

Quand on a beaucoup d'aide, comme cela a toujours été mon cas, on risque de la tenir pour acquise ou de devenir égoïste et de s'attendre à ce que nos besoins priment tout le reste. J'ai tenté de me protéger de cette attitude en m'assurant que, dès que mon horaire me laisse un peu de liberté, c'est Helene qui décide quoi faire, que ses plans m'incluent ou non. Je m'efforce aussi de trouver des moments à passer avec elle. Tous les dimanches matin, par exemple, quelles que soient les circonstances, Helene et moi promenons les chiens, nous allons chercher un café puis nous faisons les mots croisés du *New York Times* ensemble. Accorder la priorité à ma famille – en en faisant une obligation au même titre qu'une réunion au bureau – m'aide à démontrer aux personnes qui me sont les plus chères qu'elles le sont réellement.

Et ce n'est pas désagréable non plus.

* * *

Les anciennes traditions des astronautes nous donnent l'impression de faire partie d'une tribu. Et il y en a à foison lors de nos dernières heures en quarantaine, mais certaines sont moins belles à regarder que d'autres. La veille de notre départ, nous nous sommes administré un lavement suivi d'un deuxième, après un laps de temps raisonnable. Même si je ne considérais pas cette mesure comme un point marquant de mon aventure spatiale, elle était assurément préférable au risque de souiller ma couche le lendemain. Par la suite, un médecin a fait des prélèvements sur toutes les parties de mon anatomie (derrière les oreilles, sur la langue, dans mon entrejambe) pour vérifier si j'avais une infection, puis il m'a frictionné tout le corps avec de l'alcool par mesure de précaution.

Le 19 décembre, j'ai enfilé ma combinaison de vol bleue puis je suis allé manger mon dernier déjeuner sur Terre de l'année 2012. Ce repas est plutôt un rituel : Tom, Roman et moi nous sommes limités à avaler des liquides et quelques bouchées de gruau en sachant ironiquement que nous risquions de revoir le contenu de notre repas quelques heures plus tard puisque la nausée est fréquente après le lancement. En outre, nous n'aurions accès à aucune toilette privée avant notre arrivée dans la Station spatiale deux jours plus tard.

Peu après, nous nous sommes dirigés dans une petite pièce pour prendre un verre dans l'intimité avec nos conjointes et un haut représentant des trois agences spatiales finançant notre mission : l'ASC, la NASA et Roscosmos. Nous avons tous prononcé quelques mots, puis ceux d'entre nous qui allaient monter à bord du Soyouz ont porté un toast au *ginger ale* plutôt qu'au champagne. Ensuite, nous nous sommes tous assis et avons fait une minute de silence, comme le font les Russes avant tout voyage, que ce soit vers l'espace ou la datcha d'un ami, simplement pour souligner la solennité du moment.

Nous étions pratiquement prêts à sortir de l'immeuble où nous avions vécu pendant presque deux semaines. En guise d'adieu, nous avons signé la porte des quartiers de la quarantaine, ajoutant nos noms à tant d'autres, puis nous avons traversé le vestibule. Un pope russe orthodoxe nous y attendait, habillé de noir des pieds à la tête, accompagné d'un assistant portant un seau. Suivis de près par l'équipage de remplacement, nous nous sommes arrêtés devant l'homme d'Église, qui a trempé ce qui ressemblait beaucoup à une queue de cheval dans le seau puis nous a généreusement aspergés d'eau en nous bénissant.

Ensuite, nous avons ouvert la porte pour nous diriger vers l'autobus qui nous transporterait vers nos combinaisons spatiales, notre fusée, le prochain chapitre de notre vie. Tous nos invités formaient une haie et nous acclamaient en agitant de petits drapeaux, nous criaient adieu et tapaient du pied. Il faisait un froid mordant, à peu près -30 degrés Celsius, malgré le soleil éclatant. Rester dehors, les cheveux mouillés, par ce temps nous a semblé une très mauvaise idée. Nous avons donc salué nos proches pendant une courte minute devant l'autobus, puis sommes montés à bord du véhicule pour poursuivre nos adieux. Par la vitre, je cherchais des yeux mes enfants et ma femme, je gravais leur image dans ma mémoire, espérant qu'ils pouvaient percevoir la gratitude et l'amour dans mon regard, pendant que l'autobus, chauffé comme un sauna, se dirigeait lentement vers le portail du complexe.

Nous étions en route.

8

Comment se faire enguirlander
(et se sentir bien le lendemain)

À Baïkonour, les hivers ne sont jamais doux, mais en 2011, il a été particulièrement rude. Au cours des cérémonies précédant le lancement qui a eu lieu en décembre cette année-là, le vent glacial soufflait la neige dans toutes les directions et transperçait les épaisseurs de tissu, de caoutchouc et de métal des combinaisons des astronautes. Lorsqu'ils ont pénétré dans leur fusée Soyouz, ils étaient transis de froid. C'est pourquoi les Russes ont adopté des mesures pour contrer ce problème à notre lancement l'année suivante. Ils ont conçu une espèce d'habit de neige rembourré, un vêtement complexe comportant plusieurs éléments qui se fixaient comme une armure par-dessus notre combinaison au moyen de boutons-pression. Tom, Roman et moi doutions de son confort. En plus de porter une couche, il fallait nous envelopper d'édredons géants?

Nous nous trouvions dans la salle d'habillage, un édifice d'apparence industrielle quelconque sur le chemin menant au pas de tir. Nous avions déjà enfilé nos Sokol avec l'aide de techniciens spécialisés. Ce mot russe qui signifie «faucon» désigne le vêtement porté à l'intérieur d'un vaisseau. Comme la combinaison semi-pressurisée de couleur orange vif utilisée dans la navette, le Sokol nous protège au décollage et à l'atterrissage, mais ne sert pas pour les sorties spatiales. Après avoir vérifié que nos combinaisons ne présentaient aucune fuite et pouvaient donc nous garder en vie dans l'éventualité d'une dépressurisation du Soyouz dans l'espace, les techniciens nous ont enveloppés dans nos « habits de neige » qui nous ont bien fait rire. Lorsque nous avons fini par émerger de la porte latérale de l'édifice en marchant comme des canards, nous avions l'air du Bonhomme Michelin. Pour compléter le portrait, nous tenions ce qui ressemblait à d'énormes coffres à outils en aluminium qui contenaient nos ventilateurs.

Nous avions encore l'impression de jouer à l'astronaute, comme nous l'avions fait durant des années. Mais cette fois, un autobus nous attendait pour nous transporter vers le pas de tir. Et nos proches, nos amis et des représentants des agences spatiales canadienne, américaine et russe étaient massés derrière un cordon pour admirer des astronautes-sur-le-point-de-s'envoler-dans-le-ciel en grande tenue. Le ciel était limpide et le soleil brillait avec éclat, mais l'air était mordant. Je me suis retourné en entendant mon nom et j'ai repéré, l'espace d'un instant, des visages familiers dans la foule. Quelques minutes plus tard, nous étions assis dans l'autobus et les saluions de la main, bel et bien pour la dernière fois avant notre départ. Nous ne reverrions pas ces personnes de sitôt. Peut-être même jamais. Nous étions sur le point de faire quelque chose de beaucoup plus risqué que voyager à bord d'un avion. J'avais la quasi-certitude que je serais encore en vie à la fin de la journée, mais je tenais tout de même à laisser à mes proches une image qui ne soit ni trop sombre ni trop désinvolte. En agitant la main tandis que l'autobus s'en allait lentement, j'espérais montrer mon état d'esprit : heureux d'entamer cette aventure, prêt à faire mon travail, parfaitement préparé pour toute éventualité.

Quoi qu'il en soit, j'étais au chaud. Nous avons roulé pendant une quinzaine de minutes, les fenêtres étaient embuées et la chaleur dans l'autobus était sur le point de devenir insupportable. Le conducteur s'est arrêté sur l'accotement de la route déserte pour que Roman, Tom et moi nous prêtions à un petit rituel. Nous étions ravis de sortir pour respirer l'air frais, mais nous avions aussi la mission de pisser sur la roue arrière droite du véhicule, comme l'avait fait Youri Gagarine, semble-t-il. On fait tout un plat de cette tradition, mais à vrai dire, si on s'apprête à être enfermé dans un vaisseau spatial sans pouvoir quitter son siège avant plusieurs heures, c'est une question de gros bon sens. Toutefois, nous avions un problème que n'avaient pas eu les équipages qui nous avaient précédés : nous devions trouver un moyen de nous extraire de nos armures en duvet. Les techniciens ont dû venir à notre rescousse pour détacher le système de fermeture complexe qu'ils avaient passé de longues minutes à attacher méticuleusement moins d'une heure plus tôt avant que nous puissions uriner comme des hommes sur le pneu sans mouiller notre plumage. Je doute que les femmes astronautes, qui apportent de petites fioles d'urine pour en arroser la roue, se sentent aussi embarrassées que nous.

Par la suite, les membres de l'équipe de remplacement sont arrivés dans leur propre autobus – une précaution que l'on prend même si peu de temps avant la mise à feu – pour nous faire leurs adieux et nous étreindre. Ils étaient heureux de nous voir partir puisque cela les approchait du statut d'équipage principal. Ils s'envoleraient à leur tour six mois plus tard.

De retour dans l'autobus, à quelques minutes à peine du pas de tir, les techniciens s'affairaient gaiement à lacer, boutonner et remonter les fermetures éclair de nos combinaisons de neige et à vérifier nos Sokol puisque, en allant nous soulager sur le pneu, nous avions invalidé toutes leurs vérifications de pression précédentes. Nous étions une autre fois prêts à partir au moment de l'arrivée de l'autobus près du pas de tir, où l'on allait procéder à la cérémonie d'adieu en compagnie des plus hauts cadres de l'industrie spatiale russe. Il y avait probablement une cinquantaine de techniciens et d'officiels qui nous attendaient, y compris les dirigeants de Roscosmos et d'Energia, l'entreprise qui a construit le vaisseau russe.

Roman est descendu le premier. Il était tout naturellement le centre d'attention, puisqu'il était commandant de notre Soyouz et que nous étions dans son pays, ce qui convenait parfaitement à Tom et à moi. Comme nous voulions que Roman devienne le choix évident pour être commandant de la SSI lors de sa prochaine mission, nous avons joué le jeu, comme pour dire : « Ne vous occupez pas de nous, nous accompagnons Roman. » Nous l'avons suivi jusqu'aux marques indiquant nos places sur le tarmac, où nous avons salué officiellement le président de Roscosmos, Vladimir Aleksandrovitch Popovkin. Ensuite, les six dignitaires les plus importants ont eu l'honneur de nous escorter à l'escalier abrupt menant au vaisseau en agrippant chacun le bras d'un astronaute. Les deux dirigeants qui avaient gagné à pile ou face se tenaient fièrement à côté de Roman tandis que les autres nous ont accompagnés, Tom et moi, un peu moins dignement. Bien entendu, nous n'avions pas vraiment besoin de leur aide, mais c'était un beau geste symbolique et, comme tous les rituels russes, il insufflait une certaine solennité à ce moment.

C'était la première fois que nous apercevions notre Soyouz dressée à la verticale et prête au décollage. Les Russes croient qu'il est malchanceux pour un astronaute de voir sa propre fusée sur le pas de tir avant le jour du lancement. C'est pourquoi deux jours avant, les membres de nos familles, nos amis et l'équipage de remplacement s'étaient levés avant l'aube pour le *rollout*, un genre de dévoilement cérémoniel : la fusée Soyouz est transportée du bâtiment de montage au pas de tir par un humble train qui n'a rien d'un équipement de haute technologie. Il parcourt péniblement la voie ferrée, comme dans un film au ralenti, tandis que les spectateurs en état de quasi-hypothermie regardent ce lent défilé. Kristin m'a raconté plus tard que l'enthousiasme de nos invités devant ce spectacle aux premières lueurs du jour n'avait d'égale que leur envie de regagner le plus rapidement possible l'autobus chauffé. Lorsque le soleil s'est levé et que la température a atteint tout juste le niveau où elle paralyse les cerveaux, ils ont observé ce qui ressemblait à d'énormes pinces de construction soulever la fusée du train pour la placer à la verticale sur le pas de tir. C'était une bonne occasion pour nos invités de voir notre vaisseau de près puisqu'ils doivent assister au lancement à partir d'une estrade située à environ deux kilomètres de là : suffisamment loin pour être en sécurité si jamais quelque chose tourne mal, mais suffisamment près pour sentir le sol vibrer sous leurs pieds au décollage.

Tandis qu'on m'escortait pour gravir l'escalier, j'ai remarqué que notre fusée était couverte d'une épaisse couche de glace, comme un ancien congélateur rempli de givre. Heureusement, il n'y avait là rien d'inquiétant. Le Soyouz vole dans l'espace depuis plus de quarante-cinq ans dans des versions constamment améliorées. C'est l'un des vaisseaux spatiaux les plus fiables et des plus durables au monde et il peut décoller en sécurité par tous les temps.

J'étais le premier à monter l'escalier et le dirigeant d'Energia m'a administré un petit coup de pied amical au postérieur, la façon russe de souhaiter « bonne chance ». Cette poussée symbolique n'est pas douloureuse quand on est aussi capitonné que je l'étais. À mi-chemin, je me suis arrêté et je me suis retourné comme mes deux coéquipiers pour saluer une dernière fois. C'était un moment photogénique – trois types sur le point d'entreprendre une extra-ordinaire aventure – que nous avons décidé, d'un accord tacite, de garder bref. L'espace nous attendait.

* * *

Cinquante pour cent des risques de catastrophe lors d'une mission spatiale de longue durée se produisent au cours des dix premières minutes suivant le décollage. Si l'on calcule par seconde, il s'agit de la phase la plus dangereuse du vol. Tant de systèmes complexes interagissent que la modification d'une seule variable peut provoquer un effet d'entraînement considérable. C'est pourquoi nous nous exerçons autant et aussi longtemps pour la seule phase du lancement : il nous faut savoir comment les dominos risquent de tomber, et être prêts à faire le nécessaire dans une multitude de scénarios. Souvent, nous n'avons que quelques secondes pour réagir. On ressent la pression même pendant l'entraînement. Personne ne veut mourir lors d'une simulation, ça ne paraît pas bien.

Les indices annonçant que quelque chose va mal sont parfois d'une grande subtilité. Sur la navette spatiale, par exemple, quatre ordinateurs faisant tourner le même logiciel simultanément gèrent le véhicule. Sur Terre, les portables ordinaires gèlent à l'occasion ou éprouvent des ennuis de logiciel, mais les risques de problèmes d'ordre informatique augmentent exponentiellement dans l'espace en raison des pressions lors du lancement : les vibrations, l'accélération, les fluctuations de courant électrique et les variations de chaleur. Les quatre ordinateurs étaient reliés afin de nous permettre en tout temps d'en comparer le comportement. Si l'un d'eux réagissait bizarrement, les trois autres pouvaient prendre le dessus et l'éteindre. Mais même si une minuscule erreur de synchronisation survenait, deux des quatre ordinateurs pouvaient se désolidariser et agir comme bon leur semblait – par exemple donner au vaisseau des instructions contraires à celles des deux autres ordinateurs – et personne ne pouvait trancher et déterminer laquelle des deux paires d'instruments avait raison. La principale façon de savoir si nous avions une décision aussi partagée était de surveiller certains voyants sur un panneau au-dessus de nos têtes pendant que nous tentions de faire un million d'autres choses. Malgré tout, nous ne pouvions pas nous permettre de négliger cette tâche. Si la navette réagit aux instructions contradictoires en amorçant un virage soudain durant la phase de lancement, par exemple, le vaisseau spatial pourrait tout simplement casser en plein vol à cause de son incapacité à soutenir le stress structurel causé par des changements rapides de flux aérodynamique. Pour éviter la catastrophe, l'équipage doit reconnaître instantanément un comportement erroné des ordinateurs et réagir en quelques secondes. Le pilote et le commandant doivent simultanément passer outre les quatre ordinateurs principaux et mettre en marche l'ordinateur de secours. Cet appareil était plutôt rudimentaire, mais pouvait, en situation d'urgence, ramener la navette spatiale sur Terre.

Lors du lancement de la navette, nous devions aussi recalculer constamment quand et comment éteindre les moteurs manuellement en cas d'urgence. On ne pouvait pas simplement appuyer sur un bouton en pleine accélération : imaginez-vous éteignant subitement le moteur alors que vous filez sur l'autoroute à 130 kilomètres à l'heure. Ce ne serait pas une bonne idée pour votre automobile, ni pour vous d'ailleurs. Le risque augmente exponentiellement quand on vole à 13 000 kilomètres à l'heure et que d'énormes turbopompes, assez puissantes pour vider une piscine en trente secondes, poussent du carburant dans le moteur. Un moteur de navette pouvait exploser s'il n'était pas éteint doucement et graduellement. C'est pourquoi durant la phase de lancement nous passions beaucoup de temps à anticiper une complication hypothétique : comment diminuer la poussée des moteurs si un problème se présentait. En fait, lors de deux missions de la navette, les équipages ont dû éteindre un moteur, mais comme ils s'étaient entraînés à fond à décortiquer des séries de problèmes très rapidement et avec calme, ces arrêts étaient des événements insignifiants et les deux vols se sont poursuivis comme prévu. C'est pourquoi, en toute vraisemblance, vous n'en aviez jamais entendu parler avant de lire ces lignes.

Automatisé, le Soyouz est un véhicule beaucoup plus simple à piloter : si un incident vraiment grave survient, les chances de survie sont considérablement plus élevées que sur la navette spatiale parce que le module de descente où s'assoient les membres d'équipage lors du lancement se détache automatiquement. C'est ce qui s'est produit en 1983, deux secondes avant l'explosion d'une fusée Soyouz sur le pas de tir pendant le compte à rebours final, et les astronautes ont survécu. En 1975, après un problème important de propulseur en pleine ascension, des charges pyrotechniques se sont automatiquement allumées pour déloger la capsule de l'équipage qui est retombée sur Terre, amortie dans sa chute par ses parachutes parfaitement déployés au moment prévu. Toutefois, le module s'est écrasé dans une région montagneuse isolée et a déboulé une pente enneigée avant d'être freiné par les parachutes accrochés à de la végétation à quelques centimètres d'une côte abrupte. Les astronautes ont survécu eux aussi. Le parachute a mal fonctionné une fois uniquement. Vladimir Komarov, le cosmonaute à bord (il était seul puisqu'il s'agissait d'un vol d'essai) a péri lors de la toute première mission de Soyouz en 1967. Il a été la première victime en vol de l'histoire de l'exploration spatiale. Heureusement, le véhicule et ses parachutes se sont avérés éminemment fiables depuis.

Mes coéquipiers et moi étions très confiants de survivre dans l'éventualité d'une avarie de moteur. Par contre, les pannes ne sont pas toutes identiques, même à bord d'une fusée très automatisée. Sur le Soyouz, un des pires moments où pourrait survenir un tel problème serait immédiatement après les deux premières minutes de vol lorsque le vaisseau se trouve très haut dans le ciel, mais n'a pas encore atteint une grande vitesse : il tomberait directement au sol. Si le Soyouz revient sur Terre à l'horizontale, il « rebondit » sur l'atmosphère comme un caillou lancé à la surface de l'eau et ralentit avant de s'arrêter. Toutefois, s'il chute à la verticale, il produit l'effet d'une pierre qu'on laisse tomber de très haut : il frapperait l'air dense de l'atmosphère d'un seul coup, créant des forces de décélération atteignant jusqu'à 24 g. On pourrait y survivre, mais non sans lourds dommages pour les humains comme pour le vaisseau. Le commandant du Soyouz disposerait d'environ quatre secondes pour faire une différence capitale : en poussant les boutons sur la poignée de commandes manuelles, il est possible de passer outre certaines des manœuvres automatisées et de changer l'orientation du module de descente de façon à diminuer le facteur de charge de 8 à 10 g. Même si 14 ou 16 g constituent une charge énorme, c'est beaucoup mieux que 24. Alors Roman a répété cette manœuvre dans le simulateur, et nous en parlions chaque fois, juste au cas.

À vrai dire, nous avions répété toutes les manœuvres si souvent – et nous avions pensé si fréquemment à tout ce qui pourrait nous tuer ou nous estropier – que nous nous sommes dirigés vers le pas de tir en nous sentant préparés à affronter presque n'importe quoi. Nous avions eu d'innombrables occasions de corriger nos faiblesses ainsi que d'acquérir et d'améliorer des compétences. Au cours de ce processus long et ardu, nous avions acquis la résistance mentale et émotionnelle nécessaire pour supporter la pression et le stress du lancement. La compétence fondamentale, celle qui faisait de nous des astronautes – la capacité d'analyser et de résoudre rapidement des problèmes complexes dans un environnement hostile même si l'on manque d'information – n'était pas innée, mais nous l'avions tous apprise. En travaillant.

Nous sommes bien préparés, sans être blasés. Pour moi, comme pour toute personne participant à un projet pour lequel elle a beaucoup travaillé, le lancement était à la fois intimidant et extrêmement exaltant. À ma première expédition dans l'espace, j'avais éprouvé de l'excitation, de la tension et le souhait sincère, propre aux débutants, de faire mes preuves. Ma deuxième mission avait été différente. À l'époque, j'étais investi d'un sens du devoir intense puisqu'il était primordial de réussir l'installation du Canadarm2 pour l'avenir de la Station spatiale internationale. Avant mon troisième lancement, le dernier de ma carrière, je me sentais en terrain connu : j'avais confiance en moi, en mon équipe et en mon vaisseau. C'était un étrange mélange de sentiment de paix et de quasi-regret en pensant à ce qu'il avait fallu faire pour arriver à ce point. J'étais résolu à tirer le maximum de chaque moment de cette incroyable aventure pour en graver le moindre détail dans ma mémoire. Il le fallait puisque je n'en aurais plus l'occasion.

* * *

Le Soyouz est tellement petit que la navette semble immense à côté. L'habitacle de la minifourgonnette Dodge Caravan a un volume d'environ 4,7 mètres cubes, tandis que le Soyouz peut contenir un volume de 7,5 mètres cubes… en théorie. En réalité, une grande partie de cet espace est occupée par le fret et l'équipement, qui est solidement attaché et fixé pendant le décollage. Quoi qu'il en soit, ce n'est pas grand pour accueillir trois adultes durant quelques jours. Mais pendant le lancement, nous jouissons d'encore moins d'espace puisque nous sommes confinés dans le module de descente, qui est aussi la seule partie du Soyouz qui survit au retour sur Terre étant donné qu'à cette étape nous larguons les deux autres sections : le module de service (où se trouvent les instruments et les moteurs) et le module orbital (qui nous fournit un espace habitable additionnel une fois que nous sommes en orbite).

Lorsque Tom, Roman et moi avons atteint le sommet de l'escalier, un technicien nous a poussés dans un ascenseur plutôt petit qui montait en vrombissant. Il nous a déposés dans une cabine exiguë, semblable à un igloo, comportant un orifice sur le côté. Nous avons enlevé notre rembourrage blanc puis nous avons rampé un à un par le trou pour pénétrer dans le module orbital. Puisque j'occupais le siège du pilote à gauche, le plus difficile d'accès, je suis entré le premier. Après le lancement, le module orbital devient essentiellement notre salon, mais c'était étonnant de constater qu'il était déjà chargé presque jusqu'au plafond d'un fatras d'équipement et de fournitures. On aurait dit une familiale remplie de bagages en prévision d'un long voyage à travers le pays. J'ai eu le temps d'apercevoir mes listes de vérification au sommet d'une pile d'objets divers haute de un mètre avant de me glisser avec précaution dans le module de descente, où nous nous asseyons pour le lancement et l'atterrissage. Je ne voulais pas que l'énorme soupape de régulation sur le devant de mon Sokol frotte l'écoutille.

Une fois assis dans mon siège, qui avait été moulé à mon corps pour absorber le choc de l'atterrissage, notre technicien, Sacha, a grimpé à bord pour m'aider à bien serrer les courroies. On pourrait croire que les personnes petites et minces seraient privilégiées pour faire ce travail, mais Sacha était un type costaud qui avait plutôt le physique de videur de boîte de nuit. Après qu'il m'a solidement arrimé à mon siège, j'ai pensé à lui demander de me remettre mes listes de vérification. Il m'a dit qu'il le ferait, mais il est remonté sans le faire.

Ma tâche consistait à vérifier les systèmes, à m'assurer que tout fonctionnait, mais pour ce faire, j'avais besoin de mes listes. J'ai crié, mais personne ne m'a répondu parce que les techniciens s'affairaient à aider Tom. Allais-je devoir démarrer le vaisseau de mémoire ? Pas une bonne idée. Une fois que Tom s'est assis dans son siège, Sacha est descendu pour l'attacher et je lui ai rappelé qu'il me fallait mon dossier. Il m'a dit : « Oh, le gars en haut dit que vous n'en avez pas encore besoin. » *Quel* gars ? Et puis, le dossier n'appartenait pas au gars, quel qu'il soit. Il était à moi. Mais je ne pouvais pas bouger. Quand Roman est entré, le module de descente était si bondé que Sacha n'a pas pu l'aider, et c'est Tom et moi qui nous en sommes chargé. C'est seulement lorsque Roman a réclamé ses listes que les techniciens nous les ont remises. J'imagine qu'ils voulaient attendre qu'une personne de confiance – un commandant, pas seulement un simple astronaute – soit en poste.

Au bout du compte, je n'avais aucune raison de m'inquiéter. Nous avions amplement le temps de repasser nos listes et de vérifier que tout était fonctionnel. Nos nombreuses simulations nous avaient familiarisés à cet environnement : nous avions les mêmes sièges, les mêmes tâches, les mêmes types de listes de vérification. Jusqu'à la voix qui nous parvenait par les écouteurs : c'était celle de Youri Vassilyevitch Tcherkachin, notre instructeur. Tout ce qui nous entourait avait la même apparence que lors de nos exercices, jusqu'au moment où Roman a fermé l'écoutille du module de descente de notre côté au moyen du gros levier et du petit verrou. Sacha l'a fermée à son tour de l'extérieur en nous souhaitant *Tchastlivovo pouti*. « Bon voyage. »

Ou plutôt : préparez-vous à attendre encore. Il restait beaucoup à faire avant le décollage, l'étape capitale étant les tests de pression. Nous nous sommes assurés que les joints de notre vaisseau étaient parfaitement étanches. Ensuite, nous avons vérifié que nos Sokol étaient toujours hermétiquement scellés pour que, dans l'éventualité d'une fuite dans le Soyouz, nos combinaisons deviennent nos vaisseaux personnels, ce qui nous permettrait de gagner du temps pour rentrer sur Terre. Sans elles, nous mourrions rapidement, mais non sans souffrir, par manque d'oxygène. Premièrement, nous avons fermé et verrouillé nos casques, en nous rappelant l'un l'autre que nous devions entendre *dva zachelkami* – deux clics – puis nous avons abaissé la manette de nos régulateurs jusqu'à ce que nos Sokol gonflent comme des ballons. Ce n'est pas la meilleure sensation qui soit – il est difficile d'empêcher nos oreilles de boucher, mais en à peine vingt-cinq secondes, nos combinaisons sont devenues un dispositif fiable pour nous sauver en cas d'urgence. Nous avons attendu les trois minutes réglementaires pour que l'équipe au sol soit elle aussi satisfaite, puis nous avons ouvert nos casques et éteint l'alimentation en oxygène. Nous en avions déjà suffisamment dans la capsule, inutile d'accroître le risque d'incendie.

J'ai soigneusement testé tous les écrans d'affichage. Il y en a une cinquantaine qui donnent toutes sortes d'informations, comme la vitesse et l'altitude, l'état du système d'alimentation en oxygène et les résumés mathématiques des cibles orbitales. Ils fonctionnaient tous comme lors des simulations. Nous avions vérifié tout ce qu'il y avait à vérifier et exécuté toutes les tâches figurant sur nos listes. Notre vaisseau était en bon état. Nos combinaisons fonctionnaient. J'étais assis dans le Soyouz depuis deux heures, les genoux pratiquement collés au menton. Je ressentais une légère douleur à l'arrière des genoux depuis la dernière vérification de pression et mes côtes inférieures me rappelaient que je les avais fracturées des années auparavant en faisant du ski nautique à Pax River. À part cela, je me sentais bien. Normal. En fait, j'avais faim, comme mes coéquipiers. C'était presque l'heure du souper après tout et nous n'avions pratiquement rien mangé de la journée. Il nous faudrait patienter encore quelques heures.

Dehors, on éloignait la tour de lancement – la structure portative comprenant l'escalier, l'ascenseur et le vestibule – de notre vaisseau. Il restait une quarantaine de minutes avant la mise à feu. Youri nous avait demandé de sélectionner des chansons que nous voudrions écouter en attendant et il nous en avait aussi choisi quelques-unes. Il nous connaît bien. Pendant que la musique jouait, nous souriions en expliquant aux autres l'importance de chacune pour nous. Pour Tom, il y avait de la guitare classique. Il est talentueux et envisageait d'en jouer sur la Station. Pour ma part, j'avais choisi *Big Smoke*, composée par mon frère Dave, qui évoquait la famille, l'histoire, la musique et ma situation actuelle au sommet de ce qui serait bientôt une énorme cheminée. Roman, le plus jeune d'entre nous, préférait le rock, le type de musique entraînante qui donne envie de danser même aux astronautes sanglés si étroitement sur leurs sièges qu'ils ne peuvent bouger. J'avais aussi demandé à écouter *If You Could Read My Mind*, ma chanson favorite de Gordon Lightfoot : réfléchie et captivante, elle m'apporte toujours un sentiment de paix. Et puisque nous n'étions qu'à deux jours de la fin du monde, selon le calendrier maya, j'avais aussi choisi *It's the End of the World as We Know It* (*and I Feel Fine*) dans la version à grande vitesse de Great Big Sea. Nous avons entendu *Beautiful Day* de U2 et *World in My Eyes* de Depeche Mode qui commence par des paroles de circonstance : *Let me take you on a trip/Around the world and back/And you won't have to move/You just sit still* («Laisse-moi t'emmener en voyage/ Autour du monde/Tu n'auras pas à te déplacer/Tu n'as qu'à rester assis»).

Rester assis et calmes, c'est justement ce que nous essayions de faire pendant que les minutes s'écoulaient et que le soleil baissait. Nous devions décoller tout de suite après le coucher de soleil. Nous ne voulions pas que nos cœurs se mettent à battre la chamade d'excitation cinq minutes avant la mise à feu. Sous notre Sokol, nous portions ce qui ressemblait à un soutien-gorge pour préadolescente auquel étaient fixées des électrodes qui fournissaient des données médicales à l'équipe au sol. Aucun de nous ne voulait inquiéter les médecins qui surveillaient nos moindres battements de cœur, surtout pas moi, pas maintenant, pas après toutes les épreuves que j'avais traversées pour avoir enfin l'autorisation de partir dans l'espace. Sur ma liste de vérification pour le lancement, j'avais même écrit une note au crayon : «Garde ton calme. Paramètres médicaux.»

Occupe-toi du moindre détail. Sans que rien ne paraisse.

Quelques minutes avant le décollage, nous avons consulté les instructions pour le lancement au son de *Here Comes the*

Sun des Beatles. Il n'y avait qu'une page qui couvrait toutes les étapes, de la mise à feu à l'extinction des moteurs. C'était incroyable qu'il y en ait si peu pour une succession de procédures aussi complexes, mais nous devions surveiller les écrans de très près. Il allait de soi que nous connaissions le *boldface* par cœur. En guise d'au revoir, Youri nous a lancé : *Miakoi posadki,* « Atterrissez en douceur ». C'est ce que nous souhaitions, nous aussi.

Les moteurs extérieurs, les plus petits, se sont allumés une trentaine de secondes avant le décollage afin que le contrôle au sol soit assuré que tout fonctionnait adéquatement avant d'allumer les moteurs dotés de la puissance suffisante pour nous propulser dans l'espace. C'était une façon de se couvrir et, pour Tom et moi, de nous initier en douceur au Soyouz. Nous sentions un grondement, mais, à la différence de la navette, aucune vibration ni aucun mouvement latéral. Puisque les moteurs de la navette étaient fixés à un côté, leur force tirait et faisait osciller le vaisseau. Pour leur part, les moteurs du Soyouz sont symétriques et s'allument vis-à-vis du centre de gravité de la fusée. On sent bien une vibration qui augmente régulièrement, mais aucun mouvement décentré, aucune annonce soudaine et tonitruante que l'on s'élance vers le ciel.

Le grondement devenait de plus en plus puissant et insistant pendant que nous entendions le compte à rebours en russe dans nos écouteurs, puis *pusk*: décollage. J'ai éprouvé une sensation très différente de ce que j'avais ressenti lors des deux lancements de navette auxquels j'avais participé : c'était beaucoup plus graduel et linéaire au fur et à mesure que le vaisseau brûlait du carburant pour s'alléger en vue du décollage. L'accélération initiale n'était pas très différente de se trouver simplement assis sur le sol. C'est le chronomètre plutôt que la sensation de vitesse qui nous indiquait que nous nous élevions du pas de tir.

Les dix premières secondes du lancement ont semblé d'une lenteur atroce aux spectateurs dans les estrades. Kristin m'a avoué par la suite qu'elle était terrifiée, à tel point qu'elle n'a voulu prendre aucune photo ni quitter le Soyouz des yeux une seule seconde. La fusée leur a semblé faire du sur-place un peu trop longtemps au-dessus du pas de tir comparativement à la navette spatiale. Un invité a raconté avoir eu l'impression d'assister au développé avec barre ultime d'un haltérophile invisible qui se tenait sous la fusée et déployait tous ses efforts pour décoller le vaisseau du sol en sachant qu'il pouvait très bien échouer.

À l'intérieur du Soyouz, par contre, nous n'éprouvions aucune crainte. Nous anticipions plutôt notre plaisir : nous étions prêts à ce que cette machine fasse son travail. Nous nous sentions comme les passagers d'une grosse locomotive qui pouvaient au besoin abaisser le frein manuel d'urgence. Nous avions un certain degré de maîtrise et notre défi consistait à déterminer quand l'exercer et s'il était nécessaire de le faire. Moins d'une minute plus tard, nous sentions une poussée de plus en plus forte nous écraser contre nos sièges. L'ascension initiale nous paraissait définitive, mais sans heurts, un peu comme si nous étions à califourchon sur un balai volant qu'une main invisible guidait légèrement vers la gauche, puis vers la droite, en avant et en arrière. La fusée corrigeait elle-même son attitude pendant que nous montions et que le vent et le courant-jet changeaient.

Le vol a perdu graduellement en douceur à mesure que l'on montait. Quand les moteurs du premier étage se sont éteints et que les propulseurs se sont séparés de l'étage central et sont tombés sur le côté, nous avons remarqué un changement dans la vibration et une diminution de l'accélération – mais non de la vitesse qui augmentait sans cesse. Nous avons été projetés vers l'avant puis poussés vers l'arrière avec constance tandis que le Soyouz, délesté, montait en rugissant. Ce mouvement où le vaisseau perd une section puis où nous sommes propulsés vers l'avant s'est répété lorsque les moteurs du deuxième étage se sont séparés. Quand les moteurs du troisième étage se sont allumés, ceux qui allaient nous faire atteindre la vitesse orbitale, nous avons été jetés vers l'arrière avec encore plus de force. Malgré tout, cette sensation était très bon signe parce que l'année précédente, les moteurs du troisième étage d'un vaisseau de ravitaillement inhabité Progress ne s'étaient pas allumés et le véhicule s'était écrasé dans un secteur peu populeux de l'Himalaya. Si ce problème nous était arrivé, à nous, et que les parachutes du Soyouz s'étaient déployés, il aurait fallu des jours avant qu'on nous retrouve. Nous nous étions tous entraînés à survivre en hiver en régions éloignées pour nous préparer à une telle éventualité, nous avions donc une bonne idée de la difficulté d'une épreuve de la sorte. À cette époque de l'année, nous aurions certainement souhaité ne pas avoir enlevé nos habits de Bonhomme Michelin.

Nous respirions un peu mieux en franchissant chaque étape importante au fil de notre ascension. Ce processus ne nous angoissait pas. En approchant de certaines étapes, nous savions qu'il était possible que quelque chose de très grave survienne, mais nous avions aussi prévu un plan pour chacun d'entre nous. Nous étions très alertes et prêts à agir. Si la situation tournait carrément mal (comme des moteurs qui ne se détachent pas au moment prescrit), je devais appuyer sur un interrupteur puis sur deux boutons d'urgence pour mettre feu aux boulons pyrotechniques, ce qui permettrait à notre module de se délester de la fusée. J'aurais cinq secondes pour déterminer ce qui s'était passé et faire la manœuvre appropriée. Nous avions tous les trois révisé à répétition la distribution des tâches et des autorisations à donner. Nous avions convenu que si X ne se produisait pas en Y secondes, je devais mettre en marche la manœuvre de séparation. Le membre d'équipage qui occupe le siège gauche est la seule personne qui peut atteindre ces boutons. J'avais soulevé les couvercles qui les protègent habituellement pour être prêt à les enfoncer en tout temps. Ça a été un moment merveilleux lorsque j'ai pu refermer ces couvercles.

Neuf minutes s'étaient écoulées. Les moteurs du troisième étage s'étaient détachés, le module Soyouz s'était dissocié de la fusée et ses antennes et panneaux solaires s'étaient déployés. Le contrôle du vol était sur le point de passer de Baïkonour au Centre de contrôle de mission russe à Korolev, en banlieue de Moscou.

Chaque équipage apporte à bord son propre accéléromètre, un jouet ou une figurine que nous suspendons devant nous pour savoir à quel moment nous atteignons l'état d'apesanteur. Le nôtre s'appelait Klyopa. C'était une petite poupée tricotée représentant un personnage d'une émission russe pour enfants, gracieuseté d'Anastasia, neuf ans, la fille de Roman. Lorsque la ficelle qui la retenait s'est soudainement amollie et que le jouet s'est mis à flotter, j'ai éprouvé une sensation qui m'était inconnue dans l'espace : l'impression que j'arrivais chez moi.

* * *

La vie d'astronaute consiste à simuler, à s'entraîner et à anticiper, à essayer d'acquérir les compétences nécessaires et l'état d'esprit adéquat. Mais au bout du compte, on fait semblant. Ce n'est qu'une fois les moteurs éteints, après avoir vérifié que nous pointons dans la bonne direction et que nous allons assez vite que nous pouvons admettre : « Hé ! On a réussi. Nous sommes dans l'espace. » Ce n'est peut-être pas différent d'un accouchement en ce sens que nous avons le résultat final en tête depuis toujours. Nous avons lu les livres et vu les films ; nous avons aménagé la chambre du bébé et suivi les cours prénatals ; nous avons un plan et pensons savoir ce que nous faisons et puis, tout à coup, nous sommes parents d'un enfant braillard et tout a radicalement changé.

À ma première mission en 1995, j'étais la seule recrue de l'équipage. Je ne voulais pas arriver dans l'espace en me sentant perdu, en me demandant « Qu'est-ce que je dois faire maintenant ? » comme lors de la première journée dans un nouvel emploi. Nous ne devions séjourner que huit jours dans l'espace, et je ne voulais pas me sentir inutile ne serait-ce qu'une journée. Alors, pendant que je me trouvais encore sur Terre, j'ai repassé en détail et chronologiquement ce qui se produirait dès que nous atteindrions la vitesse orbitale et j'ai dressé une liste des choses que j'aurais à faire. Je ne pensais pas à de vagues objectifs généraux comme « démontrer mes capacités de chef de file », mais plutôt aux gestes les plus concrets, comme « mettre mes gants et mes listes de vérification dans le filet de rangement du casque » ou « ramasser les appuie-têtes en mousse sur les sièges de l'équipage après le lancement pour les remiser dans le *bones bag* avec les autres articles qui ne seront pas nécessaires pour le vol de retour ».

Dresser un plan d'action, même s'il comportait des tâches vraiment banales, a été un gros avantage pour m'adapter à un environnement complètement nouveau comme la microgravité. Je « savais » exactement comment je me sentirais après toutes mes études et mon entraînement, mais… je ne le savais pas vraiment. J'étais habitué à être attiré au sol par la gravité, mais maintenant, je me sentais attiré vers le plafond. C'était une chose d'être assis dans mon siège et d'observer les objets flotter autour de moi, mais tout à fait différent de me lever et d'essayer de me déplacer. C'est un genre de choc culturel profondément déstabilisant, vraiment étourdissant. Si je bougeais la tête trop rapidement, mon estomac se virait à l'envers, au point de me rendre malade. Ma liste de choses à faire m'a permis de me concentrer sur quelque chose d'autre que ma propre désorientation. Lorsque j'ai coché la première tâche sur ma liste après l'avoir réussie, puis la deuxième et la troisième, j'ai pu mieux me maîtriser. J'ai acquis une certaine assurance. Je me sentais moins perdu.

Il est évident que l'on doit planifier un événement majeur de la vie comme un lancement. On ne peut pas improviser. Ce qui est moins évident, peut-être, c'est qu'il faut préparer un plan tout aussi détaillé pour s'adapter au retour. La réhabilitation physique et psychologique à un nouvel environnement, que ce soit sur Terre ou dans l'espace, ne se fait pas instantanément. Il y a toujours un laps de temps entre l'arrivée et le moment où l'on se sent à l'aise. Se doter d'un plan qui fragmente ce que l'on doit faire en petits gestes concrets est le meilleur moyen que je connaisse pour franchir cet écart.

À bord du Soyouz, nous n'avions pas à nous creuser les méninges pour dresser une liste. Il y avait beaucoup de tâches d'entretien à faire dès que nous étions en orbite, et l'espace restreint nous obligeait à les chorégraphier soigneusement. La première, et la plus importante : vérifier la pression. Après nous être assurés que les systèmes automatiques fonctionnaient et que les conduites de carburant des propulseurs d'attitude étaient pleines, nous avons éteint l'alimentation en oxygène et mesuré la pression dans le module de descente et le module orbital durant une heure. Si elle diminuait ne serait-ce que légèrement, il nous faudrait revenir et nous diriger vers l'un des sites d'atterrissage de réserve ailleurs dans le monde ou, selon la gravité de la situation, aller n'importe où et espérer ne pas nous écraser dans la cour arrière de quiconque.

Notre vaisseau était étanche, alors Roman a ouvert l'écoutille menant au module orbital et s'y est dirigé en flottant pour s'extraire de son Sokol. Nous devions nous déshabiller à tour de rôle puisqu'il n'y a tout simplement pas suffisamment d'espace dans le Soyouz pour permettre à trois adultes d'enlever leur combinaison en même temps. Il est plus facile de la retirer que de l'enfiler, mais c'est une opération qui demeure délicate, en partie parce que l'intérieur du vêtement est devenu très moite, comme un gant de caoutchouc longtemps porté. Il faut même la fixer à un ventilateur durant quelques heures pour la faire sécher.

Deuxième chose à enlever : la couche. J'annonce avec fierté que la mienne n'a jamais servi, mais les astronautes qui ont dû en porter une sont particulièrement heureux de s'en défaire. Il ne reste plus ensuite que les sous-vêtements longs (cent pour cent coton parce que, en cas de feu, cette matière carbonise plutôt que de fondre ou brûler). La plupart des astronautes conservent ces caleçons longs jusqu'à l'amarrage à la SSI. Nous nous résignons à les enlever pour la seule raison qu'il y aura une caméra de télévision et les regards horrifiés des membres de l'autre équipage si nous les saluons en sous-vêtements sales. À bord du Soyouz, la notion d'hygiène est la même qu'en camping. Le décorum est un concept relatif dans un véhicule de cette taille : il n'y a pas de toilettes, par exemple, alors s'il faut se soulager, nos coéquipiers détournent pudiquement les yeux pendant que nous prenons un appareil qui ressemble à un DustBuster, un aspirateur portatif muni d'un petit entonnoir jaune. Il est très simple d'utilisation : il suffit de tourner le bouton pour le mettre en marche, de s'assurer qu'il fonctionne, puis de le tenir près du corps pour empêcher l'urine de s'échapper. Ensuite, on essuie rapidement l'embout avec un morceau de gaze.

J'ai pris des médicaments contre la nausée dès que j'ai enlevé ma combinaison. On se sent toujours nauséeux lors de la première journée dans l'espace parce que l'apesanteur dérègle complètement le corps. L'oreille interne n'a plus de moyen fiable pour distinguer le haut du bas, ce qui détraque notre sens de l'équilibre et nous rend malades. Dans le passé, certains astronautes vomissaient constamment durant leur séjour dans l'espace puisque leur corps n'acceptait pas l'absence de gravité. Je savais que le mien finirait par s'adapter, mais je ne voyais pas l'intérêt d'être indisposé dès le début de ma mission. J'ai donc pris le médicament proposé et j'ai peu mangé.

Les premiers temps, je n'ai pas souvent regardé dehors. À la différence de la navette qui était alimentée par des piles à combustible, le Soyouz fonctionne à l'énergie solaire, et pour que ses panneaux demeurent orientés vers le Soleil, le vaisseau fait des rotations comme un poulet à la broche. Ainsi, par le hublot, on voit la Terre culbuter sans arrêt, ce qui est difficile pour les estomacs fragiles. J'ai attendu une correction d'orbite, où nous maintenons une attitude stable, avant d'admirer la vue.

Au cours de notre première soirée dans l'espace, nous avons exécuté deux corrections d'orbite et allumé les moteurs pour monter en direction de la Station spatiale internationale. Cette phase est l'une des plus critiques d'un vol en Soyouz parce qu'une erreur pourrait rapidement installer le vaisseau sur une orbite où il ne pourrait jamais atteindre la SSI. Le dicton des astronautes selon lequel « il n'y a rien de plus important que ce que l'on est en train de faire au moment présent » n'est jamais plus vrai que lorsqu'un moteur est allumé. Mes deux coéquipiers et moi avons observé sans même cligner des yeux les affichages de pression de carburant, de direction et de débit de propergol qui auraient pu nous indiquer si un moteur réagissait mal. Nous avions tous les trois des réflexes explosifs, mais c'était ma responsabilité d'appuyer sur les boutons déclenchant une action immédiate – il y en a vingt-quatre, protégés par des couvercles rabattables pour prévenir les déclenchements involontaires – pour éteindre manuellement un moteur rebelle et passer, si nécessaire, aux propulseurs auxiliaires. Mais cela n'a pas été le cas. Un panache de flocons de neige ardents provenant de l'allumage des moteurs scintillait dans la nuit.

Nous avions vérifié tous nos propulseurs et testé les ordinateurs, les contrôleurs manuels et les radars de rendez-vous dont nous aurions besoin pour l'amarrage à la SSI. Quelques heures à peine après le début de notre mission, nous avions terminé à peu près toutes nos tâches. En flottant devant l'écran de télévision du Soyouz, j'ai remarqué que nous étions au-dessus du Pacifique, au large du Chili. Par le hublot, j'ai aperçu quelques lumières. Des bateaux de pêche, sans doute. Puis, j'ai compris que c'était la Croix du Sud. C'est une constellation que je regardais dans le ciel noir, pas l'océan ! J'ai éprouvé un plaisir étrange à me sentir à ce point déconcerté tout en étant à l'aise.

Je me suis rendu compte que j'étais fatigué. Très fatigué. J'ai déroulé mon sac de couchage vert pâle à doublure blanche, puis j'ai noué les quatre coins aux anneaux de métal sur les parois du Soyouz avec les cordons prévus à cet effet pour m'éviter de flotter à la dérive et de rencontrer des obstacles. Il faisait frais dans le module maintenant. Je me suis glissé dans mon sac de couchage tout habillé et chaussé de pantoufles fourrées de duvet montant aux chevilles. J'ai passé les bras par les ouvertures sur le côté, j'ai serré le capuchon et j'ai remonté la fermeture éclair. Je flottais à l'intérieur, légèrement recroquevillé comme un fœtus dans le ventre de sa mère. Je me suis endormi presque sur-le-champ, Tom à côté de moi et Roman à quelques mètres, dans le module de descente. Je passais ma première nuit dans l'espace depuis avril 2001. La mission Expédition 34/35 venait de commencer.

* * *

Il ne faut pas beaucoup de temps pour se rendre à la Station spatiale : en partant de la Terre, on pourrait l'atteindre en moins de trois heures si nécessaire. D'ailleurs, plusieurs équipages l'ont fait récemment pour des raisons d'efficacité. Mais on nous avait alloué plus de deux jours, comme c'était le cas généralement pour les astronautes du Soyouz, et j'étais heureux de pouvoir profiter de ce délai pour faire baisser l'adrénaline du lancement et m'habituer à la vie dans l'espace. Sur la Station, nous aurions à mener et à surveiller des expériences scientifiques, à entretenir et réparer le vaisseau lui-même et à communiquer constamment avec le Centre de contrôle de mission. L'horaire serait très chargé.

Cette journée complète dans les limbes avant que tout commence nous a fourni l'occasion de nous adapter et de réfléchir presque sans interruption. Sur le Soyouz, à moins d'être directement au-dessus de la Russie, il est impossible de communiquer avec le sol. Quelques fois par jour, nous faisions au Centre de contrôle de Korolev un résumé de l'état du vaisseau, et les spécialistes nous donnaient tous les renseignements nécessaires pour le rendez-vous et l'amarrage. Sinon, c'était le calme plat. Nous étions seuls.

À mon réveil à cinq heures trente (heure de Moscou), j'ai fait un rapide calcul : j'avais dormi sept heures. Je me sentais congestionné et bouffi – des symptômes courants de l'adaptation à l'espace –, mais reposé malgré tout. J'étais habité par une joie intérieure en dépit d'un léger mal de tête et de douleurs aux articulations après être demeuré si longtemps immobile pendant le lancement.

La veille, en fouillant dans le compartiment à côté de son siège dans le module de descente, Tom avait découvert des cartes écrites par nos épouses. J'avais conservé la mienne dans la poche gauche de mon pantalon. Je voulais la lire pendant que le Soleil se levait. Quand j'ai ouvert l'enveloppe, deux petits cœurs en papier se sont échappés et ont flotté lentement en captant les rayons du soleil. Je les ai attrapés doucement et je les tenais en parcourant les mots d'Helene.

J'ai décidé que ces cœurs, des souvenirs délicats et vivaces de ma vie sur Terre, me tiendraient compagnie dans mon petit coin couchette sur la Station spatiale au cours des cinq mois suivants.

Tom s'est réveillé au même moment, et nous avons fouillé dans la grande boîte de métal, semblable à un coffre à outils, appelée prosaïquement «contenant numéro 1», à la recherche d'un vaporisateur nasal et de pilules contre la nausée. Nous avons uriné à tour de rôle puis nous avons déjeuné: pain au fromage en conserve, fruits séchés et jus. Nous aurions aimé avoir un café, mais il fallait attendre encore un peu pour pouvoir le prendre en sachet sur la Station spatiale.

Roman se déplaçait déjà avec rapidité et énergie. Il était efficace sans effort, comme s'il était rentré la veille de son dernier long séjour en apesanteur. Ce Soyouz était le sien et il le traitait avec le soin et le respect d'un propriétaire. Il s'est installé pour regarder d'anciennes émissions humoristiques soviétiques des années 1960 qu'Energia avait téléchargées sur son iPod. Tom se faisait discret, plein de sollicitude et manifestement heureux d'être de retour dans l'espace. Il se déplaçait beaucoup plus posément et patiemment, toujours avec efficacité. Je me sentais détendu et nonchalant, comme une bulle dans un ruisseau paisible. J'ai enlevé ma montre Omega Speedmaster pour jouer avec en apesanteur. Poussée délicatement, elle devenait une méduse métallique, les deux extrémités du bracelet se mouvant comme si elles étaient vivantes.

Mon corps commençait à se souvenir de l'absence de gravité qui, une fois qu'on y est acclimaté, ressemble au meilleur manège du parc d'attractions, sauf qu'il n'arrête jamais. On peut faire des sauts et des culbutes et faire flotter des objets d'un bout à l'autre du vaisseau sans jamais se lasser. C'est un changement de règles constant et divertissant. Et tandis que mon système vestibulaire s'habituait pendant cette journée de repos, j'ai pu regarder par le hublot de plus en plus longtemps. Le monde défilait sous moi. Tous les endroits que j'avais connus par mes lectures ou que je rêvais de visiter passaient sous mes yeux : le Sahara, le lac Victoria et le Nil qui serpentait jusqu'à la Méditerranée. Des explorateurs avaient péri lors de leur quête de la source du grand fleuve, mais moi, je l'avais trouvée sans effort, d'un simple coup d'œil.

Le ciel de nuit était magnifique : d'innombrables petites perles de lumière enfilées en fins colliers habillaient la mante d'un noir d'encre qui recouvrait la Terre. Le deuxième jour, en regardant par le hublot, j'ai aperçu au loin une étoile qui se distinguait des autres. Elle se démarquait parce qu'elle grossissait tandis que nous nous en approchions, alors que les autres demeuraient de la même taille. Ensuite, elle n'était plus une lueur, mais une forme tridimensionnelle qui se transformait en espèce d'insecte hérissé d'appendices de toutes sortes. Puis, contre le ciel noir, j'ai cru voir une petite ville.

C'était exactement le cas : la Station spatiale internationale, une colonie bâtie de toutes pièces loin de la planète Terre. La SSI est la concrétisation de tous les livres de fiction, la réalisation du rêve de tous les enfants : une énorme création entièrement humaine qui tourne en orbite dans le ciel.

J'avais l'impression qu'un miracle était sur le point de se produire : bientôt, nous irions nous y amarrer et la phase suivante de notre expédition se poursuivrait.

9

Objectif zéro

Un de mes amis s'est déjà trouvé dans un ascenseur bondé de l'immeuble Four South du Johnson Space Center à Houston lorsqu'un éminent astronaute est entré et s'est tenu immobile et visiblement impatient, attendant que quelqu'un devine où il devait monter et appuie sur le bouton du sixième étage à sa place. Il a lancé d'un ton cassant : « Je n'ai pas passé toutes ces années à l'université pour aboutir dans un ascenseur à appuyer sur un bouton. » Incroyable, mais vrai : quelqu'un l'a fait pour lui. Cet incident a produit un tel effet sur mon camarade qu'il m'en a parlé, ainsi qu'à beaucoup d'autres personnes, j'imagine. D'après moi, cette anecdote est une leçon sur les dangers de se considérer comme un Astronaute avec un grand A (ou un Médecin ou un Être Supérieur). Tous les autres vous voient comme le type arrogant dans l'ascenseur qui cherche à se donner de l'importance.

Au fil des ans, je me suis rendu compte que, dans toute situation inconnue, que ce soit dans un ascenseur ou dans une fusée, les gens vont nous catégoriser de l'une des trois façons suivantes : comme un « moins », soit quelqu'un qui cherche sciemment à faire du mal, qui cause des problèmes ; comme un zéro, c'est-à-dire qui ne produit aucun effet et ne fait pencher la balance ni d'un côté ni de l'autre ; et enfin, comme un « plus », quelqu'un qui ajoute volontairement de la valeur. Bien entendu, tout le monde voudrait être un « plus », mais annoncer dès le début qu'on est un atout portera infailliblement tous les autres à nous considérer comme un « moins », peu importe nos compétences ou notre performance. Il semblerait évident que se vanter génère une perception négative, mais on a du mal à le croire, car beaucoup le font.

Lors de la ronde de sélection finale de chaque nouvelle cohorte d'astronautes de la NASA, par exemple, il y a toujours au moins une personne qui cherche à tout prix à se faire valoir comme un « plus ». En fait, les cent meilleurs candidats invités à venir à Houston pour passer une semaine ont tous des compétences impressionnantes et sont tous des « plus » dans leur propre champ d'expertise. Mais il y a toujours l'un d'eux qui décide de pousser un peu plus loin et d'agir en Astronaute, quelqu'un qui sait déjà tout ce qu'il y a à savoir – la signification de chaque acronyme, la fonction de la plus petite valve sur une combinaison spatiale – et qui serait prêt, si on le lui demande poliment, à partir pour Mars dès le lendemain. C'est parfois un excès de zèle plutôt que de l'arrogance qui dicte un tel comportement, mais l'effet est le même.

À vrai dire, un grand nombre de candidats n'ont aucune idée de ce qu'est vraiment un astronaute. Et comment le pourraient-ils ? Dans les films, on ne voit jamais les explorateurs de l'espace mémoriser des listes de vocabulaire russe. Ils sont des superhéros. Même les plus terre à terre d'entre nous avons été influencés dans une certaine mesure par ces images. À tout le moins en ce qui me concerne. C'est pourquoi un des objectifs de ce stage d'une semaine à Houston consiste à dissiper toutes les idées fantaisistes des candidats sur le travail à la NASA. Et certains s'enfuient à toutes jambes après en avoir eu un aperçu.

Ceux qui n'ont pas peur doivent montrer ce dont ils sont capables entre les séances de familiarisation et les visites guidées. Nous leur faisons passer un test d'intelligence et un test d'aptitude en manipulation d'équipement robotisé, comme le Canadarm2, qui exige la capacité de visualiser en trois dimensions (c'est plutôt difficile). Nous les mettons même en contexte simulé d'apesanteur pour avoir une idée de leur coordination oculo-manuelle. On procède également à d'autres évaluations moins structurées qui nous permettent notamment de repérer ceux qui savent travailler en équipe. Les candidats se rendent certainement compte que nous évaluons leur potentiel comme membre d'équipage lors de la rencontre sociale avec les astronautes du bureau, mais ils ignorent probablement qui d'autre a son mot à dire. Un astronaute en chef se faisait un devoir de téléphoner à la clinique où les candidats devaient subir des tests médicaux pour demander qui avait bien traité les employés et qui s'était mal comporté. Les infirmières et le personnel médical ont rencontré tout un éventail d'astronautes au fil des ans et ils savent distinguer ceux qui n'ont pas l'étoffe d'un astronaute. Une personne qui a un sentiment de supériorité pourrait sans le savoir gâcher, dans une salle d'attente, sa chance de voyager dans l'espace un jour.

Pour être franc, c'est une bonne chose parce que tout être humain qui se considère comme étant plus important que les « petites gens » n'est pas fait pour cette profession (et il la détesterait probablement). Peu importe son courage ou son intelligence, aucun astronaute ne travaille seul. Notre expertise est le résultat de la formation assurée par des milliers d'experts des quatre coins du monde et du soutien de milliers de techniciens de cinq agences spatiales distinctes. Notre sécurité dépend de dizaines de milliers de personnes que nous ne verrons jamais, comme les soudeurs russes qui assemblent le Soyouz ou les ouvriers du textile nord-américains qui confectionnent nos combinaisons. Et notre emploi dépend entièrement de millions d'autres qui croient à l'importance de l'exploration de l'espace et sont prêts à la soutenir avec l'argent de leurs impôts. Nous travaillons au nom de chaque citoyen de notre pays, pas seulement quelques-uns, nous devons donc nous comporter de la même façon devant un chef d'État qu'au milieu d'élèves de sciences de première secondaire. À vrai dire, c'est une question de bon sens même si on n'est pas astronaute. On ne sait jamais vraiment qui aura son mot à dire quant à l'endroit où on se retrouvera. Ce peut bien être le PDG, mais ce pourrait aussi être la réceptionniste.

Si on arrive dans un nouvel environnement en ayant l'intention de faire un départ canon, on risque plutôt de faire des ravages. J'ai eu ma leçon lors de mes études de cycles supérieurs. Nous étions dans un laboratoire pour concevoir des pompes de carburant sous basse pression. Nous évaluions nos progrès en utilisant différents colorants et à la fin de la première journée, nous avions une série de pots remplis de restes de colorants. Me croyant efficace, j'ai pris l'initiative de les vider dans un évier dans le coin de la pièce. Pourquoi devrais-je demander à quelqu'un ce que je dois faire ? Je le savais déjà. En fait, cet évier faisait partie du système de collecte de données de laboratoire et devait être impeccable en tout temps. Le professeur qui dirigeait le laboratoire avait peine à croire que j'y avais déversé de la teinture. Tout le système a dû être purgé et purifié, ce qui a nécessité beaucoup de travail pour lui et d'autres personnes. Je suis sûr que, s'il a fait le lien, il doit se dire aujourd'hui : « *Ce gars-là* est astronaute ? Mais il est stupide comme tout ! »

On a beau avoir certaines compétences, si on ne connaît pas parfaitement bien son environnement, il est impossible d'être un « plus ». Dans le meilleur des cas, on peut être un zéro. Mais ce n'est pas si mal d'être un zéro. On est assez compétent pour ne pas causer de problèmes ni accroître la charge de travail des autres. Et on doit être compétent et le prouver aux autres avant de devenir extraordinaire. Malheureusement, il n'y a pas de raccourci.

Même plus tard, lorsque l'on comprend bien le milieu et que l'on peut apporter une contribution valable, il faut agir humblement et avec sagesse. Si on est vraiment un « plus », les gens le remarqueront et seront encore plus enclins à nous attribuer le mérite si nous évitons d'exhiber notre « grandeur ». Lors de mon deuxième stage de survie à la National Outdoor Leadership School, j'ai partagé ma tente avec Tom

Marshburn, mon coéquipier de la mission Expédition 34/35. Tom est un gars de plein air accompli : il est un alpiniste expérimenté, qui a gravi les sommets de plusieurs continents et a parcouru le Pacific Trail seul, du Canada au Mexique, en couvrant chaque jour une distance équivalant à un marathon. Et pourtant, durant notre cours de survie en Utah, il n'a jamais imposé son expertise à quiconque et ne nous a jamais dit quoi faire. Il collaborait avec les autres et mettait ses connaissances à profit en toute discrétion. Il accourait immédiatement vers moi si j'avais besoin de lui, mais il ne m'a jamais « tassé » pour démontrer ses compétences supérieures et ne m'a jamais fait sentir minable parce que j'ignorais comment faire quelque chose. Tous les membres de notre équipe savaient que Tom était un « plus ». Il n'avait pas à nous le dire.

* * *

Alors, après avoir dit tout cela, comment devient-on un « plus », une personne qui ajoute de la valeur ? Je n'en étais pas certain lors de mon entraînement en vue de la mission STS-74 en 1995. Donc, comme je l'ai déjà expliqué, j'observais comment Jerry Ross, l'astronaute le plus expérimenté de notre équipage, faisait les choses. Après un certain temps, j'ai remarqué qu'il arrivait régulièrement au bureau une heure plus tôt pour lire la boîte de courriels du commandant. Il réglait lui-même tous les détails administratifs pour que son supérieur puisse se consacrer aux questions importantes. Je suis sûr que personne n'avait demandé à Jerry de faire cela, il n'en a jamais parlé et il ne s'attendait pas du tout à ce qu'on l'en remercie. Il poussait de son plein gré les boutons d'ascenseur pour quelqu'un d'autre, pour ainsi dire, sans faire d'éclat et sans ressentiment. Penser aux besoins du groupe avant les siens comme il le faisait, c'était un comportement typique des participants à une expédition.

Cet aspect de sa personnalité en faisait aussi un « plus » pour notre équipage. Non seulement il possédait une vaste expérience et de grandes connaissances, il agissait comme si aucune tâche n'était trop banale pour lui. Il travaillait en se considérant comme un zéro : raisonnablement compétent, mais pas meilleur que les autres.

Jerry m'a laissé une impression marquante, particulièrement quand je me trouve dans une nouvelle situation : si je n'ai pas encore tâté le terrain, je pense à ce qu'il faut faire pour être un zéro et essayer d'apporter une contribution modeste sans rien bouleverser. Nous en avons discuté en approchant de la SSI en décembre 2012. En quittant la Terre, nous avions été traités comme des héros conquérants, mais lorsque nous avons ouvert l'écoutille pour pénétrer dans la Station spatiale, nous n'étions que les petits nouveaux, ceux qui ne savaient pas où étaient rangées les choses. Nous allions rejoindre un équipage de trois personnes qui vivaient et travaillaient dans la SSI depuis des mois. Ils avaient leur propre langage codé, leurs propres manières de faire, leurs propres routines. Ils étaient probablement heureux de nous voir – nous et le ravitaillement ! –, mais également un peu sur leurs gardes. Que se passerait-il si nous mettions les déchets au mauvais endroit ou si nous mangions par inadvertance le dernier sachet de dessert aux pêches qu'un coéquipier se réservait pour se gâter ?

Nous risquions aussi de causer des problèmes plus graves. Quand on arrive pour la première fois dans la SSI après quelques jours d'isolement à bord du Soyouz, on est désorienté et malhabile (une des principales raisons est que l'on est vraisemblablement impatient d'utiliser des toilettes presque privées). On se sent comme un oisillon qui ne sait pas encore voler. On peut flotter devant ce qui semble être un foutoir sur une paroi, mais qui est en fait une expérience de biologie. Si on heurte cette installation accidentellement, on risque de détruire le fruit de longues années de recherche (et le travail d'une vie d'un scientifique). Un incident du genre s'est produit lors de ma deuxième mission : en pénétrant dans la SSI, un coéquipier a frôlé un montage expérimental et a causé par mégarde la perte d'un mois de données.

Idéalement, il faut éviter de se faire remarquer dès son arrivée ; il faut plutôt s'introduire sans faire de vagues. La

meilleure façon de faire une contribution à un environnement tout neuf ne consiste pas à prouver notre valeur, c'est
d'essayer d'avoir un effet neutre, d'observer ceux qui y sont
déjà, d'apprendre d'eux et de participer aux tâches fasti-
dieuses quand c'est possible.

Un des avantages à viser le zéro, c'est qu'il s'agit d'un
objectif réalisable. En outre, c'est souvent un bon moyen de
devenir un « plus ». Si on analyse attentivement et on essaie
d'apprendre plutôt que d'impressionner, on peut avoir l'occasion d'accomplir quelque chose d'utile. Par exemple, avant
de m'envoler pour la toute première fois dans l'espace, j'ai
participé à une simulation de rentrée dans l'atmosphère avec
deux astronautes très expérimentés. J'étais en mode d'apprentissage, les yeux grands ouverts et la bouche fermée,
lorsque le commandant s'est étiré le bras vers le haut pour
allumer un appareil quelconque. Puisque je l'observais de
près, je savais sans l'ombre d'un doute qu'il était sur le point
d'appuyer sur le mauvais bouton. J'ai donc dit : « Attends, ce
n'est pas le bon ! » Rien de grave. Il s'est rajusté, la simulation s'est poursuivie et ni moi ni les autres n'avons rien ajouté
sur le sujet. Quelques mois plus tard, par contre, nous étions
réunis à Cape Canaveral à l'occasion d'un lancement et discutions avec le dirigeant du Johnson Space Center. De but
en blanc, le commandant a commencé à vanter mon sens
de l'observation qui lui avait permis d'éviter de commettre
une bourde lors de la simulation. J'ai obtenu mon affectation pour ma première mission peu après. Il n'y a peut-être
aucun rapport, mais une chose est sûre : viser le zéro ne m'a
certainement pas nui.

* * *

Lorsqu'on s'approche de la Station spatiale, on fixe son
esprit vers les détails techniques du rendez-vous et de l'amarrage. Ce n'est pas comme garer une voiture et ce n'est pas
non plus une manœuvre intuitive puisque la mécanique orbitale ne ressemble à rien sur Terre. Quand on lance une balle
ou qu'on la fait rouler du haut d'une colline, on arrive à

prédire sa trajectoire avec un certain degré de certitude et la façon dont elle changerait si on lançait la balle avec plus ou moins de force. Dans l'espace, par contre, il faut aller plus vite pour atteindre une orbite plus haute et, une fois qu'on y est parvenu, on ralentit. Ainsi, pour faire la manœuvre qui permettra de s'arrimer à un autre véhicule en orbite, il faut analyser différemment le comportement des objets. Bien sûr, on dispose de toutes sortes de capteurs et de lasers pour aider à évaluer la distance et les angles, mais on doit en premier lieu comprendre ce que ces instruments disent – et ne *disent pas* – et comment les utiliser.

Mon premier vol spatial en 1995 comportait beaucoup de manœuvres de rendez-vous et d'arrimage puisque notre mission consistait à ajouter un module d'amarrage permanent à Mir afin que la navette puisse aller et venir régulièrement. Quelques années auparavant, j'interceptais des bombardiers soviétiques pour le NORAD, mais je participais dorénavant à une mission visant à créer des relations plus étroites entre les États-Unis et la Russie. Lors du démantèlement de l'URSS en 1991, son programme spatial risquait d'être dissous puisque le financement gouvernemental s'évaporait. Comme les États-Unis ne voulaient pas que la technologie militaire russe soit cédée à des pays instables sur le plan politique ou qu'elle soit partagée avec eux, la NASA a fait ce qu'elle pouvait pour amadouer Roscosmos, son vis-à-vis russe, en fournissant du financement pour des missions en coopération, comme des visites à la station Mir. Bien entendu, la NASA en retirait aussi quelque chose : apprendre des gens qui avaient la plus longue expérience en construction et en entretien de stations spatiales et, ce faisant, créer un partenariat qui est absolument vital aujourd'hui. Maintenant que la navette n'est plus en service, nous ne pourrions plus aller à la SSI sans les Russes. Avec du recul, on constate que les pays ont conclu une entente très judicieuse pour trouver un moyen de travailler ensemble pour l'exploration spatiale.

Toutefois, en novembre 1995, l'harmonisation des deux programmes spatiaux n'était pas achevée. La navette avait réussi à s'amarrer à Mir seulement une fois plus tôt dans l'année, et il avait fallu réassembler un module complet de la station spatiale russe pour bidouiller un accès. Cette option n'était ni viable ni sécuritaire pour l'avenir. C'est dans ce contexte que s'inscrivait notre mission : notre travail consistait à bâtir un port d'amarrage permanent. Le module russe d'amarrage – qui ressemblait beaucoup à un réservoir orange de propane pour barbecue géant – avait été assemblé sur Terre et déposé dans la soute d'*Atlantis*. Une fois dans l'espace, nous devions fixer solidement ce module russe au sommet de notre vaisseau puis monter en douceur vers Mir et nous y arrimer. Nous souhaitions de toutes nos forces que cette manœuvre réussisse puisqu'elle n'avait jamais été tentée auparavant. Comme la navette se comportait plutôt maladroitement, l'amarrage s'annonçait semblable à un ballet d'éléphants.

Mon rôle dans cette manœuvre consistait à opérer le Canadarm, le télémanipulateur de la navette et le joyau de l'Agence spatiale canadienne. J'étais conscient qu'il s'agissait d'un trésor national, mais pour moi, c'était avant tout un outil au même titre qu'un marteau ou une machine agricole. Le bras canadien devait servir à saisir délicatement le module d'amarrage dans la soute, à le soulever, à le mettre en position verticale et à l'approcher à quelques centimètres du système d'amarrage de la navette. Afin de relier les deux modules, nous devions ensuite allumer tous les propulseurs d'attitude de la navette puis heurter le module d'amarrage, une opération semblable au couplage de deux trains. Si nous réussissions, les crochets et les loquets s'accrocheraient pour former un joint hermétique. Dans le cas contraire…

J'avais répété les manœuvres robotiques pour soulever, tourner et manipuler de gros objets durant une année complète sur Terre, mais nous craignions évidemment beaucoup – *vraiment* beaucoup – que le plan A ne fonctionne pas. Nous avions donc des plans de secours. Si l'allumage des propulseurs de la navette pour nous engager dans le module d'amarrage échouait, nous allions essayer d'enfoncer le module en place au moyen du télémanipulateur. Puisque ce bras robotique, qui rappelle une grosse paire de forceps, est conçu pour placer les objets et non les enfoncer avec force, il y avait un risque qu'il casse lors de cette opération et que le module de cinq tonnes s'éloigne placidement en flottant dans le cosmos.

Participer à la perte d'un module d'amarrage lors de ma première mission spatiale m'aurait assurément valu le titre de « moins que rien ». Je voulais donc à tout prix que le plan A fonctionne. Heureusement, tout s'est déroulé comme prévu. À la fin de la deuxième journée de notre mission, une espèce d'énorme tour dépassait du sommet de la navette. Il nous fallait ensuite nous arrimer à Mir, qui ressemblait à un gros tube duquel sortaient des rayons. Le module d'amarrage – notre nouvelle tour haute de cinq mètres – avait toutefois des inconvénients : il bloquait la vue de l'endroit auquel nous devions nous arrimer. Sur Terre, nous avions installé un simulateur pour nous exercer, bien entendu, et nous avions évalué que la caméra située sur le coude du Canadarm aurait la même hauteur que l'endroit où nous devions nous fixer à Mir. L'angle serait bizarre, mais au moins nous pourrions voir quelque chose.

Il s'est avéré que cette caméra a joué un rôle capital parce que, lorsque le moment est venu de s'amarrer, aucun de nos télémètres ne fonctionnait, *aucun*. Ils nous mentaient. Comme ils nous fournissaient des informations erronées sur la distance et la vitesse, nous n'avions d'autre choix que de tenter d'accoster à vue, par l'entremise de la caméra. Heureusement, nous avions une bonne idée de la façon de procéder manuellement parce que nos instructeurs avaient insisté pour que nous mémorisions chaque lecture de capteur du rendez-vous à l'accostage, ce qui semblait théoriquement ridicule à l'époque.

Néanmoins, comme on peut l'imaginer, nous avons vécu des moments tendus pendant que notre commandant, Ken Cameron, positionnait *Atlantis*. Si nous procédions trop délicatement, nous risquions de rebondir et aurions à attendre vingt-quatre heures avant une nouvelle tentative puisque nous devions agir tandis que nous étions au-dessus de la Russie afin que l'équipage de la station puisse communiquer avec le Centre de contrôle de mission à Korolev (Mir n'avait pas de communications en continu avec le sol). Au cours de ces vingt-quatre heures, nous aurions consommé du carburant et couru le risque d'un autre bris, sans compter que nous aurions eu le même problème à notre nouvelle tentative et risquions l'échec total de la mission. Toutefois, si notre approche était trop rapide et trop agressive, nous aurions pu entrer en collision avec la station, provoquer une dépressurisation et causer la mort de toutes les personnes à bord en quelques minutes.

Ken a choisi une approche intermédiaire. Il visait le zéro en se fiant à son entraînement et a eu la sagesse de ne pas essayer de faire d'effets puisque nous avions un «coquillage» géant accroché au sommet de notre vaisseau. Sa stratégie a fonctionné. Nous avons finalement accosté au module d'amarrage à peine trois secondes avant le moment prévu. Vous pouvez imaginer notre soulagement et notre hâte lorsqu'est enfin venu le temps d'ouvrir l'écoutille et de pénétrer dans Mir. Ajoutez la trame musicale triomphante des *Chariots de feu* et vous aurez une meilleure idée de cette minute historique de coopération internationale.

En revanche, nous ne parvenions pas à ouvrir l'écoutille. De l'autre côté, nos collègues russes frappaient de toutes leurs forces, mais leurs ingénieurs avaient collé avec du ruban adhésif, attaché et scellé l'écoutille de notre module d'amarrage avec un peu trop d'enthousiasme en multipliant les couches. Nous avons donc fait une opération tout à fait digne de l'ère spatiale : nous avons pu pénétrer dans Mir grâce à un couteau de l'armée suisse. Ne partez jamais dans l'espace sans lui.

Tandis que nous flottions dans la station pour rencontrer l'équipage qui nous attendait – les Russes considèrent qu'il est malchanceux de se serrer la main sur le seuil et voulaient que nous soyons tous à l'intérieur de Mir –, j'ai entendu un léger tintement de clochettes et de carillons. Il m'a fallu quelques minutes pour me rendre compte qu'il s'agissait en fait du bruit de pièces d'équipement d'anciennes expériences qui avaient été attachées aux parois de métal de la station avant d'être jetées ou retournées sur Terre.

Pendant que nous étions encore en transit, nous avions décidé d'être de bons invités : nous voulions participer aux tâches, ne rien perturber et apporter des cadeaux (notamment une guitare pliante SoloEtte fabriquée sur mesure dont j'ai joué un soir où nos deux équipages représentant trois pays ont chanté en chœur). Notre objectif de ne pas déranger s'est avéré le plus difficile. La station était si encombrée qu'il fallait nous déplacer avec des précautions infinies. Pour passer d'une section à l'autre, nous devions nous glisser dans d'étroits tubes tortueux qui ressemblaient à des conduits de ventilation souples. C'était une sensation étrange, comme être dans les intestins d'un robot géant, mais tout de même amusante. Pendant notre court séjour, j'ai appris à me mouvoir rapidement. En surgissant à l'autre extrémité, je provoquais un afflux d'air qui remuait les installations d'expérience et occasionnait le tintement qui m'avait étonné en arrivant.

Lorsque nous sommes rentrés sur Terre, beaucoup de gens nous ont demandé si tout s'était déroulé comme prévu. En vérité, rien ne s'est passé conformément aux plans, mais tout était dans les limites de ce à quoi nous avions été préparés. C'est une des grandes leçons que nous avons tirées de la mission STS-74 : ne tenez pas pour acquis que vous savez tout et essayez de vous préparer à n'importe quoi. Une autre leçon, en ce qui me concerne du moins, c'est que si l'on est une recrue, viser le zéro est un bon plan de match. Je m'étais fixé des objectifs modestes – m'acquitter de mes responsabilités au meilleur de mes connaissances, ne pas distraire les autres membres d'équipage et ne causer de problèmes à personne – et je les avais atteints.

Si nous sommes les personnes les moins expérimentées d'un groupe, ce n'est pas le moment de faire le fanfaron. Nous ne savons pas encore ce que nous ne savons pas et, peu importe nos compétences, notre expérience et notre degré d'autorité, il y aura forcément quelque chose que nous ignorons.

Peu après notre amarrage lors de ma deuxième mission en 2001 – qui était ma première visite à la SSI – les ordinateurs centraux qui géraient la Station sont tombés en panne. Tous avaient un défaut intrinsèque et se sont mis à écraser le contenu de leur disque dur, ce qui signifie pour ainsi dire que la Station était morte : elle ne pouvait plus régler son attitude, orienter ses antennes et faire ses propres diagnostics. Toutes sortes de fonctions avaient disparu et l'équipe au sol parvenait difficilement à communiquer avec nous. Si nous n'avions pas amarré la navette, qui était prête à contrôler l'ensemble de la structure, nous aurions eu de graves problèmes. Par chance, nous pouvions utiliser le système de communication et de propulseurs de la navette, et il nous restait encore de l'oxygène, de la nourriture et de l'eau. L'équipage a donc tout bonnement tenté de régler le problème.

Par contre, comme les ordinateurs ne fonctionnaient plus, nous ne pouvions pas faire les tâches prévues et nous avions une journée pour corriger le tir. Mon coéquipier, Scott Parazynski, et moi étions tous deux des recrues sur la Station, et étant donné nos compétences limitées, nous ne pouvions pas faire grand-chose pour remédier à la situation. Nous avons donc posé cette question au commandant, Youri Usatchev : « Quelle serait la chose la plus utile que nous pourrions faire maintenant ? » Il a répondu qu'il aimerait avoir un inventaire du contenu de chacun des modules de fret russes. Les parois de ce module plutôt volumineux sont garnies de placards. Nous avons commencé à une extrémité et avons catalogué tout ce qui s'y trouvait. Cette tâche ressemblait beaucoup au ménage de la garde-robe : utile, mais très longue et pas glorieuse du tout. Nous avons consacré quelques heures à ce travail, que deux coéquipiers n'auraient jamais pu intégrer dans leur échéancier si la SSI avait été opérationnelle. Nous nous sommes mis à l'ouvrage en faisant des blagues pour avoir un peu de plaisir, et quand nous avons terminé, nous avions envie de célébrer. Nous avions réussi à ajouter de la valeur à une journée où nous n'aurions autrement pas accompli grand-chose.

Plus tard au cours du même vol, quand les problèmes d'ordinateurs ont été réglés, j'ai eu une occasion semblable. Nous avions installé une caméra vidéo pour un événement médiatique, mais l'image vidéo ne se rendait pas au sol. Quelqu'un devait commencer à une extrémité, démêler les câbles et tester chacun. Je me suis dit que j'étais aussi bien de le faire. Eh bien, malgré le fait que nous avions vérifié les trois câbles avant le lancement, deux se sont avérés défectueux. J'ai donc fouillé pour en trouver d'autres, je les ai bricolés ensemble, j'ai allumé l'interrupteur et la caméra fonctionnait. Le rôle de « gars du câble » peut sembler banal, mais j'étais heureux d'avoir réglé le problème pour que nous puissions faire ce que nous avions promis.

Dans un certain sens, je ne crois pas que ce soit pertinent de mentionner cette anecdote – je n'en avais pas parlé à l'époque – parce que je sais que tout le monde à bord a fait d'autres gestes semblables en toute discrétion sans obtenir aucune reconnaissance. Nous avons tous à tour de rôle réparé les toilettes dans l'espace (elles se brisent souvent). Il nous est tous arrivé d'essuyer de la confiture sur les murs (elle a tendance à s'envoler des tartines pour éclabousser partout). Sur la SSI, il faut avoir l'initiative de faire n'importe quelle tâche avec enthousiasme, de la manœuvre la plus prestigieuse jusqu'à la réparation d'une antenne, parce qu'il n'y a personne d'autre pour le faire.

Mais quand on a confiance en soi et en ses capacités, il importe alors bien moins de savoir si on tiendra la barre du navire ou seulement une des rames. Notre ego n'est pas menacé parce qu'on nous a demandé de ranger un placard ou de plier les chaussettes de quelqu'un. En fait, on peut même accomplir ces tâches avec plaisir si l'on croit que tout ce que l'on fait contribue d'une façon ou d'une autre au succès de la mission.

Pourtant, je suis humain. J'aime que l'on reconnaisse mon travail et j'aime sentir que je suis un « plus » pour les autres. C'est pourquoi, tandis que nous approchions de la SSI le

21 décembre 2012, je me suis rappelé consciemment qu'il me fallait être un zéro en entrant à bord. Au pays, c'était tout un événement que je sois le premier commandant canadien de la Station spatiale internationale, mais ici, dans l'espace, il y avait déjà un responsable, Kevin Ford. J'allais prendre sa relève à son retour sur Terre seulement, dix semaines plus tard. À notre arrivée, lui et son équipage étaient déjà complètement acclimatés et géraient la SSI depuis plusieurs semaines.

Ma stratégie la plus intelligente a été d'essayer de ne rien gâcher et de ne pas empirer la situation. J'étais sûr que, de temps à autre, je serais en mesure de faire quelque chose de bien et de prendre l'initiative d'une décision, mais je n'avais pas à me précipiter dès la première heure de mon séjour, ni même dès la première semaine. Si je m'étais présenté à bord sûr de moi, résolu à laisser ma marque, je l'aurais probablement laissée, mais peut-être pas comme je l'aurais souhaité.

Vingt ans après le début de ma carrière d'astronaute, je me sentais plus que jamais sur le point d'être un « plus ». Et je savais que mes meilleures chances pour être perçu comme tel par mes coéquipiers étaient de continuer à faire ce qui avait toujours fonctionné pour moi : viser le zéro.

10

La vie au-dessus de la Terre

La Station spatiale internationale est un vaisseau pesant quatre cent cinquante mille kilos, grand comme un terrain de football, incluant la zone des buts. Il est alimenté en énergie par quatre mille mètres carrés de panneaux solaires. L'espace de vie y est supérieur à la superficie d'un appartement de cinq chambres à coucher. La Station est si vaste et on y trouve tant de modules indépendants qu'il est possible de passer presque toute une journée sans voir de coéquipier. Cette gigantesque coopérative perchée dans le ciel est un projet international qui suscite l'émerveillement. Quand notre modeste vaisseau y a accosté le 21 décembre 2012, ses trois occupants vibraient d'enthousiasme et d'impatience. Nous avions franchi tous les éventuels obstacles. Nous étions impatients de sortir du Soyouz, sales et affamés, pour nous étirer les membres et explorer notre impressionnante nouvelle maison.

Pas si vite : ouvrir le sas prend toujours plus de temps qu'on le souhaite. Deux heures et demie dans notre cas, puisque nous devions en premier lieu vérifier si le choc de l'amarrage avait endommagé le Soyouz. Nous avions heurté la SSI avec passablement de force et de vitesse et nous devions inspecter tous les joints d'étanchéité pour nous assurer qu'il n'y avait aucune fuite lente. C'est seulement après avoir eu la certitude que notre vaisseau était intact que nous avons pu enlever nos Sokol pour enfiler une combinaison de vol bleue qui, comme tous les vêtements conçus par les Russes pour la vie dans l'espace, comporte des élastiques sous les pieds. Ce petit détail est très utile en apesanteur, où rien n'empêche l'ourlet du pantalon de remonter haut sur la jambe. Nous étions enfin prêts.

Pour les Russes, une expédition débute au moment de l'ouverture de l'écoutille, et non au lancement ni à l'arrimage. Et c'est bien vrai qu'on entreprend une nouvelle phase de vie au-dessus de la Terre dès que l'on pénètre en flottant dans une station spatiale. Nous avons frappé sur notre écoutille, et l'équipage de la SSI a fait de même en guise de réponse. Ce son, si loin de notre planète, nous réconfortait. Roman a installé la manivelle détachable, l'a tournée jusqu'au clic puis l'a tirée vers le bas. L'écoutille s'est ouverte avec un grincement digne d'un film d'épouvante, puis nous avons enfin pu voir nos collègues : les cosmonautes Oleg Novitsky et Evgueny Tarelkin, ainsi que l'astronaute Kevin Ford, souriants et rasés de beaucoup plus près que nous.

Nous sommes sortis du Soyouz et avons rejoint les autres membres de l'Expédition 34 dans le Rassvet, une longue structure en forme de tunnel qui émerge de la portion russe de la Station spatiale. Ce minimodule est si étroit qu'il faut s'y engager en file indienne. En outre, nous avons dû nous livrer à de savantes contorsions pour faire face tous les six à la caméra installée pour immortaliser cette rencontre. Nos sourires sur la photo officielle étaient des plus sincères : nous étions ravis de nous retrouver dans cet endroit reculé. Je connaissais bien les membres d'équipage, particulièrement Oleg, un ancien directeur de l'exploitation pour Roscosmos à Houston, mais le moment était mal choisi pour échanger les dernières nouvelles. Nous avions déjà du travail à faire.

Nous sommes passés du Rassvet au centre névralgique de la section russe pour participer à la conférence de presse suivant l'amarrage du Soyouz et de la SSI. Cet événement public auquel assistaient des journalistes avait aussi un caractère privé puisque c'était la première fois que nous pouvions parler avec nos proches depuis le lancement. Ils se trouvaient au Centre de contrôle de mission à Korolev, assis au balcon surplombant les contrôleurs de vol. Ils pouvaient nous voir, souriant à pleines dents, mais nous, non. Néanmoins, c'était formidable de les entendre nous dire au micro, à tour de rôle, à quel point ils nous aimaient. Quelques-uns ont même avoué que nous leur manquions déjà. Cette intimité télévisée était légèrement embarrassante pour eux, et pour nous, mais nous étions heureux de pouvoir les rassurer sur notre état. Les enfants de mes coéquipiers ont prié leur père de faire la démonstration de quelques culbutes en apesanteur. Tom et Roman s'y sont pliés de bonne grâce, en dépit de la nausée qu'ils ressentaient. Par contre, c'est mon fils Kyle, trente ans, qui a provoqué le plus de rires. Il m'a demandé avec sérieux : « Salut, papa ! Hé, c'était super, le lancement. Alors, est-ce que je peux avoir un poney ? » Je lui ai donné la seule réponse possible : « Demande à ta mère. »

Par la suite, nous avons eu un survol des mesures de sécurité, et enfin, Roman, Tom et moi avons pu explorer les lieux. Roman était en terrain connu puisqu'il y avait vécu six mois en 2009. Les longs séjours dans l'espace sont une affaire de famille chez les Romanenko : son père, Youri, est un cosmonaute bardé de décorations qui a passé quatre cent trente jours sur Saliout 6, puis sur la station spatiale Mir. Comme Roman, Tom avait aussi habité dans la SSI en 2009 pendant une mission de quinze jours de la navette. Des modules avaient été ajoutés depuis, mais mes deux coéquipiers connaissaient les lieux beaucoup mieux que moi, parce que je n'avais eu droit qu'à une rapide visite en 2001 alors que la SSI n'était qu'un chantier, un vaisseau en devenir.

Maintenant utilisée comme énorme laboratoire fonctionnel ronronnant, la Station spatiale internationale n'a rien d'une construction à aire ouverte. Il est impossible de voir l'intérieur d'un seul coup d'œil. La principale structure est constituée d'une longue enfilade de sphères et de cylindres reliés les uns aux autres (les parois intérieures sont toutefois à angles droits et non circulaires). À partir de certains endroits, on parvient à apercevoir l'extrémité opposée, mais huit modules (trois russes, trois américains, un européen et un japonais) sont raccordés tout le long comme des branches rivées au tronc massif d'un arbre. En approchant de chacun de ces modules et en se glissant dans l'écoutille, on hésite un moment comme dans *Alice au pays des merveilles* pour déterminer où est le « haut ». C'est une réalité subjective qui ne dépend plus des lois de la gravité, mais plutôt de la tâche que l'on a à faire. Dans le Nœud 3, par exemple, le tapis roulant est fixé au mur, les toilettes et l'exerciseur se trouvent sur le plancher, et pour atteindre la coupole d'observation, il faut flotter vers le bas, face à la Terre. L'ensemble du module a la taille d'un autobus, où quatre personnes peuvent faire autant d'activités en ayant une conception complètement distincte de ce qu'est le « haut ».

Même si la SSI s'était considérablement développée depuis ma visite onze ans auparavant, j'étais surpris de constater, peu après l'amarrage, que j'avais une excellente idée de l'emplacement des différents éléments. Les simulations en trois dimensions que nous avions effectuées au sol s'étaient avérées d'une grande fidélité. L'endroit me paraissait familier à d'autres égards également : l'odeur de propreté, par exemple, comme dans un laboratoire bien rangé, avec quelques effluves de machinerie. Dans la portion russe flottait aussi un subtil parfum de bois et de colle évoquant un atelier de menuiserie. On y trouve beaucoup d'adhésifs puisque les murs sont presque entièrement tapissés de Velcro. Dans l'espace, si on ne retient pas les cuillères, crayons, ciseaux et éprouvettes, ils s'envolent et on les retrouve une semaine plus tard, plaqués contre le filtre couvrant une conduite de prise d'air. On a donc collé des morceaux de Velcro à l'arrière de pratiquement chaque objet imaginable pour pouvoir les fixer aux parois.

À bord de la SSI, on n'a jamais à se demander si on se trouve dans le US Orbital Segment (USOS) ou dans la section russe. Cette dernière, d'un diamètre plus petit – on en touche facilement les murs en étendant les bras de chaque côté du corps –, est tapissée de Velcro dans toutes les nuances de vert, ce qui confère aux lieux une atmosphère de sous-marin qui n'est pas désagréable. Le USOS laisse une autre impression : selon les psychiatres consultés pour l'aménagement du premier élément – le module de jonction Unity ou Nœud 1, lancé en 1998, les teintes apaisantes favoriseraient la santé mentale des occupants. Ils ont donc choisi le rose saumon… Soit ils ont changé d'idée, soit ils ont cessé de se mêler de décoration intérieure parce que le reste du module Unity est, Dieu merci, blanc. Le Velcro y est plus rare (ici de couleur mastic) puisque la NASA considère que cette matière présente un risque d'incendie trop élevé. Même si le segment cylindrique a un diamètre de 4,5 mètres, les casiers installés pour soutenir les montages expérimentaux et ranger les objets diminuent l'espace intérieur à une zone carrée dont on ne peut pas tout à fait toucher les parois en étendant les bras. L'éclairage vif, l'absence de hublots et les murs immaculés contribuent à donner l'impression de se trouver dans un corridor d'hôpital.

Et c'est aussi bruyant que dans un hôpital. Sans gravité, la chaleur ne monte pas et l'air ne se déplace pas. On a donc recours à des ventilateurs et à des pompes pour assurer le confort et la survie des astronautes, qui entendent constamment le ronronnement, le bruit sourd et le ronflement de ces appareils, ponctués à l'occasion par le choc métallique d'une micrométéorite venue heurter la Station spatiale. (Un bouclier protège la SSI des micrométéorites, et pendant notre sommeil, des volets de métal recouvrent les hublots pour plus de sécurité, mais ces précautions ne serviraient pas à grand-chose contre une grosse météorite. Il nous faudrait nous précipiter dans le Soyouz et croiser les doigts.)

À bord de la SSI, on se conforme au temps universel coordonné, et au cours de notre première journée à bord, nous avons dû nous adapter à un nouveau fuseau horaire. À onze heures le soir, j'étais prêt à aller dormir. Les six coins couchettes répartis dans le USOS et le module russe n'ont rien de luxueux, mais comparativement au manque d'intimité dans la navette et le Soyouz, ce sont des refuges douillets, les endroits les plus calmes de la SSI, même sans insonorisation. Il s'agit d'espaces entièrement blancs et matelassés de la taille d'une cabine téléphonique munis d'une porte et d'un sac de couchage fixé à un mur. Les autres parois comportent des bandes élastiques (j'y rangeais un livre, des vêtements et une trousse de toilette) et des compartiments pour deux ordinateurs personnels : un uniquement pour le travail et le second réservé à mon propre usage. J'utilisais les pièces de Velcro collées au plafond pour attacher de petits objets comme un coupe-ongles et un marqueur Sharpie, l'instrument d'écriture de choix en orbite puisqu'il fonctionne peu importe notre position.

En apesanteur, on n'a que faire d'un oreiller et d'un matelas puisqu'on se sent déjà parfaitement soutenu, comme sur un nuage. Nul besoin de bouger dans son sommeil en quête d'une posture confortable. Dès que j'ai enfilé mon pyjama (un genre de caleçon long de fabrication russe), je me suis glissé dans mon sac de couchage surmonté d'un capuchon, qui ressemblait à un cocon muni d'emmanchures, et j'ai remonté la fermeture éclair. J'avais eu l'occasion sur la navette d'observer l'image saugrenue d'un astronaute endormi : il a les deux bras dressés devant lui comme le monstre de Frankenstein, une couronne de cheveux hirsutes sur la tête et affiche une expression de béatitude. En éteignant ma petite lampe, je me suis senti parfaitement à l'aise dans ce lieu irréel, sachant que les spécialistes des Centres de contrôle de mission de Houston et de Korolev veillaient sur nous pendant que nous tournions autour du monde en dormant.

* * *

Même si la SSI est une œuvre faisant appel à la technologie la plus perfectionnée, y vivre est à certains égards une expérience d'isolement ultime. C'est un endroit reculé, au sens propre du terme, sans eau courante (sans gravité, l'eau s'amalgame en grosse bulle, s'envole et risque d'abîmer l'équipement de pointe qui fait fonctionner la Station spatiale).

On doit y faire preuve d'un bon sens de la débrouillardise et savoir improviser avec les moyens du bord, comme on le ferait lors d'une longue croisière en voilier : les occupants ont peu d'intimité, les produits frais sont rares, l'hygiène est réduite à son strict minimum et l'équipage passe une grande partie de son temps à entretenir et à réparer le véhicule. Il y a une autre ressemblance : il faut un peu de temps pour avoir le « pied marin ».

L'apesanteur est différente sur un énorme vaisseau spatial, où on peut bouger librement, et sur une minuscule fusée, où les mouvements sont limités. Imaginez-vous flotter au milieu d'une piscine vide, puis dotez-vous de quelques pouvoirs surnaturels qui vous permettent de soulever de lourds objets d'un petit geste du poignet, de vous suspendre du plafond la tête en bas comme une chauve-souris, de culbuter dans l'air comme une gymnaste olympique. Vous pouvez aussi *voler*, sans aucun effort.

Étrangement, il faut s'habituer à cette facilité. Mon corps et mon cerveau étaient si accoutumés à résister à la gravité que, lorsqu'ils ont été libérés de cette contrainte, je me suis mis malhabilement à trop bouger, ce qui était parfois très drôle. Au bout de quinze jours, j'ai enfin pu parcourir la Station comme un singe se déplaçant d'arbre en arbre, avec un semblant de grâce. Dès que je m'émerveillais de mon agilité, je manquais une main courante et je m'écrasais contre un mur. Il m'a fallu six semaines pour me sentir comme une vraie créature de l'espace et me mouvoir presque inconsciemment. Un jour, plongé dans une profonde discussion avec un coéquipier, je me suis soudainement rendu compte que nous avions traversé tout un module à la dérive, comme lorsqu'on flotte paresseusement dans une piscine.

L'apesanteur modifie la texture du quotidien parce qu'elle affecte pratiquement presque tout ce que l'on fait. Par exemple, il faut avaler le dentifrice lorsqu'on se brosse les dents : c'est une très mauvaise idée de cracher en l'air sans la force de la gravité ni l'eau courante qui permettent à la salive d'être évacuée dans un lavabo et d'y rester. Pour se laver les mains, on prend un sac d'eau prémélangée avec un savon qui ne requiert aucun rinçage, on en fait sortir une bulle par une paille, on l'attrape et on se frotte les mains – en veillant à ce que l'eau colle aux doigts comme du gel plutôt que de se fragmenter en minuscules gouttelettes qui pourraient s'envoler partout –, puis on s'essuie. Il va sans dire que les longues douches à l'eau chaude sont hors de question. C'est d'ailleurs ce qui m'a le plus manqué en matière de confort matériel parce que se passer un linge humide sur tout le corps est un bien piètre substitut. On se lave les cheveux en se frictionnant vigoureusement la tête avec un shampoing sans rinçage puis en les séchant soigneusement pour que les cheveux ne partent pas à la dérive aux quatre coins de la SSI et viennent bloquer les filtres à air ou se loger dans les yeux ou les narines des coéquipiers. Le shampoing était plus ou moins efficace, et mes cheveux n'ont jamais eu le même aspect que sur Terre.

Comme le savon à lessive sans rinçage n'existe pas, il était impossible de laver nos vêtements, ne serait-ce que légèrement. Nous les portions donc jour après jour jusqu'à ce qu'ils s'usent à la corde. Je dois admettre que je m'inquiétais un peu des implications olfactives d'une mission de longue durée. Est-ce que la vie dans l'espace… pue? À mon grand étonnement, non! Il est vrai que mes sinus étaient légèrement bloqués pendant tout mon séjour – sans gravité, les fluides s'accumulent dans la tête –, mais je n'ai jamais senti d'odeur de transpiration à bord de la SSI. J'ai ma propre théorie: les vêtements ne sont jamais en contact avec notre corps (ils flottent autour de nous) et nous suons moins parce que nous dépensons peu d'énergie physique. Une paire de chaussettes me durait une semaine, un t-shirt, le double, et je pouvais porter le même short ou le même pantalon un mois entier sans conséquences sociales déplaisantes. Quand je constatais que je ne pouvais plus mettre un vêtement, je le fourrais dans un contenant à déchets qui serait chargé dans un Progress, le vaisseau-cargo inhabité russe qui vient ravitailler la SSI puis se désintègre dans l'atmosphère.

J'usais mes vêtements de sport plus rapidement que les autres, en une semaine seulement. Les exercices sont obligatoires lors d'un vol de longue durée pour éviter l'atrophie de nos muscles et de nos os et pour conserver notre force. Nous devions nous entraîner deux heures par jour pour être en mesure de résister aux exigences physiques extrêmes des sorties spatiales et pouvoir nous tenir sur nos deux jambes à notre retour sur Terre.

Ce n'est pas facile de s'entraîner dans un milieu où on se meut avec tant d'aisance. Il faut un équipement spécialement conçu : nous fixons nos chaussures aux pédales du vélo stationnaire pour ne pas nous envoler et nous courons en portant un harnais qui nous maintient collés au tapis roulant. Au début de la mission, la traction correspondait à environ soixante pour cent de mon poids, mais au fil du temps, j'ai augmenté cette force pour que l'exercice soit plus exigeant. Je ne prétendrai pas que la course à pied est mon activité préférée dans l'espace : après m'être habitué à me déplacer en flottant, il me semblait bizarre et un peu injuste d'avoir à bouger les jambes pour aller nulle part. Je me distrayais donc en écoutant une partie de hockey ou un film sur mon ordinateur portable. (Les astronautes qui aiment courir semblent moins s'en préoccuper. En 2007, Suni Williams a réussi un chrono de seulement quatre heures et vingt-quatre minutes en « participant » au marathon de Boston dans l'espace.)

Je faisais aussi des séances régulières avec un exerciseur à résistance perfectionné (Advanced Resistive Exercise Device ou ARED), un appareil ingénieux qui exerce une pression allant jusqu'à 272 kilos sur une barre ou un câble au moyen de cylindres à vide, ce qui nous oblige à résister à la succion pour soulever cette charge. Cet exercice ressemble beaucoup à l'haltérophilie pour ce qui est de la sensation et des bénéfices physiques. J'utilisais aussi l'ARED pour les flexions plantaires, les accroupissements et d'autres exercices qui autrement seraient beaucoup trop faciles à réussir en apesanteur. Tout l'équipement sur la SSI est muni de systèmes antivibrations et certains sont même pourvus de gyroscopes stabilisateurs pour éviter que nos exercices provoquent des secousses ou des chocs qui pourraient nuire aux appareils servant aux expériences scientifiques.

Il nous faut prendre des précautions spéciales avec la transpiration. Lorsque aucune force n'attire la sueur vers le bas, elle s'accumule et crée une espèce de pellicule liquide couvrant le corps. Si on tourne la tête rapidement, elle peut se détacher, former une énorme boule, flotter à travers le module et s'écraser contre le visage d'un coéquipier. Selon l'étiquette de la SSI, il faut garder une serviette sous les vêtements ou à portée de la main pour recueillir la transpiration pendant que l'on fait des exercices. Après, on suspend la serviette avec une épingle pour que l'humidité soit absorbée par l'air puis recyclée en eau, comme l'urine.

Oui, en eau, et même en eau potable. Jusqu'à 2010, elle était livrée à la Station spatiale par la navette ou les véhicules de ravitaillement dans de gros sacs marins conçus à cet effet, mais la SSI est maintenant équipée de son propre système de purification, qui récupère environ six mille litres d'eau par année. Grâce à des filtres et à un distillateur qui tourne pour créer une gravité artificielle permettant à l'eau de se déplacer dans l'appareil, nous sommes en mesure de transformer la sueur, l'eau avec laquelle nous nous sommes lavés et même notre urine en eau potable. Ce procédé peut en dégoûter plusieurs (j'avoue que je ne m'attardais pas à penser à l'origine de l'eau fraîche que je dégustais), mais l'eau utilisée sur la SSI est en fait plus pure que le liquide qui sort des robinets dans la plupart des maisons nord-américaines. Et elle a exactement le même goût que... l'eau.

Peu après notre arrivée sur la SSI, j'ai commencé à tourner de courtes vidéos sur les particularités du quotidien dans l'espace, que l'Agence spatiale canadienne diffusait sur son site Web ainsi que sur YouTube. Rien de plus facile : je n'avais qu'à appuyer sur le bouton *Record* d'une caméra HD et me mettre devant pour faire mes démonstrations, comme celles de l'entraînement sur un tapis roulant ou du lavage des mains. Le monteur de l'ASC au sol avait plus de travail puisqu'il ajoutait de la musique « spatiale » et des éléments graphiques, mais les efforts en valaient la peine : certaines vidéos ont connu une popularité virale et ont été visionnées des millions de fois. Nous avons découvert notamment que les gens s'intéressent vraiment aux moindres détails de la coupe de cheveux dans l'espace (nous confions cette tâche à un coéquipier armé d'une tondeuse électrique, un Flowbee, fixée à un aspirateur qui récupère tous les bouts de cheveux).

L'ASC a compris que nous avions une occasion en or d'éveiller la curiosité du public pour le programme spatial, et nous avons réalisé plus de cent vidéos pendant que j'étais en orbite. La vulgarisation scientifique fait partie du travail d'un astronaute, mais dans mon cas, c'est une véritable passion. Pendant vingt ans, j'ai parlé d'exploration spatiale dans de petits hôtels de ville, des écoles élémentaires et des clubs Rotary, en fait partout où l'on voulait bien m'entendre. En 2010, j'ai mis sur pied un programme intitulé *On the Lunch Pad,* où je m'entretenais avec des élèves par Skype à l'heure du dîner.

J'étais parfois frustré que si peu de gens connaissent le programme spatial et ignorent de ce fait les avantages qu'ils peuvent en tirer. Plusieurs s'opposent au « gaspillage d'argent dans l'espace » sans avoir aucune idée des sommes investies dans l'exploration spatiale. Par exemple, le budget de l'ASC est inférieur aux sommes que les Canadiens consacrent chaque année à l'achat de bonbons d'Halloween et sert à développer des satellites de télécommunications et des systèmes de radar qui fournissent des renseignements pour les prévisions météorologiques, la qualité de l'air, la surveillance de l'environnement et les études sur les changements climatiques. Dans le même ordre d'idées, le budget de la NASA n'est pas dépensé dans l'espace, mais bien sur Terre, où il est investi dans des entreprises et universités américaines et où il rapporte des dividendes, crée des emplois, des technologies innovatrices et de nouvelles industries.

Les motifs du programme spatial ne pourraient être plus ambitieux : explorer notre système solaire et découvrir ce qu'il y a là-bas. Le désir d'explorer est inscrit dans notre ADN. C'est ce que font les êtres humains depuis que le premier adolescent en mal d'aventure a quitté la grotte familiale pour voir ce qu'il y avait de l'autre côté de la colline. La plupart des gens croient qu'il vaut la peine de partir à la découverte des deux mille planètes qui tournent autour d'autres étoiles dans notre galaxie, comme nous le faisons depuis dix ans. À l'heure actuelle, des véhicules roulent sur d'autres planètes pour en savoir davantage, des orbiteurs survolent la quasi-totalité des planètes de notre système solaire et des sondes spatiales équipées de robots enrichissent notre compréhension de notre propre atmosphère et du champ magnétique qui protège la Terre des radiations.

C'est le genre de choses que j'expliquais quand je faisais de la vulgarisation, mais j'ai appris que, avant de convaincre quelqu'un de la pertinence d'investir dans le programme spatial, il faut attirer son attention. Une fois en orbite, cette tâche s'est avérée beaucoup plus facile : grâce à Internet, nous pouvions *montrer* au public comment on vit dans l'espace, en temps réel. Nous avons capté son intérêt, et notre expédition est devenue une sensation des médias sociaux. La raison est simple : les gens sont curieux de nature à l'endroit de leurs semblables. Bien sûr, ils veulent connaître le contexte global, mais ils sont captivés par l'aspect humain de l'exploration spatiale, les détails du quotidien à bord de la SSI. C'est ce qui explique pourquoi les vidéos les plus populaires concernaient les bizarreries de tous les jours.

Heureusement, nous ne manquions pas de sujets. Après quelques mois, par exemple, j'ai remarqué que la plante de mes pieds n'avait plus aucun durillon et était presque aussi douce que celle d'un bébé. Par contre, la peau du dessus de mes pieds s'était épaissie à force de se frotter contre les cale-pieds qui m'empêchaient de m'envoler lorsque je menais une expérience ou prenais une photographie, entre autres. De plus, mes yeux étaient légèrement irrités parce que l'humidité qui s'évacue naturellement grâce à la gravité adhérait à mes globes oculaires. Ces petites sécrétions que j'enlevais le matin au lever s'accumulaient aussi pendant la journée et menaçaient de coller mes paupières. Je clignais donc souvent des yeux.

Je crois que les gens aiment entendre parler de ce genre de choses parce que cela les aide à voir le monde différemment, peut-être même avec émerveillement. Sur Terre, on tient pour acquis qu'une fourchette restera bien sagement sur la table où on la dépose, mais en retirant une seule variable, la gravité, tout change. Les ustensiles s'envolent et les humains dorment en l'air. Manger, sauter, boire dans une tasse : tous ces gestes que l'on connaît depuis l'enfance deviennent tout à coup magiques, compliqués ou infiniment amusants, et parfois les trois à la fois. Selon moi, les gens aiment qu'on leur rappelle que l'impossible est rendu possible, et j'étais heureux de le faire.

Là-haut, on fait des choses sérieuses, certes, mais aussi très divertissantes. Il n'y a pas que les spectaculaires sorties spatiales, il y a également les bonbons M & M qui dansent gaiement dans leur sachet, un ballet coloré en apesanteur. La vie nous offre quantité de petits plaisirs inattendus dans l'espace, mais ici aussi, sur Terre. Je les vois plus clairement qu'avant parce que la microgravité nous oblige à porter attention à ce qui nous entoure. L'apesanteur, un nouveau jouet que l'on découvre jour après jour, nous rappelle qu'il faut trouver du plaisir dans les moindres détails, pas seulement s'en préoccuper.

* * *

Les premiers explorateurs qui ont traversé les océans à bord de grands voiliers ne se sont pas lancés sans avoir d'abord pensé à la logistique et aux détails d'ordre pratique. Ils ont cherché le bois idéal pour leur navire et le type de nourriture qui résisterait à un long voyage. Avant même de prendre le large, ils ont tenté de réduire les risques et d'améliorer leurs chances de réussite en réfléchissant à tous les aspects de leur aventure.

La Station est aussi un lieu d'expérimentation, un endroit où l'on analyse tous les tenants et aboutissants d'expéditions plus ambitieuses encore. Nous essayons de déterminer deux choses : comment pousser nos explorations plus loin dans l'Univers et comment bâtir un vaisseau spatial qui soit entièrement autonome et sécuritaire pour les humains.

En raison de tout l'exercice que nous faisons et de notre régime alimentaire strict (aucune friture, pas d'alcool, pas de biscuits ni gâteaux délicieusement riches), la plupart des astronautes reviennent sur Terre en assez bonne santé et avec un faible pourcentage de gras corporel. Mais dans l'espace, notre corps subit des effets qui pourraient être néfastes pour notre santé à long terme. Quand je fermais les paupières, par exemple, je voyais parfois de très faibles éclats de lumière : des rayons cosmiques. Ce sont des particules de haute énergie provenant d'une étoile éloignée qui frappaient mon nerf optique comme un éclair en traversant l'Univers. Ces éclairs se situaient à la limite de la perception, comme s'ils m'agaçaient pour que je les détecte. Beaucoup d'astronautes ont vécu la même expérience et cela ne me dérangeait pas vraiment, mais elle me rappelait que je n'étais plus au Kansas. Cet effet est associé à l'exposition aux radiations. Sur Terre, l'atmosphère et le champ magnétique offrent une certaine protection contre les radiations du Soleil et de milliards d'autres étoiles, mais la SSI est constamment bombardée de particules de haute énergie. Dans l'espace, les astronautes absorbent bel et bien plus de radiations que s'ils se trouvaient au niveau de la mer, et cela mérite que l'on se penche sur la question, mais jusqu'ici, les astronautes ne semblent pas courir un risque accru de cancer ou de cataractes.

Les séjours de longue durée dans l'espace provoquent d'autres changements anatomiques néfastes hors de tout doute : le système immunitaire s'affaiblit, le cœur réduit en volume puisqu'il n'a plus à lutter contre la gravité et la vue tend à baisser, parfois radicalement (et personne ne sait exactement pourquoi). La colonne vertébrale s'allonge parce que les petits sacs de liquide entre les vertèbres prennent de l'expansion tandis que la masse osseuse diminue parce qu'une partie du calcium qui sert à reconstituer les os est évacuée. En apesanteur, nous n'avons pas besoin de muscles et de masse osseuse pour soutenir notre poids, ce qui rend la vie dans l'espace très amusante, mais également très dommageable pour le corps à long terme.

Il sera important de trouver les causes de ces changements et les moyens de les prévenir et de les régler en vue d'aller explorer Mars, par exemple, puisque le voyage aller-retour prendrait au minimum deux ans. Ce serait un problème d'y envoyer des humains qui seraient incapables de voir quoi que ce soit... Naturellement, le meilleur endroit pour étudier les transformations physiques associées aux vols spatiaux de longue durée est la SSI elle-même. C'est une partie considérable du travail qu'on y fait.

Environ la moitié des expériences scientifiques que notre équipage a menées concernaient les conséquences de la vie dans l'espace sur le corps humain. Nous avons fait des tests de toutes sortes pour mesurer l'atrophie de notre cœur, observer ce qui arrive à notre densité osseuse et nos vaisseaux sanguins, détecter d'éventuels changements dans nos yeux, etc. Nous étions dans une large mesure des techniciens de laboratoire : nous nous contentions généralement de recueillir des données sans les interpréter. Pour une expérience, notamment, je mettais une goutte dans un de mes yeux, puis Tom tapait très légèrement mon globe oculaire dix fois avec un tonomètre, un petit appareil mesurant la pression intraoculaire. Les données et les images étaient envoyées sur Terre pour que des spécialistes puissent voir ce qui se passait. Tom et moi avons aussi fait des ultrasons de nos yeux pour obtenir des images précises du nerf optique, du cristallin et de la cornée (heureusement, on m'a appris plus tard que mes yeux n'ont pas subi de dommages). Guidés par des experts au sol, nous avons également procédé à plusieurs échographies squelettiques de nos colonnes vertébrales et de nos mains, ainsi qu'à des échographies cardiaques, qui sont plus complexes à réaliser.

C'était vraiment valorisant d'atteindre un niveau de compétence qui me permettait d'obtenir une bonne image du cœur de Tom et de savoir qu'un scientifique sur Terre pouvait l'interpréter. La plupart des expériences biologiques sur des humains auxquelles nous avons participé se poursuivent au-delà de notre mission : d'autres astronautes devront prendre part aux mêmes recherches afin que nous ayons un échantillon de taille significative, et nous ne connaîtrons pas les résultats avant de nombreuses années.

Avant d'aller dans l'espace, nous savons que nous serons des cobayes humains, mais des cobayes très informés et consentants. Les scientifiques et les médecins viennent à la NASA pour nous parler des tests et recherches qu'ils souhaitent mener sur nous. Ils nous expliquent ce qu'ils espèrent découvrir et dans quel but. Après ces présentations, qui durent des jours, on nous laisse des centaines de pages de renseignements, et nous devons choisir les expériences auxquelles nous voulons nous prêter. Les chercheurs médicaux feront toutes celles qu'on leur permettra de faire – dans les années 1990, des astronautes sont partis dans l'espace avec des cathéters dans le cœur et des sondes rectales – parce qu'ils cherchent constamment plus de données et plus d'astronautes à analyser. J'ai accepté de participer à toutes les études proposées sauf à celles exigeant des biopsies : je suis prêt à travailler fort et à subir quelques inconvénients, mais pas à céder des morceaux de mon corps.

Il en va autrement de l'urine. Nous passons beaucoup de temps sur la SSI à la recueillir. Les toilettes sont situées dans une cabine blanche, où se trouve, fixé dans un mur, un long tuyau muni à une extrémité d'un entonnoir jaune où nous urinons, comme un mini-urinal. Il y a des cale-pieds et des prises pour les mains pour nous empêcher de nous envoler. On saisit le tuyau, qui est retenu au mur par un morceau de Velcro, on ouvre le couvercle et on attend une quinzaine de secondes pour que l'appareil atteigne le maximum de succion avant d'uriner, sinon il y aura beaucoup de dégâts à ramasser. Même si on urine directement dans le tuyau, il restera toujours quelques gouttes sur l'entonnoir. Tracy Caldwell Dyson, qui chante depuis dix ans avec moi dans Max Q, le groupe musical constitué d'astronautes, a laissé un message inspirant sur le mur la dernière fois qu'elle est venue dans la Station : « Bénis soient ceux qui essuient l'entonnoir. » On peut se servir de toutes sortes de choses à cette fin : des mouchoirs en papier, des lingettes pour bébés, de la gaze, des lingettes sèches russes et des linges désinfectants. On met ce que l'on a utilisé dans un sac, on se nettoie les mains avec une lingette pour bébé que l'on dépose aussi dans le sac, on le referme et on le jette à la poubelle.

À moins, bien entendu, que l'on participe à une expérience et que l'on pisse pour la science, comme le font les astronautes le quart du temps. Dans ce cas, il faut apporter différents accessoires aux toilettes. Ce n'est pas si mal si on ne fait qu'un test de pH pour vérifier la fonction d'un organe et l'équilibre chimique du corps : on n'a alors qu'un graphique de données, un nuancier, un coton-tige, une bande de papier indicateur de pH, des lingettes humides et un petit sac. Et comme tout le reste, ces objets sont susceptibles de s'envoler dans tous les sens (pour une raison qui m'échappe, au Johnson Space Center nous ne participons à aucune simulation pour apprendre comment tenir plusieurs petits objets tout en soulevant un tuyau pour se soulager). C'est ici qu'entre en jeu le génie issu de décennies de formation technique poussée. Au bout de quelques jours, je me suis dit que je pouvais coincer tous les petits articles dans un des livres qui se trouvent aux toilettes, ce qui ferait un bon piège. Quand j'aurais terminé, je pourrais recueillir quelques gouttes de l'entonnoir avec un coton-tige que je frotterais ensuite sur le papier pH, comparer la bande au nuancier pour obtenir une lecture valable, noter les résultats sur le graphique de données, puis nettoyer comme d'habitude. La première fois, toute l'opération a pris quinze minutes, mais avec un peu d'expérience, j'ai pu la faire en trois fois moins de temps.

Recueillir un échantillon d'urine était autrement plus compliqué. Il fallait apporter un étui d'éprouvettes, une trousse de nettoyage complet et un gros sac en plastique qui ressemblait à une bouillotte, sauf qu'à une extrémité est fixé un condom et à l'autre, une longue éprouvette fine comme une aiguille hypodermique surmontée d'un diaphragme en caoutchouc bleu. Dans le sac se trouvait un produit chimique qu'on devait mélanger avec l'échantillon d'urine pour que l'expérience soit valable. J'avoue que j'ignore comment s'y prennent mes consœurs, mais comme vous le lirez bientôt, c'est certainement différent de la méthode masculine.

Il faut d'abord étirer le sac semblable à une bouillotte pour s'assurer que la petite cloison entre le condom et le sac est ouverte au maximum, afin que la puissance du jet puisse ouvrir la valve antireflux et remplisse le sac plutôt que d'éclabousser partout, sur les murs, sur vous… (vous voyez un peu). Une fois le sac rempli, vous le déposez dans un sac à fermeture Ziploc au cas où il y aurait des fuites (ça arrivera, c'est sûr) et vous l'agitez vigoureusement pour que le produit chimique se mélange bien à l'urine.

À cette étape-ci, quand les gouttes d'urine flotteront et couvriront vos mains, il est généralement souhaitable de vous rappeler que vous faites tout cela au nom de la science. Prenez une minute pour vous nettoyer et pendant que vous y êtes, profitez-en pour essuyer le plafond et les murs avec un linge désinfectant – il vous reste certainement une main libre !

Maintenant, il faut remplir les éprouvettes : parfois une seule, mais le plus souvent cinq. Vous écrivez sur chacune l'heure, la date et votre nom avec un Sharpie. Quand vous avez agité l'urine et le produit chimique, des bulles se sont formées dans le sac, vous devez donc le remuer – délicatement ! – comme une centrifugeuse pour que les bulles se rendent à l'extrémité où se trouve le condom. Puis, remplissez chaque éprouvette aux trois quarts (pour prévoir l'expansion du liquide à la congélation) en versant par le petit diaphragme bleu. Par chance, vous pouvez coller les éprouvettes au mur parce qu'elles sont munies de Velcro. Quand vous aurez terminé, scellez le grand sac dans le Ziploc en en chassant l'air puis nettoyez-vous à nouveau.

Il est maintenant temps d'allumer le lecteur de codes à barres et d'apposer un code à barres sur chaque éprouvette, de les mettre dans un filet et de les déposer dans un congélateur de laboratoire MELFI réglé à -96 degrés Celsius. Cet appareil semble conçu pour une morgue, avec ses tiroirs coulissants qui contiennent de longues boîtes rectangulaires. Celles-ci sont si froides qu'il faut porter des gants blancs spéciaux pour les manipuler et on ne peut laisser le MELFI ouvert que soixante secondes au maximum pour ne pas abîmer les échantillons qui s'y trouvent déjà. C'est difficile par contre parce que dès qu'on ouvre une boîte, les filets qui y sont rangés s'en échappent. Comme un apiculteur avec ses abeilles qui sortent de la ruche, il faut les rentrer dans la boîte avec le nouveau sac et fermer le tiroir soigneusement puisque celui-ci coincera si le moindre morceau de tissu dépasse. Nous avons répété cette manœuvre au sol où, bien entendu, rien ne cherche à s'échapper grâce à l'apesanteur. Voici la partie amusante (sérieusement) : lorsqu'on le repousse en place, le tiroir rejette des cristaux de glace qui nous enveloppent le haut du corps comme un nuage.

Enlevez vos gants, et voilà ! Votre tâche est faite. Le processus n'aura pris qu'une quarantaine de minutes. Vous savez maintenant combien de temps il vous faudra prévoir chaque fois que vous irez aux toilettes pour les quatre prochains jours, soit la durée moyenne d'une expérience. Oh, et puis n'oubliez pas de coordonner vos visites au petit coin avec vos collègues qui eux aussi urinent pour la science puisque le MELFI ne peut être ouvert qu'une seule fois toutes les quarante-cinq minutes.

Les expériences que nous faisions ne consistaient pas uniquement à jongler avec notre urine. Notre équipage a également testé un appareil appelé Microflow, une boîte de la taille d'un grille-pain qui utilise la fibre optique et un rayon laser pour analyser les échantillons de sang et fournir des lectures en moins de dix minutes. Il s'agit d'une formidable invention technologique portative qui serait la bienvenue dans les communautés rurales. Nous avons aussi collaboré à RaDI-N 2, une expérience canadienne visant à détecter et à mesurer les niveaux de radiation neutronique dans la SSI. Je l'aimais pour sa simplicité et son élégance : des éprouvettes remplies d'un gel polymère transparent étaient disposées à différents endroits de la Station. Quand un neutron frappait une éprouvette, il se produisait une bulle de gaz visible. Un lecteur analysait ensuite les éprouvettes pour déterminer quels modules de la SSI recevaient le plus de radiations. (Il s'avère que certains modules sont mieux protégés que d'autres, même si on ne connaît pas l'ampleur du problème ni les conséquences à long terme pour les astronautes et les cosmonautes.)

Certaines de mes expériences préférées étaient celles qui cherchaient à répondre à des questions fondamentales comme : « De quoi l'Univers est-il constitué ? » Le spectromètre alphamagnétique installé à l'extérieur de la SSI recueille de la matière noire et des particules de haute énergie qui fourniront peut-être une réponse. Une autre étude observe le comportement des nanoparticules et la façon dont elles s'agglutinent sans le poids de la gravité. La plupart des quelque cent trente expériences menées à bord ne peuvent tout simplement pas être réalisées sur Terre. Nous sommes là pour nous assurer que les scientifiques au sol obtiennent l'information dont ils ont besoin.

C'est à la fois un honneur et une lourde responsabilité de travailler dans cet immense laboratoire orbital. Trouver des moyens de soutenir la vie dans un environnement hostile a produit des milliers de retombées concrètes, comme les sous-vêtements à régulation thermique ou les pompes cardiaques artificielles inspirées de la technologie des pompes à combustible dont était dotée la navette spatiale. Les bénéfices et les dérivés des recherches menées dans l'espace touchent à tous les domaines : de l'agriculture à la médecine et à la robotique. Les données récoltées sur la navette et la Station spatiale internationale sont récupérées par Google Maps. Les expériences sur différents protocoles d'alimentation et d'exercices physiques ont révélé comment éviter à jamais une forme débilitante d'ostéoporose. L'équipement robotisé maintenant utilisé dans les zones des centrales nucléaires trop dangereuses pour les humains s'inspire directement du Canadarm2. La liste est longue...

Souvent, nos tâches n'ont rien de prestigieux, mais peu importe. Le lieu de travail, par contre, est particulièrement spectaculaire.

* * *

Tous les matins, la NASA envoie à la SSI un horaire de ce que nous sommes censés accomplir dans la journée, par tranches de cinq minutes. Trois types d'activités revenaient presque tous les jours. Premièrement, l'entretien courant (vérification des appareils, nettoyage, inspection de l'usure de l'équipement, etc.) auquel s'ajoutaient parfois des réparations programmées, comme la révision complète du système de communication. Une autre période était consacrée à la science : je devais par exemple travailler à l'expérience X durant Y minutes tandis que Tom devait faire l'expérience A pendant B minutes, etc. Nous nous trouvions souvent dans des modules distincts affairés à des tâches complètement différentes. Et enfin, du temps pour les loisirs.

C'était une existence réglée au quart de tour, mais à plusieurs égards, plus simple que sur Terre. Je n'étais pas continuellement en déplacement. Je ne m'entraînais pas jour après jour pour résoudre d'éventuels problèmes. Nous faisions un peu de formation – l'entraînement à des techniques de robotique sur un simulateur ou le bras télémanipulateur, des conférences avec des instructeurs pour préparer un rendez-vous spatial –, mais dans l'ensemble, notre emploi du temps était moins chargé. Nous parvenions même parfois à terminer nos tâches plus rapidement que ne l'avaient prévu les équipes au sol.

Alors, que fait-on sur la SSI si l'on a dix minutes d'avance sur l'horaire ? On peut toujours regarder par le hublot. Je considérais chaque minute de loisir comme une excellente occasion de profiter de la vue. Une autre chose que nous aimons faire de nos temps libres, c'est profiter de l'apesanteur. Il n'était pas rare de croiser un coéquipier en train de faire des pirouettes, des culbutes ou des sauts pour le simple plaisir. Nous aimions aussi jouer avec l'eau : quelqu'un faisait prudemment sortir une bulle d'eau d'un sac à boire et, comme des enfants jonglant avec des bulles de savon, nous nous déplacions autour et soufflions doucement dessus. Si nous ne faisions pas attention, elle se fragmentait et causait de gros dégâts. Le débit d'air forcé qui attire les objets vers un appel d'air nous compliquait la tâche et parfois, pour éviter le désastre, il fallait nous résoudre à l'avaler rapidement. Nous utilisions de temps à autre de la soie dentaire pour faire tourner la bulle et lui mettre des obstacles. Nous la pourchassions en riant jusqu'à ce qu'elle s'approche dangereusement d'un mur. Nous devions alors l'attraper avec une serviette.

Si nous nous sentions plus téméraires, nous jouions avec une bulle de café ou de jus. On risquait de plus gros dégâts, mais les couleurs produisaient un bel effet sur les photos. Nous avons aussi photographié des bulles d'eau en tentant d'y capter nos réflexions inversées. Un jour, j'ai très délicatement injecté de l'huile poivrée (cette épice est mêlée à de l'huile pour éviter qu'elle se répande dans l'air et provoque des crises d'éternuement) dans une boule d'eau pour créer une jolie sphère-dans-une-sphère qui tenait grâce à la force de répulsion.

Nous avons inventé spontanément un autre jeu pendant une courte pause dans notre horaire. Les équipes de soutien au sol utilisent du film à bulles pour emballer des articles fragiles, comme l'équipement de laboratoire. Quand il ne nous servait plus, nous le déposions dans un grand sac de marin au fond du module japonais, pour ne pas nous encombrer. De temps à autre, nous devions nous rendre à cet endroit à l'autre bout de la Station pour aller porter du film. La traversée de la SSI nous fournissait le prétexte de tester nos talents pour le vol en apesanteur – l'élégance efficace est une véritable source de fierté pour la plupart des astronautes, moi y compris – et nous en avons fait un jeu : voler de la table où nous prenons nos repas dans le module de jonction numéro 1 jusqu'au sac, y ranger adéquatement un morceau de film à bulles, puis revenir le plus vite possible. Nous nous sommes même mis à accumuler le film à bulles pendant la journée en vue de nos courses chronométrées à l'heure du souper. Le spectacle d'astronautes qui rivalisaient de vitesse en tenant un bout d'emballage, puis qui tournaient vivement le coin en agitant les bras et les jambes dans tous les sens pour réapparaître quelques secondes plus tard en essayant de franchir le fil d'arrivée en première place nous faisait rire à tout coup. Je me souviens de ma fierté démesurée lorsque j'ai terminé le circuit en quarante-deux secondes.

Il y avait également des périodes de loisir prévues à l'horaire, à la fin de la plupart des journées. De plus, nous avions une charge de travail réduite la fin de semaine. Pour nous distraire, les agences spatiales fournissent des DVD et des livres, ainsi que des instruments de musique : un clavier, un ukulélé, un didgeridoo et une guitare fabriquée par (je tiens à le préciser par fierté nationale) le Vancouvérois Jean Larrivée. La faire livrer à la Station n'a pas été aussi simple que d'en choisir une à l'atelier puisque nous devons tester tout objet que nous y apportons pour nous assurer qu'il n'émet pas trop de radiations électromagnétiques ni de produits chimiques, comme du benzène, qu'il serait dangereux d'inhaler dans un espace clos.

Cette guitare m'a mis à l'épreuve. L'apesanteur influait sur ma façon de jouer les accords. Au début, mes doigts anticipaient de la résistance (inexistante dans l'espace) et manquaient les frettes. Il m'a fallu quelque temps pour adapter ma technique de jeu. Il y avait toutefois un avantage non négligeable : je n'avais plus besoin de bandoulière puisque l'instrument flottait devant moi. Il fallait tout de même que je le tienne contre mon corps pour éviter qu'il s'envole. La musique, par contre, ne changeait pas. Elle produit le même effet que sur Terre, en dépit des sifflements et des ronronnements des ventilateurs et des pompes, des craquements du métal qui se contracte et se dilate en fonction de notre position par rapport au Soleil. Les bruits ambiants étaient parfois si forts que j'avais l'impression d'être assis au fond d'un autobus. Le meilleur endroit pour jouer, c'était mon coin couchette. Tom et Roman grattaient la guitare eux aussi, et la plupart des soirs, nous entendions les mélodies de l'un ou de l'autre, comme s'ils jouaient autour d'un feu de camp à proximité.

Beaucoup de gens croient que nous menons une vie de solitaires sur la SSI, si loin de la Terre. Mais nous avions beaucoup de moyens de communication : radio amateur, VHF ou Internet, sans oublier nos ordinateurs portables reliés à un serveur à Houston par l'entremise d'un relais satellite, ce qui nous permettait d'aller facilement en ligne. Nous pouvions profiter de cette liaison de données la moitié du temps. Même si elle était plus lente qu'un accès par ligne commutée et que la vidéo en continu mettait nos nerfs à rude épreuve, ce système convenait parfaitement à l'échange de courriels. Nous faisions des efforts délibérés pour nous tenir au fait de l'actualité et nous ne nous sentions pas isolés du monde. Le jour de l'attentat au marathon de Boston, par exemple, j'en savais davantage que le capcom. Il ne manquait pas de gens avec qui converser sur Terre : le Centre de contrôle de mission était omniprésent et je pouvais facilement passer un coup de fil à mes parents et amis.

En fait, au début de notre expédition, j'appelais mes enfants une fois par jour jusqu'à ce que Kyle me dise : « Papa, pourquoi nous appelles-tu sans cesse ? On a compris : tu es en sécurité ! » De toute évidence, recevoir un appel téléphonique directement de l'espace ne faisait plus effet. Le délai de deux secondes, cet écho irritant, ne facilitait pas les conversations. Sur Terre, les membres de ma famille ne parlent pas beaucoup au téléphone parce que les enfants vivent éloignés – Kristin fréquente une université en Irlande, Kyle vit en Chine et Evan étudiait, jusqu'à tout récemment, dans une université allemande –, mais nous communiquons régulièrement par l'entremise d'un bavardoir familial sur Skype. Comme je ne pouvais pas facilement y accéder de l'orbite, j'ai pris l'habitude de téléphoner et d'écrire tous les jours à Helene, tandis que je communiquais surtout par courriel avec Kristin et Evan. Kyle, pour sa part, a dû se résoudre à me parler au téléphone parce qu'il n'aime pas beaucoup écrire. C'est un joueur de poker professionnel et je m'informais de ses résultats, de la ville de Wuhan où il venait de s'installer et de ce qu'il avait fait avec ses amis. Je voulais qu'il me parle de lui, et non l'inverse. Je me livrais déjà beaucoup dans les vidéoconférences avec les écoles et les journalistes. Kyle est vif d'esprit et a une façon particulière de voir les choses. Je me sentais toujours sur Terre quand je l'avais au bout du fil.

Mes enfants me manquaient, mais pas davantage que sur Terre quand je ne les vois pas assez à mon goût. Ma femme aussi me manquait, même si nous nous parlions passablement plus souvent que lorsque je suis en déplacement. Mais je ne souffrais pas de solitude. D'après moi, la solitude n'a pas grand-chose à voir avec l'endroit où on se trouve : c'est un état d'esprit. En plein cœur de chaque grande métropole vivent les personnes les plus esseulées au monde. Je ne me suis jamais senti comme cela dans l'espace, ne serait-ce que parce que la Terre s'offrait à ma vue derrière mon hublot. J'étais encore plus conscient de la présence des sept milliards d'êtres humains qui partagent la planète et j'avais l'impression d'être branché à eux.

J'éprouvais aussi de l'attachement pour mes coéquipiers. Sur la SSI, comme les cosmonautes et les astronautes suivent des horaires distincts et que les deux secteurs du vaisseau sont séparés, il faut faire des efforts délibérés pour se rencontrer. Nous l'avons fait souvent au cours des cinq mois que nous avons vécu là-bas, nous flottions jusqu'au module des Russes pour passer un petit quart d'heure en leur compagnie après souper. Les repas sont des occasions importantes pour fraterniser, surtout lorsqu'il n'y a que trois personnes à bord. Roman s'est retrouvé seul dans le module russe après le départ de l'équipage de Kevin, et nous l'avons encouragé à venir manger avec nous, ce qu'il a souvent fait. Nous discutions tous les trois et écoutions de la musique (Roman en avait une sélection époustouflante sur son iPad).

La préparation des repas n'est pas laborieuse sur la SSI. Tous les liquides (incluant le thé et le café) sont fournis dans des sachets, la plupart sous forme déshydratée. Nous n'avons qu'à ajouter de l'eau et à aspirer le contenu par une paille. Nous avons recours au même principe pour la plus grande partie de la nourriture consommée à bord : nous injectons de l'eau chaude ou froide directement dans l'emballage au moyen d'un genre d'aiguille, nous le découpons, puis nous y plongeons nos ustensiles. On nous sert beaucoup d'aliments collants – comme du gruau, du pouding et des épinards cuits – parce qu'ils s'agglutinent et s'attrapent plus facilement à la cuillère. On réussit à les manger sans avoir à traquer les bouchées partout dans la Station. Nous avions des fruits et légumes frais une fois par mois seulement, lorsqu'un vaisseau-cargo ou un Soyouz venaient nous ravitailler. Un jour, nous avons eu une pomme verte croquante et une orange chacun. Une autre fois, c'étaient une banane, deux tomates et deux oranges. Et un autre jour, un gros oignon chacun !

Bien que l'absence de réfrigérateur limite les choix, la nourriture spatiale est en général plus savoureuse qu'on l'imagine. Elle est aussi très variée : on nous prépare une sélection de plats russes – mijotés de bœuf, saumon à la vapeur – et américains, plus certaines spécialités étrangères. J'ai également reçu en supplément des gâteries typiques du Canada, comme du saumon fumé, de la viande de bison séchée, un tube de sirop d'érable, et même du café Tim Hortons, la boisson caféinée préférée de l'équipage (Roman appelait tout le reste du *deputy coffee* ou « café de remplacement »).

De nombreux astronautes, moi y compris, ont une envie folle de mets épicés parce que la congestion causée par l'apesanteur rend tous les aliments fades, comme lorsqu'on a un rhume de cerveau. Mon plat favori était un sachet de cocktail de crevettes accompagné de sauce au raifort relevée, qui non seulement avait bon goût, mais aussi dégageait mes sinus.

Nous étions parfois un peu ambitieux et nous nous préparions quelque chose de spécial pour nous-mêmes, comme un sandwich au beurre d'arachide et à la confiture. Il n'y a pas de pain à bord parce que les miettes causeraient beaucoup de problèmes. Nous utilisions donc des tortillas résistantes à la moisissure et expressément emballées pour nous. À d'autres occasions, nous organisions un repas de fête, comme ce déjeuner soulignant la sortie extravéhiculaire des Russes en avril. Nous avons servi des gaufres et du sirop d'érable – ils en mangent rarement le matin –, du brie, des frappés aux fruits et des fraises déshydratées. Nous avons traîné un long moment à table ce dimanche-là, nous flottions dans une salle sans hublot en buvant café sur café (du vrai), nous avons ri et discuté. Nous étions les personnes les plus chanceuses au-dessus de la Terre.

Dans l'espace, même la journée la plus banale se passe comme dans un rêve. À certains égards, bien entendu, c'est cet endroit improbable qui rend l'expérience aussi transcendante. Mais si l'on creuse un peu, la vie au-dessus de la Terre est sur deux plans pas du tout hors de ce monde : on peut choisir de se concentrer sur les surprises et les plaisirs, ou encore, sur les frustrations. Et on peut décider d'apprécier les plus banales expériences et les moments du quotidien, ou de n'aimer que les plus grandioses et spectaculaires. Au bout du compte, la vraie question à se poser, c'est si l'on veut être heureux. Je n'ai pas eu à quitter la planète pour trouver la bonne réponse, mais savoir ce que c'était m'a certainement amené à adorer la vie au-dessus de la Terre. Ma plus grande frustration, en fait, c'était que je devais dormir. Ça me semblait un « gaspillage d'espace », où il me restait tant de choses à faire, à voir, à sentir.

Astronaute rectangulaire, trou rond

À dix ans, je souhaitais plus que tout recevoir un appareil photo pour Noël. Ma lecture assidue du *National Geographic* m'avait donné une idée : si mon rêve de devenir astronaute ne se réalisait pas, je pourrais toujours me rabattre sur la photographie. À mon lever le matin du 25 décembre, j'ai découvert avec joie un Kodak Instamatic sous le sapin. Je n'ai pas tardé à prendre des photos d'ambiance de ma collection de modèles réduits de voitures disposée devant des miroirs, puis j'ai fait développer les rouleaux de pellicule. Les clichés étaient mal éclairés et quelconques. J'en ai donc fait d'autres, mais après avoir dépensé presque toutes mes économies pour les faire imprimer, j'ai eu une révélation : jamais je ne deviendrais photographe professionnel. Mes photos étaient horribles. J'ai rangé mon Instamatic pour de bon.

Des années plus tard, Helene et moi avons reçu un bel appareil en cadeau de noces : un Canon trente-cinq millimètres lourd et volumineux comme un enfant. J'ai fini par m'améliorer en jouant avec les lentilles et les réglages, mais personne ne pouvait prétendre que mes portraits de famille avaient des qualités artistiques. J'en réussissais une de temps à autre, mais c'était le fruit du hasard et non l'œuvre d'un photographe aguerri.

Par contre, dans l'espace, je devais être en mesure de prendre de bonnes photos avec un peu plus de régularité. Heureusement, ou pas, comme je n'étais pas le seul astronaute dénué de talents dans ce domaine, la NASA a embauché des photographes professionnels pour nous donner des leçons. C'était laborieux : imaginez un professeur se lançant dans des envolées lyriques sur la vitesse d'obturation devant des pilotes de chasse qui l'interrompent en disant : « Vous n'avez qu'à nous dire sur quel bouton appuyer » et vous aurez une idée plutôt juste de ce qui se passait en classe. Certains astronautes ont un talent fou, comme mon ami Don Pettit, qui en connaissait suffisamment pour demander des lentilles et des appareils adaptés lorsqu'il est allé sur la Station spatiale internationale. Ses séquences de photos d'aurores boréales nous ont fait voir le monde sous un nouveau jour. Moi, j'étais bien en deçà de son niveau quand j'ai séjourné sur la SSI en 2012. Je pouvais viser et appuyer sur le déclencheur, sans plus.

Deux ans auparavant, l'Agence spatiale européenne avait installé sur la SSI un module d'observation appelé « la coupole ». De l'extérieur, elle ressemble à une verrue hexagonale sur le ventre du Nœud 3, mais elle a une tout autre apparence de l'intérieur. C'est une merveille, un dôme vitré qui permet de contempler le monde sur trois cent soixante degrés. Les six faces sont constituées de fenêtres trapézoïdales surmontées, vis-à-vis de la Terre, d'un immense hublot rond de près de quatre-vingts centimètres, le plus grand sur un vaisseau spatial. En plus d'être très fonctionnelle, c'est la plus belle des chambres avec vue. Nous pouvons, à partir des postes de travail de contrôle et de commande qui s'y trouvent, guider les manœuvres à l'extérieur de la SSI, notamment le télémanipulateur.

Pour pénétrer dans la coupole, il faut filer devant les toilettes et l'exerciseur, comme si l'on plongeait au fond d'une piscine, puis se hisser à l'intérieur où le point de vue change du tout au tout : en levant les yeux, on aperçoit la Terre. La coupole est petite, à peine trois mètres de diamètre à son point le plus large, et les pieds pendent à l'autre extrémité parce qu'elle a moins de un mètre soixante-dix de hauteur, mais peu importe : on s'y sent comme à l'intérieur de son planétarium personnel. Sur le plan visuel, c'est ce qui se rapproche le plus d'une sortie spatiale : on ne voit plus la SSI, c'est comme si on s'en échappait mentalement pour s'immerger dans l'immensité de l'Univers.

Nous conservons jusqu'à huit appareils photo dans la coupole. Dans ce paradis pour photographes (tous les autres hublots de la Station sont petits), même moi, j'avais envie d'immortaliser les orangés éclatants du Sahara et la tache floue de smog flottant au-dessus de Pékin. Au cours de ma première journée à bord, j'ai choisi un appareil muni d'une lentille de quatre cents millimètres (en espérant qu'un coéquipier l'avait déjà réglé puisque j'ignorais comment faire) et je me suis mis à prendre des photos. J'avais l'impression d'observer le monde à travers une paille : on pouvait saisir la ville de Chicago en entier, mais pas les cinq Grands Lacs.

Au cours des deux années précédentes, j'avais publié sur mon compte Twitter principalement des instantanés de mon entraînement prévol, surtout parce que mon fils Evan me l'avait conseillé. À titre de gourou en communication de la famille, il connaît bien les médias en général, et les médias sociaux en particulier. Depuis des années, il me proposait de nouvelles façons d'attirer l'attention du public sur le programme spatial. Il m'avait aidé à organiser des événements sur des sites comme Reddit, où les gens pouvaient m'interroger sur des sujets de toutes sortes. On m'y posait des questions techniques (sur les moteurs, par exemple) ou d'ordre général, on m'a demandé si les astronautes sont religieux (il y a de tout, de l'athée convaincu au plus sincère dévot, mais quelles que soient leurs croyances, elles tendent à s'affirmer davantage lors d'un voyage dans l'espace) et on a voulu savoir quelle est ma plus grande peur (que quelque chose de grave arrive à un de mes enfants).

Selon Evan, un spécialiste du marketing, je devais profiter de mon séjour sur la SSI pour mettre en valeur la splendeur et l'aspect merveilleux de l'espace. C'était l'occasion pour moi d'arrêter d'expliquer à quel point le programme spatial est inspirant et de le montrer. Je n'avais qu'à publier de belles photos prises à bord de la Station. Twitter a le mérite de la facilité d'utilisation – écrire la légende accompagnant une photo ou répondre à une question n'a rien de sorcier – et celui de l'instantanéité. Je pouvais partager sur Twitter le paysage que je voyais de la coupole quelques minutes à peine après l'avoir admiré moi-même.

Mais tout cela dépendait évidemment de ma capacité à prendre des photos vraiment hors du commun. C'était le dilemme classique de l'astronaute rectangulaire dans un trou rond : Evan me considérait comme le messager de la beauté céleste, mais quand il était question de photographier cette beauté céleste, je n'étais que Joe le pilote de chasse. C'est ce que je lui avais expliqué lorsqu'il était venu me rendre visite à Baïkonour pendant ma quarantaine, et il n'avait pas protesté. Après tout, mon fils connaissait mon œuvre de photographe familial. Et puis, avait-il ajouté, je pourrais faire d'une pierre deux coups en améliorant la formulation de mes gazouillis. Il les trouvait trop officiels, « robotiques » était son mot exact, si ma mémoire est fidèle. Quelle était la solution ? Il avait souri et m'avait conseillé de me contenter de communiquer mon émerveillement sur l'espace.

Bien. Le 22 décembre, j'ai publié sur Twitter mes premiers clichés pris à partir de la coupole. J'avais alors vingt mille abonnés et du temps libre pendant les fêtes pour améliorer la qualité de mes micromessages de cent quarante caractères. Selon moi, je ne risquais pas de me tromper en nommant ce que j'avais photographié et en faisant une analogie quelconque, comme comparer des rivières à des serpents. Deux jours plus tard, j'ai mentionné dans un message un lien vers un enregistrement que je venais de faire de la chanson *Jewel in the Night,* écrite par mon frère Dave. Ce n'était qu'une première prise – j'avais simplement appuyé sur le bouton « Enregistrer » de mon iPad et commencé à gratter ma guitare. C'est ce qui explique qu'on entend les bruits de fond de la Station spatiale.

J'ai obtenu l'approbation de mon fils, ce qui était un changement encourageant, à tel point qu'il a accepté de me rendre service en affichant des liens vers différents sites Web pour voir si mes abonnés les consulteraient. Puis il a eu cette idée : pourquoi ne pas enregistrer les bruits de la SSI, sans accompagnement musical ? Les gens qui n'y avaient jamais mis les pieds ne les avaient jamais entendus. J'ai donc procédé à quelques enregistrements que je lui ai envoyés sous forme de fichiers audio. Il les a publiés sur SoundCloud, un réseau social fréquenté par des abonnés très différents de ceux de Twitter.

Je m'explique ce qui a suivi d'une seule façon : mon fils a eu du temps libre pendant les fêtes. Maniaque de jeux vidéo depuis des années, il jouait maintenant à un jeu nouveau genre qui avait un objectif noble : la vulgarisation. Pendant ce temps, la plupart des spécialistes des communications de la NASA et de l'ASC étaient eux aussi en congé, et lorsqu'ils sont revenus au bureau au début de janvier, ils ont été sidérés et légèrement inquiets par cette visibilité. Le 2 janvier, j'avais le double d'abonnés Twitter, soit quarante-deux mille sept cents. Cinq jours plus tard, leur nombre avait presque triplé pour atteindre cent quinze mille. Tout à coup, les journaux, magazines et médias en ligne diffusaient des articles au sujet des photos que j'avais publiées, de mes échanges avec William Shatner et d'anecdotes sur la vie dans l'espace. Que se passait-il donc ?

L'amélioration de mes photos n'expliquait pas tout. Mon regard s'aiguisait à force de prendre une centaine de clichés par jour. J'ai appris ce que je devais rechercher : des couleurs et textures étranges, des ruptures et des formes étonnantes – comme cette île au large de la Turquie qui, vue de l'espace, ressemble à un point d'exclamation ou la rivière du Brésil qui évoque le S sur la poitrine de Superman. Les gens s'émerveillaient en contemplant le monde à travers le regard d'un astronaute et aimaient par-dessus tout voir leur région de mon point de vue. Toutefois, le travail d'Evan, qui rediffusait mes photos, mes enregistrements et les vidéos de l'ASC sur YouTube, Tumblr, SoundCloud et d'autres sites est la principale raison de ma popularité soudaine. Il s'était fixé un défi : rendre de plus en plus de personnes passionnées par l'espace. Ma fille, Kristin, un génie de l'analyse statistique, l'aidait depuis l'Irlande, où elle a scruté, par exemple, la corrélation entre le nombre de messages réacheminés et celui des nouveaux abonnés (il n'y en avait aucune).

J'étais fier de mon fils, qui parvenait à lui seul, et bénévolement, à faire croître l'intérêt et l'enthousiasme du public à l'égard du programme spatial, et je lui en suis reconnaissant. Pendant des années, mes enfants avaient levé les yeux au ciel chaque fois que je me lançais dans un sermon sur l'importance du service public, mais Evan se surpassait : il était un bon Samaritain sous les traits d'un cynique.

* * *

La visibilité obtenue dans les médias me sidérait, mais la cérémonie de passation des pouvoirs du 14 mars 2013, lorsque j'ai officiellement pris les commandes de la SSI, m'a ému non pas parce qu'elle a été télévisée, mais bien parce que Kevin Ford l'a rendue touchante. À mon insu, il avait soigneusement préparé un discours en hommage au Canada et avait fait jouer notre hymne national, démontrant qu'il comprenait bien ce que ce moment signifiait pour notre pays qui exerce peu d'influence en matière de politiques spatiales.

Ma fonction de commandant ne changerait pas grand-chose à mon quotidien dans la Station. Si rien de spécial ne survenait du reste de notre séjour là-haut, il se pourrait bien que je ne donne aucun ordre. En cas de crise, toutefois, je porterais la sécurité de l'équipage et du vaisseau sur mes épaules. Prendre conscience de mon rôle a transformé mon expérience de manière subtile : je suis devenu encore plus vigilant, et mon sentiment de responsabilité à l'égard du bien-être de mes hommes s'en est trouvé accru. J'ai donc misé sur une stratégie sûre et éprouvée : le chocolat. Le matin de Pâques, tous les membres d'équipage ont découvert à l'extérieur de leur coin couchette un sac d'œufs en chocolat de grande qualité, cadeau d'Helene qui les avait fait expédier à Baïkonour longtemps à l'avance. J'ai également pris l'habitude de me pointer dans le module russe avec des tablettes de chocolat que tous acceptaient avec plaisir, sauf pour Roman qui les contemplait avec envie en marmonnant qu'il était au régime.

À cette époque, trois nouveaux coéquipiers étaient venus à bord grossir les rangs de l'Expédition 35 : les cosmonautes Pavel Vinogradov et Sacha Missourkine, ainsi que l'astronaute américain Chris Cassidy. Après deux semaines de solitude, Roman était ravi d'avoir de la compagnie dans le module russe et Chris, un ancien membre des SEAL de la marine qui en partage encore l'éthique de travail, a été bien accueilli dans la section américaine.

Nous étions un équipage heureux et, ce n'est pas une coïncidence, très productif. Au cours de l'Expédition 35, qui a débuté officiellement le 15 mars, nous avons réalisé un nombre record d'expériences scientifiques, tout en trouvant le temps de nous livrer à nos courses et à nos jeux. Pour créer de l'ambiance, nous organisions de temps à autre des vidéoconférences avec des célébrités. Il y a plusieurs années, la NASA et les autres agences spatiales avaient pris l'initiative de mettre sur pied de tels événements pour ajouter un peu de piquant aux missions de longue durée. Plusieurs mois avant le lancement, on a demandé à chacun d'entre nous avec qui nous aimerions nous entretenir lorsque nous serions dans la SSI. J'avais souhaité parler avec des musiciens canadiens, comme Bryan Adams et Sarah McLachlan, tandis que Tom voulait discuter avec Peter Jackson, le réalisateur des films de la série *Le Seigneur des anneaux*. Ces conférences duraient environ une heure, assez longtemps pour avoir une bonne idée de nos intérêts et de nos vies.

Nous aimions tous beaucoup prendre part à ces rencontres virtuelles, surtout pour les aspects surréalistes qu'elles présentaient. Je n'oublierai jamais ma conversation avec Neil Young, assis sur la banquette arrière de sa Lincoln Continental 1959 récemment convertie en voiture hybride. Nous nous sommes tous deux penchés vers l'avant, intrigués autant par l'étrange véhicule que par la vie de l'autre. Quand je lui ai demandé conseil sur la composition, il m'a dit : « Je n'écris jamais de chansons, je les prends en note. » Il a ajouté que, si une chanson n'émerge pas de nous de son propre gré, mieux vaut l'attendre. Le chanteur m'a également expliqué qu'il s'efforce de ne pas porter de jugement sur une composition avant qu'elle soit terminée « pour éviter qu'elle s'empoisonne ou stagne dans son développement ». Maintenant, chaque fois que j'écris une chanson, je me rappelle ses conseils.

En fait, quand j'étais dans l'espace, j'ai eu la chance unique d'interpréter une chanson que j'avais composée sur Terre avec Ed Robertson, du groupe Barenaked Ladies, intitulée *I.S.S.* (*Is Someone Singing ?*), dans le cadre de Lundi en musique. Lors de cet événement télévisé organisé par la Coalition pour l'éducation en musique, un chœur de près d'un million de jeunes de partout dans le monde m'a accompagné pendant que je chantais en flottant dans le laboratoire japonais de la SSI. La coordination de ce numéro a exigé une longue préparation, mais chaque minute de travail a valu la peine lorsqu'on voit tous ces enfants inspirés et motivés par la Station. J'avoue que cette vidéo m'émeut encore quand je la regarde.

Sur le plan des communications avec le grand public, ce fut un des points saillants de mon mandat de commandant, même si j'ai participé à des dizaines de séances de questions et réponses amusantes avec des élèves des quatre coins de la planète. Ce n'était jamais difficile d'éveiller leur enthousiasme au sujet de l'aventure spatiale. Je n'avais qu'à lâcher le microphone pour qu'il flotte quelques secondes, ensuite, je répondais à l'inévitable question sur les toilettes dans l'espace et ils devenaient accros.

J'ai vécu un autre moment marquant le 19 avril lorsque Roman et Pavel, qui allait occuper le poste de commandant à mon départ, ont participé à une sortie spatiale. En allant les retrouver pour les assister, j'ai fait escale auxdites toilettes. J'ai entendu le bruit et le ronronnement habituels et rassurants, puis plus rien, aucune succion, et un petit dégât. Personne ne pouvait m'aider : Tom faisait une expérience dans le module européen qui l'empêchait de se déplacer et même de parler à la radio, tandis que Chris et Sacha vaquaient à d'autres tâches dans le Soyouz. En raison de la configuration de la Station et des occupations de chacun, nous ne pouvions même plus utiliser les toilettes russes.

La nôtre devait être réparée sur-le-champ, qu'une EVA soit au programme ou non. Houston a élaboré un plan : j'ai dû enlever tout l'élément central, qui comporte de multiples raccords d'électricité et de plomberie et pompe des matières peu désirables, incluant les produits chimiques servant à traiter les déchets. J'ai donc dû porter des gants, des lunettes et un masque de protection, et ranger chaque pièce dans deux ou trois épaisseurs de sacs au fur et à mesure que je démontais l'élément. Lorsque j'ai eu terminé, le Centre de contrôle de mission à Korolev a appelé pour me demander de fermer les écoutilles. Des équipages précédents avaient bousillé cette étape en cherchant à aller vite. Les écoutilles doivent être parfaitement scellées, sinon les vérifications de pression échouent, entraînant un long retard dans la sortie des cosmonautes. Comme je ne voulais pas que Roman et Pavel craignent que je me laisse distraire par des soucis de plomberie, j'ai rapidement retiré mon équipement de protection et je suis allé les rejoindre sans tarder. Après avoir fermé toutes les écoutilles et m'être assuré qu'ils étaient sortis en sécurité, je suis retourné à mes toilettes. Les allers-retours se sont poursuivis comme ça pendant trois heures.

Le sort du monde ne dépendait pas de moi, mais je devais travailler avec soin pour assurer la sécurité de Roman et de Pavel tout en remettant les toilettes en état. Il me serait toutefois impossible de dire si j'avais réussi la réparation avant d'avoir remonté tout le dispositif. Lorsque le moment est finalement arrivé d'appuyer sur l'interrupteur, j'étais ravi d'entendre un beau ronronnement discret, ce qui m'a permis de constater que les toilettes, qui avaient toujours fait un bruit de vieux camion jusqu'ici, étaient brisées depuis fort longtemps. Je n'aime pas me retrouver seul, sans personne pour me regarder travailler et me rappeler les étapes, mais j'avais tout de même accompli deux tâches complexes aux antipodes l'une de l'autre sans tout bousiller. On éprouve une grande satisfaction à réussir à vivre dans l'espace tout en sachant qu'on peut aussi être efficace.

À cette époque, j'existais aussi dans un univers parallèle, où 681 000 personnes me suivaient sur Twitter. Au total, plus de 1,2 million d'abonnés se tenaient informés de l'expédition par l'entremise de différents médias sociaux. Il y avait trop de reportages dans les magazines, les journaux, à la télé et à la radio pour qu'Evan puisse tous les répertorier. On faisait mon éloge comme photographe, poète et même célébrité. J'en étais conscient, bien sûr, mais en orbite, rien de tout cela ne me semblait réel et ne ressemblait à la foule de détails et à la réparation des toilettes qui peuplaient mon quotidien.

Evan voulait que je fasse une dernière chose : être le premier à produire un vidéoclip dans l'espace. Peu après mon arrivée sur la SSI, il m'avait fait part de son idée que je chante *Space Oddity*, de David Bowie. Il faisait le nécessaire sur Terre pour obtenir de l'aide pour le montage et le reste, et m'assurait que ce clip deviendrait une référence. J'en doutais, mais j'avais appris une chose au cours des derniers mois : de faire confiance au jugement de mon fils. Il avait compris depuis longtemps que, ce qui intéresse vraiment les gens, ce sont leurs semblables. Ce qui avait capté l'imagination populaire et poussé des millions de personnes à visionner les vidéos éducatives de l'ASC, c'était de découvrir le caractère humain de la SSI.

Premièrement, Evan a réécrit certaines paroles de la chanson. Dans sa version, par exemple, l'astronaute survit à son aventure et on mentionne le Soyouz et la Station. Ensuite, j'ai enregistré la piste audio au moyen d'un micro et de mon iPad. Sur Terre, mon ami, le musicien Emm Gryner, a ajouté l'accompagnement au piano tandis que Joe Corcoran a joué tous les autres instruments en plus d'assurer la production. Par la suite, j'ai réenregistré ma voix par-dessus la piste musicale. J'ai fait trois prises en tout en janvier et en février, ce qui représente un investissement de temps minime.

Ce n'est qu'à la fin d'avril et au début de mai, après avoir obtenu l'autorisation de David Bowie, que j'ai tourné la vidéo.

Je me suis filmé flottant à travers les différents modules de la Station au moyen d'une caméra montée sur un bras flexible. Toutefois, la vraie magie devait se passer au sol, où l'on a dû vérifier une multitude de détails. Des employés de l'ASC ont travaillé les soirs et fins de semaine, entre autres, pour revoir la vidéo et obtenir les autorisations légales nécessaires.

J'étais ravi du résultat, et Evan avait élaboré un plan génial pour lancer la vidéo à la toute fin de mon séjour sur la Station. Mais je n'y ai plus pensé après avoir fini ma part du travail. Je devais me concentrer sur autre chose : une crise était sur le point d'éclater pendant mon mandat.

* * *

Plus d'un an avant d'aller sur la SSI, les membres d'équipage doivent négocier afin de convenir des fêtes et congés qu'ils observeront dans l'espace puisqu'ils proviennent toujours de plusieurs pays. Pour les Russes, par exemple, le 4 juillet est une journée comme les autres, alors que leurs collègues américains s'attendent à ne pas travailler. Pour la mission Expédition 35, nous avions décidé de prendre congé le jeudi 9 mai, qui est une fête importante en Russie : le jour de la Victoire, commémorant la reddition de l'Allemagne à la fin de la Seconde Guerre mondiale. Quelques jours auparavant, j'avais demandé à Houston de donner quand même un peu de travail aux astronautes du module américain puisque Tom et moi devions partir le 13 mai et que nous aurions de toute façon du temps libre pendant la fin de semaine.

Ainsi, le 9 mai, vers quinze heures trente, Pavel est venu m'interrompre pendant que je travaillais pour m'annoncer : «Viens voir, il y a quelque chose d'intéressant dans le ciel : des étincelles et des feux d'artifice.» Comme Pavel ne parle pas couramment anglais, il m'a fallu quelques secondes pour comprendre ce qu'il cherchait à me dire. Puis j'ai compris : feux d'artifice, Russie, victoire, tout cela se tenait, même si ça m'étonnait qu'on puisse voir un spectacle pyrotechnique de l'espace. J'ai flotté jusqu'au module russe pour regarder par le hublot. Non, ça ne venait pas de la Terre : on aurait dit des lucioles sortant du flanc gauche de la Station.

Aucun instrument à bord n'indiquant de problème, j'ai d'abord cru qu'une météorite nous avait heurtés et avait causé de légers dommages. Tom a pris quelques photos avec une lentille puissante et en agrandissant l'image, nous avons vu que les « lucioles » étaient de formes différentes, comme des flocons de peinture ou des petits débris quelconques. C'était inhabituel et méritait un appel au sol, mais j'ai dû réfléchir une minute pour trouver la formulation juste : la phrase « Houston, il y a de petits objets volants non identifiés autour de la Station » ne sonnait pas très bien. J'ai opté pour une formule plus discrète et j'ai informé le Centre de contrôle de mission que nous apercevions des particules. Les experts ont cru à la théorie des dommages causés par une météorite puisque nos appareils de télémétrie ne révélaient rien d'anormal. Nous avons pris d'autres photos à des angles différents, les avons envoyées sur Terre et avons poursuivi nos tâches de la journée.

À peu près quatre heures plus tard, l'équipe au sol nous a rappelés pour nous signaler qu'il y avait une fuite d'ammoniaque à bâbord. C'est grave. L'ammoniaque sert à refroidir les énormes piles et les transformateurs de courant de la Station, ainsi que les quartiers des astronautes par l'entremise d'un échangeur de chaleur. Le circuit de refroidissement indépendant qui fuyait refroidissait un bus d'alimentation électrique très utilisé. Sans lui, la SSI allait subir une importante chute de courant : la surchauffe potentielle ou le manque de courant nous empêcheraient de réaliser toutes les expériences. J'ai rapidement passé en revue les options possibles : ne pas colmater la fuite et perdre l'usage d'un circuit électrique majeur, laisser au prochain équipage le soin de régler le problème, ou encore retarder notre retour sur Terre et essayer de réparer le tout nous-mêmes en un temps record, mais avec une préparation minimale. Il nous faudrait probablement une semaine pour tout mettre en place pour l'EVA. Les heures se sont écoulées et nous avons appris d'autres mauvaises nouvelles : le rythme de la fuite s'accélérait et la Station perdait un élément vital.

Nous ne courions pas de danger immédiat, et de toute façon, nous pouvions nous réfugier dans le Soyouz, notre vaisseau de sauvetage, si la situation s'aggravait. Mais comme on l'imagine, la manière de procéder à cette réparation monopolisait nos conversations. Roman, Tom et moi devions nous désamarrer moins de quatre jours plus tard, mais comment pouvions-nous le faire ? Une EVA pour localiser la source de la fuite s'imposait, et si nous partions à la date prévue, cette sortie aurait été impossible avant l'arrivée du prochain équipage de la Terre des semaines plus tard. Pavel et Sacha ne pouvaient la faire puisqu'ils n'avaient pas été formés pour travailler sur le module américain, les scaphandres russes n'étaient pas compatibles avec les systèmes sur cette section de la Station et, en outre, Chris Cassidy de la NASA ne pouvait pas agir seul, une sortie spatiale en solo étant beaucoup trop risquée.

À vingt-trois heures, le capcom n'avait rien de neuf à nous annoncer, si ce n'est que tout le personnel du Centre de contrôle de mission s'affairait à trouver une solution. J'ai donc demandé à l'équipage d'aller dormir puisque nous devions être reposés et prêts à toute éventualité le lendemain. J'ai aussi proposé à Roman et à Tom de prévenir leur femme que nous allions probablement rentrer plus tard que prévu. J'ai téléphoné à Helene à mon tour, et elle m'a dit : « Pourvu que vous alliez bien, nous allons nous arranger. » Avions-nous le choix ?

Vendredi matin, dès notre réveil à six heures, l'heure habituelle, nous avons consulté sur nos ordinateurs portables le plan de la journée que la NASA nous envoie toutes les nuits. On y lisait : « Aujourd'hui : journée de préparation pour l'EVA ! » J'ai mis du temps à comprendre. Cette option n'avait pas été évoquée la veille et jamais on n'avait procédé à une sortie spatiale après une seule journée de préparatifs. Les EVA sont généralement planifiées des années ou du moins des mois à l'avance et même dans le cas de sorties imprévues, les procédures sont d'abord rodées dans la piscine du Johnson Space Center.

Mais nous n'en avions pas le temps. Comme la NASA voulait conserver le maximum d'ammoniaque, le travail consistait à enlever le boîtier de contrôle de la pompe pour essayer de trouver la source du problème. Lorsque l'on aperçoit une flaque d'eau sous un frigo, on ignore si la fuite provient d'un tuyau, d'un mur ou de l'appareil lui-même. Il faut donc en premier lieu dégager le réfrigérateur du mur. L'objectif de l'EVA était similaire : enlever le gros boîtier de pompe installé à l'extrémité de la Station, le plus loin où l'on peut aller avant de tomber dans le vide. Au cours de la nuit, il avait été décidé que Chris serait EV1 et Tom, EV2.

Autrement dit, je ne sortirais pas dans l'espace. Je me suis laissé aller à une amère déception pendant un moment. L'apogée héroïque de mon mandat de commandant aurait pu être de sauver la SSI au cours d'une EVA d'urgence. Je n'aurais plus jamais l'occasion de faire une sortie spatiale puisque j'avais informé l'ASC que je voulais prendre ma retraite peu après mon retour sur Terre. Mais Chris et Tom avaient déjà fait trois EVA, dont deux ensemble, dans la même zone de la Station d'où provenait la fuite. Ils étaient tout désignés pour ce travail. J'ai ruminé pendant une minute ou deux, puis j'ai pris une résolution : je n'allais pas laisser voir que j'éprouvais de la jalousie ni dire, ne serait-ce qu'une fois, que j'aurais aimé participer à la sortie extravéhiculaire. La décision était judicieuse. Je devais l'accepter et passer à autre chose pour que nous puissions nous pencher sur ce qui comptait vraiment, la seule chose en fait : régler le problème. Je n'aurais probablement pas choisi ce moyen pour mettre à l'épreuve mes capacités de commander la SSI, mais au bout du compte, le leadership ne consiste pas à accomplir des gestes de bravoure glorieux. Il s'agit de garder les membres d'équipage concentrés sur un objectif et de les motiver à donner leur maximum pour l'atteindre, particulièrement lorsque l'enjeu est élevé et que les conséquences importent vraiment. Être un chef de file, c'est préparer les autres à réussir puis prendre du recul pour leur permettre de s'illustrer.

Le moment était venu pour moi de jouer ce rôle. Le moment était venu d'agir en commandant.

Tom, Chris et moi avons sorti la tête de notre coin couchette pratiquement en même temps, comme trois chiens de prairie, un grand sourire aux lèvres. *Vous avez vu ça ? On va faire une EVA !* Il était possible qu'elle soit annulée, mais nous nous sommes consacrés tous les trois aux préparatifs après avoir fait les expériences scientifiques qui ne pouvaient pas être reportées. En temps normal, nous aurions disposé de plusieurs journées, mais nous n'en avions qu'une.

Nous avons commencé par déterminer ce que Tom et Chris devaient manger. Il leur fallait ingérer une grande quantité de glucides, que leur corps assimilerait plus lentement, pour avoir suffisamment d'énergie durant toute la sortie spatiale. Nous devions recharger les piles des scaphandres, réunir les laisses et l'équipement, installer dans le sas tout ce qui serait nécessaire le lendemain, modifier la taille d'un scaphandre (qui avait déjà été ajusté pour un membre de l'équipage qui allait nous remplacer) afin que Tom puisse l'utiliser. Ce n'était que le début. Pendant ce temps, la fuite ne montrait aucun signe d'épuisement. Le Centre de contrôle de mission a raffiné le plan et précisé la chorégraphie au cours de la journée : il a partagé les tâches entre EV1 et EV2, dressé la liste des outils et équipements… Pour ma part, j'ai passé une partie de la journée à bricoler une espèce de gigantesque miroir buccal pour permettre à mes coéquipiers d'inspecter un espace clos en vue de trouver l'origine de la fuite. En utilisant une quantité phénoménale de ruban adhésif et d'attaches mono-usage, j'ai transformé un banal miroir en outil pour sortie extravéhiculaire.

Remplir les sacs à boire, polir les visières, apporter dans le sas les réservoirs d'oxygène d'urgence nécessaires, tout vérifier et revérifier… Nous devions procéder avec méthode et penser à tout ce qui pourrait mal tourner, notamment une contamination à l'ammoniaque. Tom et Chris risquaient d'en être aspergés en retirant le boîtier de contrôle de la pompe et nous devions nous assurer de les décontaminer avant qu'ils réintègrent la Station. Comme la décontamination à la suite d'une fuite d'ammoniaque est une procédure que nous faisons rarement et que nous ne répétons pas souvent, j'ai dû organiser une courte simulation, où nous avons préparé l'équipement et passé en revue l'ensemble des étapes que nous pourrions avoir à suivre selon le niveau de contamination.

Entre-temps, j'avais demandé à la NASA de négocier avec Roscosmos pour me fournir l'aide d'un cosmonaute pour habiller mes coéquipiers et préparer la sortie le lendemain. Sacha parlait passablement bien anglais, mais il n'avait pas d'expérience, tandis que Roman, le mieux formé avec la combinaison américaine, s'affairait à tout ranger dans le Soyouz, une tâche laborieuse de première importance puisque l'emplacement de chaque article influe sur le comportement du vaisseau en vol. La NASA et Roscosmos tenaient toutes deux à ce que Roman continue son travail afin que nous puissions nous désamarrer lundi. Je croyais, moi, que c'était tout à fait irréaliste et qu'il nous serait impossible de respecter l'échéancier. Les deux agences spatiales ont insisté et sont parvenues à un accord : ce serait Pavel, celui qui prendrait ma relève à titre de commandant, qui m'assisterait.

Nous nous sommes mis à l'œuvre le lendemain matin, tout de suite après le déjeuner. Je jouais le rôle de membre d'équipage intravéhiculaire (IVA) chargé de chorégraphier l'habillage de mes coéquipiers et de tout préparer pour leur sortie. Cette tâche s'est avérée beaucoup plus exigeante que je l'avais imaginée, et l'aide de mon collègue russe m'a été précieuse. Pavel est l'une de ces personnes qui, comme le dit mon père, pensent avec leurs mains : il possède un sens inné du fonctionnement de tous les mécanismes élaborés de l'équipement spatial.

Il existe probablement une cinquantaine de façons pour un IVA de commettre des gaffes sans le savoir avant qu'il soit trop tard, comme mal fixer une caméra de casque. C'était de toute évidence le moment idéal de viser le zéro. Mon objectif n'était pas de préparer Tom et Chris en un temps record, mais bien de respecter à la lettre des procédures que ni Pavel ni moi n'avions faites auparavant, seul ou ensemble. C'était un travail absorbant qui exigeait de la patience et j'ai eu beaucoup de plaisir à le faire méticuleusement, à maîtriser suffisamment le russe pour donner à Pavel des instructions claires qui lui permettaient de travailler efficacement en toute sécurité, à m'assurer que nos gars, notre équipe, étaient adéquatement préparés pour exécuter cette tâche cruciale, complexe et dangereuse.

Nous avions l'impression de jouer avec un gros robot Meccano en assemblant les scaphandres autour des astronautes, en configurant l'équipement et en l'installant. Tom et Chris ne pouvaient pas vraiment nous aider puisqu'ils portaient un masque par lequel ils respiraient de l'oxygène pur en préparation pour leur EVA. Comme la pression à l'intérieur du scaphandre est beaucoup plus basse que la pression ambiante de l'habitacle, ils devaient inspirer de l'oxygène pur afin de chasser l'azote de leur corps et prévenir le mal de décompression ou la maladie des caissons. Toutes ces mesures ont duré des heures, mais nous avons finalement pu pousser nos coéquipiers, un à la fois, dans le sas, fermer l'écoutille et amorcer sa dépressurisation.

J'étais inquiet. Après avoir fermé l'écoutille menant au sas, il est impossible de recommencer quoi que ce soit. Je savais que j'avais fait attention, mais si je m'étais trompé ou si nos compagnons avaient oublié une pièce d'équipement, nous aurions très bien pu nous en rendre compte seulement au beau milieu de l'EVA. Je les ai observés jusqu'à ce qu'ils sortent et se mettent au travail, puis j'ai expédié les tâches usuelles que Houston m'avait confiées pour la journée. Mais je ne pouvais m'empêcher de penser à mes collègues qui s'affairaient à une réparation cruciale... et à leur vulnérabilité. Je ne serais rassuré qu'à leur retour dans la Station.

Mon rôle, pendant ce temps, consistait simplement à les aider d'une façon ou d'une autre. J'ai donc décidé pour une fois de ne pas faire mes exercices. Je suivais les procédures que faisaient Tom et Chris, et je savais exactement où ils en étaient. J'écoutais leurs communications avec le sol. Lorsque la SSI se trouvait hors de portée des satellites qui nous permettent de communiquer avec Houston, j'étais à la radio, prêt à relayer les informations et les étapes suivantes afin que Chris et Tom ne prennent pas de retard. Comme Chris me l'avait demandé auparavant, je lui ai rappelé de dire quelques mots au sujet de Marq Gibbs, un chef plongeur d'expérience du Neutral Buoyancy Lab qui nous avait aidés à répéter des sorties spatiales lors de simulations et qui était mort subitement dans son sommeil la semaine précédente, âgé d'à peine quarante-trois ans. Chris lui a rendu hommage juste avant de regagner la SSI, en soulignant qu'il faut des milliers de personnes pour mener à bien une EVA.

Tout le long de cette sortie extravéhiculaire de cinq heures et demie, je ressemblais à un chorégraphe qui observe ses danseurs sur la scène : je me sentais investi et responsable, je partageais les risques et les récompenses, mais j'éprouvais aussi le besoin de me détacher d'eux et d'avoir confiance qu'ils feraient leur travail adéquatement. Lorsqu'ils se sont retrouvés en sécurité dans le sas et que nous avons utilisé les capteurs d'ammoniaque, cela nous a fait du bien de dire : « Très bien, nous allons faire ce que nous avons répété hier. » La portion inconnue de l'aventure était terminée. Nous avons été encore plus heureux en constatant que leurs scaphandres n'avaient pas été contaminés et que nous n'aurions pas à recommencer la procédure complexe que nous avions répétée.

Qui plus est, non seulement ils avaient localisé la fuite, mais ils l'avaient réglée. Lorsqu'ils ont retiré le boîtier contenant le module de pompe, ils s'attendaient à découvrir la preuve d'un bris en dessous. Il n'y en avait pas et le boîtier était intact, ce qui les a portés à croire que le problème provenait de l'intérieur. Ils ont installé un nouveau module, une pièce de rechange entreposée à proximité, l'ont rivé en place et, une fois qu'ils sont revenus à l'intérieur, Houston a repressurisé progressivement le circuit d'ammoniaque. Plus de fuite.

Nous avons éprouvé un merveilleux sentiment d'accomplissement lorsque j'ai repressurisé le sas et que Pavel et moi avons enlevé les gants et les casques de nos coéquipiers. Nous avions relevé le défi, bien fait notre travail, réparé le problème et, dans une certaine mesure, sauvé la Station. De plus, nous n'avions aucun retard et allions désamarrer dans moins de quarante-huit heures.

L'équipage s'était soudé pour préparer une EVA en un temps record. Notre sentiment de fierté collectif était palpable. J'étais fier des compétences chèrement acquises de Tom et de Chris, de l'adresse de Pavel, même s'il faisait cette tâche pour la première fois, de la volonté de Sacha d'accepter une charge de travail plus importante pour que Pavel puisse m'aider, de la ténacité de Roman à ranger le Soyouz pour que nous puissions partir à temps.

Et j'étais aussi fier d'avoir été à la hauteur de ce que la NASA espérait de moi à titre de commandant du vaisseau spatial de la planète. Je n'étais pas le candidat idéal à mon arrivée au Johnson Space Center : j'étais un pilote, je n'avais pas une grande expérience de chef de file et, pire encore, j'étais un pilote canadien qui n'avait pas beaucoup d'expérience de chef de file. Astronaute rectangulaire, trou rond. Par contre, j'avais réussi à traverser ces obstacles et, ce qui est le plus extraordinaire, j'étais devenu un bon choix. Ça m'avait pris à peine vingt et un ans.

TROISIÈME PARTIE

RETOUR
SUR TERRE

12

Atterrissages en douceur

L'atmosphère était des plus conviviales au terme de ma première mission spatiale en 1995, pendant que nous nous préparions à quitter Mir. Nous prenions les dernières photos
d'équipage et nous signions des piles d'enveloppes (c'est une
tradition des cosmonautes : pour une raison quelconque, les
Russes collectionnent les enveloppes qui sont allées dans l'espace). Nous nous assurions de n'oublier aucun équipement
de la navette. En guise de cadeau d'adieu, nous avions laissé
à nos coéquipiers de la station Mir tous les condiments qui
nous restaient, comme des sachets de salsa et de moutarde,
qui donnent un peu plus de goût à la nourriture de l'espace.

Je n'étais pas déçu que notre mission soit presque terminée. J'avais vécu une expérience que personne ne pourrait jamais m'enlever. Elle était fugace, bien sûr, mais elle
était inscrite en moi à jamais. J'étais donc tout à fait prêt à
m'en aller. Nous avions réussi à accomplir une tâche sans
précédent et quasi impossible : construire un port d'amarrage pour les futures visites de la navette. Le sentiment de
triomphe était palpable à bord de notre vaisseau pendant
que nous nous préparions à désamarrer.

J'ai appuyé sur le bouton qui déclenche l'ouverture des crochets retenant *Atlantis* à Mir. Au bout de quelques minutes, ces ressorts intégrés nous ont repoussés, un adieu sans effort. Tandis que nous nous éloignions, la radio permettant la communication entre nos deux vaisseaux s'est allumée en crépitant puis les accords mélancoliques de la chanson *C'était le temps des fleurs,* interprétée en russe, ont envahi la navette. Nous l'avions entonnée tous ensemble la veille dans Mir, accompagnés par Thomas Reiter et moi à la guitare. Au moment du désamarrage, le côté kitsch de cet air se mariait parfaitement bien à notre état d'esprit. Nous étions joyeux comme si nous venions de gagner la médaille d'or des Jeux olympiques cosmiques pour maniaques de science.

Nous avons exécuté un survol circulaire de la station spatiale russe, une boucle parfaite, afin de photographier l'ensemble de l'extérieur de Mir. Nous voulions (et nous voulons toujours) en apprendre davantage sur les débris orbitaux, savoir par exemple à quelle fréquence ils heurtent les vaisseaux spatiaux, et la grosseur des pierres et des grains de poussière. Une très petite quantité de ces débris sont fabriqués par l'humain. Il s'agit presque entièrement de matière de l'Univers comme des météores et des queues de comètes. Des analyses détaillées de tirages agrandis de ces photos pour compter tous les trous et les marques allaient fournir de précieux renseignements. Après avoir exécuté une chorégraphie éléphantesque sur trois cent soixante degrés, où *Atlantis* a tourné lentement autour de Mir comme une baleine qui contourne une pieuvre géante, nous avons allumé les propulseurs de manœuvres orbitales de la navette, puis nous nous sommes éloignés prudemment pour nous diriger vers la maison. Nous avons gardé la radio allumée, par contre, pour bavarder et faire écouter un peu de Tchaïkovski à nos amis sur la station jusqu'à ce que nous perdions le contact.

La navette était un véhicule beaucoup plus compliqué que le Soyouz, très automatisé, et l'atterrissage était une opération extrêmement exigeante. Ce planeur hypersonique étant difficile à manœuvrer, la NASA avait engagé des pilotes d'essai aguerris puis les avait formés durant de longues années. La simple tâche de préparer la navette à résister à la rentrée atmosphérique impliquait de multiples vérifications des systèmes et des reconfigurations. Nous devions par exemple exposer son ventre pendant des heures à la lumière du Soleil pour réchauffer les pneus de caoutchouc en vue de l'atterrissage. Autrement dit, le retour demandait autant de concentration et de préparation que le lancement.

J'en ai tiré la leçon que le geste ultime fait pendant une mission a autant d'importance que le premier, peut-être même plus parce que l'on est fatigué. C'est comme le dernier kilomètre d'un marathon : l'effort est plus conscient, et on doit se pousser au maximum pour poursuivre jusqu'à la fin. On est tenté de se dire « il ne me reste que vingt foulées », mais si l'on commence à anticiper le fil d'arrivée, on risque de lâcher la bride et de commettre des erreurs, des erreurs qui pourraient être fatales dans mon métier.

Il est risqué de considérer la descente comme une déception. Plutôt que de penser avec envie à ce qu'on laisse derrière soi, on doit se demander : « Qu'est-ce qui pourrait bien causer ma mort dans les prochaines minutes ? »

* * *

Pendant mon premier atterrissage, je me trouvais en bas, dans le compartiment intermédiaire de la navette. Je n'étais qu'un passager averti plein d'espoir, sans hublot, sans instruments, sans commandes. Ma principale responsabilité consistait à m'assurer que tous les occupants du poste de pilotage étaient correctement habillés et sanglés sur leur siège. J'avais exécuté ma tâche à la perfection et je me trouvais seul dans le compartiment intermédiaire lorsque Jim Halsell, le pilote, a mis son casque. Le cordon de son système de communication s'est coincé entre l'anneau de fixation du casque et l'encolure de la combinaison, ce qui l'empêchait de parler avec notre commandant ou le Centre de contrôle de mission. C'est un problème de taille à toutes les étapes du vol, mais particulièrement quand on exécute une rentrée dans l'atmosphère.

Je n'ai pas encore enfilé ma propre combinaison pressurisée couleur citrouille lorsque j'entends Jim crier : « Viens m'aider ! » Il ne parvient pas à enlever son casque volumineux pour dégager le cordon. Les astronautes dans le poste de pilotage procèdent à toutes sortes de vérifications et activent les commandes de vol. Il doit hurler pour se faire entendre. Je me rends donc vers lui en flottant pour essayer de le lui retirer, mais en vain. Je dois forcer davantage, mais Jim est sanglé dans un siège qui se trouve à quelques centimètres des commandes les plus critiques pour manœuvrer la navette. Si j'applique trop de force et que le casque s'enlève subitement, je risque de heurter le panneau et de causer un problème grave. Je tire avec plus d'énergie, mais prudemment pour éviter un désastre. Le casque ne bouge toujours pas.

Imaginez la scène : nous descendons dans la haute atmosphère, je suis un nouvel astronaute nauséeux en sous-vêtements, qui tente de régler une difficulté que personne n'avait prévue tandis que tous mes coéquipiers s'affairent pour s'assurer que nous arrivions en vie. J'ai une idée : je me précipite au niveau inférieur, je saisis un gros tournevis à bout plat – le modèle qu'on utiliserait pour faire céder une porte –, je remonte et je m'en sers comme levier pour décoincer le casque. Pendant ce temps, Jim demeure concentré pour piloter ce véhicule d'une complexité inouïe et essaie de faire abstraction du fait que je ceins son casque de mon corps pour l'empêcher de s'envoler pendant que je le force avec mon outil. Je suis sûr que je ressemble à Bugs Bunny dans l'épisode où il se bat avec le Crusher, le boxeur monstrueux.

Le casque finit par s'enlever en me projetant au plafond. Je me redresse, dégage le cordon de Jim et lui remets le casque juste à temps pour redescendre à mon poste et enfiler ma combinaison pressurisée orange. Il y a un peu de pression et je rebondis contre le sol. Je commence à éprouver des malaises. La combinaison n'a pas vraiment été conçue pour être enfilée par soi-même, mais c'est possible de le faire en procédant avec soin. Quand j'ai finalement réussi à la mettre, je peux m'installer sur mon siège. À ce point, nous sommes bien engagés dans l'atmosphère et filons à la vitesse de Mach 12. Je sue d'épuisement et je me rends compte que j'ai un problème avec mon propre cordon de communication. J'entends ce que disent les autres, mais eux ne peuvent m'entendre. Ce n'est pas une grosse perte, parce que je me concentre surtout à essayer de ne pas vomir.

J'ai l'impression de n'avoir été dans mon siège que durant cinq minutes lorsque nous amorçons un long virage pour nous aligner avec la piste d'atterrissage en Floride. Comme je n'ai pas de hublot, je ne vois rien, mais j'entends un souffle d'air qui évoque un train de marchandises et je peux sentir le piqué vers le sol, suivi d'un atterrissage élégant. Notre vitesse d'approche finale est de 556 kilomètres à l'heure, puis de 360 kilomètres à l'heure en touchant le sol. Nous ralentissons en douceur grâce à un parachute de freinage et aux freins de roues. Ce n'est qu'une fois le véhicule complètement immobilisé que le commandant lance à la radio : *Wheels stop, Houston*. « Arrêt des roues, Houston. »

Mais la mission n'est pas vraiment terminée. Il nous faut rester concentrés et nous pousser physiquement et émotionnellement pour au moins une autre heure d'effort. Nous devons suivre une procédure en cent cinquante étapes pour éteindre la navette, et chacune est d'une importance capitale pour qu'elle puisse s'envoler à nouveau quelques mois plus tard. L'équipe au sol purge les carburants toxiques et caustiques inutilisés qui faisaient fonctionner les systèmes hydrauliques et le système de soutien-vie, puis recouvre les buses de ravitaillement à l'avant et à l'arrière de l'appareil, et nous sommes enfin libres de sortir, quoique d'un pas mal assuré. Certains astronautes doivent être transportés, plusieurs vomissent et nous nous sentons tous étranges en nous réadaptant à la gravité. Une heure plus tard, vêtus d'une combinaison bleue, nous revenons pour inspecter la partie inférieure du fuselage de notre vaisseau à la recherche de dommages, pour saluer l'équipe au sol et pour participer à une courte conférence de presse.

C'est seulement après avoir fait tout cela que j'ai pu relaxer. J'étais un peu hébété, mais aussi euphorique. J'avais joué mon rôle, et notre équipage avait accompli sa mission.

Quand un vaisseau spatial décolle de Baïkonour, la formule d'au revoir traditionnelle de l'équipe au sol est *Miakoi posadki*, qui signifie «atterrissages en douceur». C'est un vœu sincère, mais aussi une bonne blague puisqu'il est de notoriété publique parmi nos collègues russes que les atterrissages du Soyouz au Kazakhstan sont pénibles, contrairement à ceux de la navette, qui se posait plutôt doucement. Les forces de la gravité, les vibrations intenses, la rotation et les culbutes rapides du Soyouz prennent fin dans de terribles secousses sur les plaines kazakhes inhospitalières.

Tous ceux qui ont vécu cette descente vertigineuse semblent avoir beaucoup à raconter. Mon récit préféré est celui du cosmonaute Youri Malenchenko, qui est rentré sur Terre en 2008 avec l'astronaute américaine, Peggy Whitson, et Yi So-yeon, une participante sud-coréenne au vol spatial. Lorsque le Soyouz revient sur Terre, des boulons pyrotechniques s'allument afin que le module orbital et le module de service se détachent et se consument dans l'atmosphère. Seul le module de descente est recouvert d'un bouclier thermique ablatif pour le protéger de la chaleur. Pendant que le Soyouz amorçait sa rentrée dans l'atmosphère, Youri et Peggy ont entendu les boulons pyrotechniques éclater, mais, ils l'ignoraient à ce moment-là, un des modules ne s'était pas séparé de leur capsule. Il était toujours retenu par un boulon et réchauffait de seconde en seconde parce que la pression et la friction augmentaient en raison de l'air plus dense. Le module de descente, qui n'avait pas été conçu pour revenir sur Terre attaché à une lourde sphère enflammée, était maintenant impossible à maîtriser.

Tandis que le Soyouz filait dans le ciel en mode balistique (non propulsé), la force d'accélération est passée à 9 g, mais l'équipage avait l'impression qu'elle était largement supérieure parce que le module culbutait avec beaucoup de violence. Plutôt que d'être écrasés contre leur siège, les occupants se faisaient secouer dans tous les sens et heurtaient les parois. Ils ne pouvaient pas voir l'origine du problème, mais ils savaient qu'ils avaient un grave problème et que le vaisseau ne survivrait pas beaucoup plus longtemps à un tel assaut.

Heureusement, le boulon a fini par céder à cause de l'intensité des forces aérodynamiques, libérant ainsi le module en feu. Mais il était resté accroché si longtemps, et la température était si élevée, que le sommet du module de descente était complètement calciné. Youri, un homme anormalement flegmatique même pour un cosmonaute, a senti du liquide dégoutter sur ses jambes et a cru : « Oh, du métal en fusion. Le Soyouz doit être en train de fondre. » Il n'a rien dit, il a légèrement déplacé ses jambes et a continué à essayer de piloter le vaisseau (il a constaté plus tard que les gouttes étaient en fait de l'eau provenant de l'arrière d'un panneau d'oxygène, où la condensation se transforme généralement en glace à l'atterrissage). Il ne leur restait que quelques secondes à vivre.

Enfin, grâce à sa conception, le véhicule s'est stabilisé, son parachute s'est déployé et la capsule de l'équipage a heurté le sol violemment. Ils étaient en sécurité, mais comme ils avaient atterri loin de l'objectif, personne ne se trouvait sur place pour les accueillir. L'équipe au sol ne savait pas exactement où le module était tombé puisque le feu qui l'avait recouvert lors de la rentrée avait interrompu les communications durant de longues minutes.

Après un séjour de plusieurs mois dans l'espace, les astronautes sont généralement trop affaiblis pour ouvrir l'écoutille et doivent compter sur l'aide d'une équipe au sol. On ignore comment, mais Youri a réussi à entrouvrir l'écoutille, un exploit surhumain étant donné sa faiblesse et les chocs subis. Il a tout de suite senti une odeur de fumée. Il s'y attendait à cause de la température du vaisseau, mais en soulevant l'écoutille un peu plus, il a aperçu des flammes tout autour. En atterrissant sur un terrain herbeux, le Soyouz avait tout enflammé. Quand Youri a réussi à refermer l'écoutille, ses mains brûlaient. Les trois occupants souhaitaient plus que tout sortir – ils avaient la nausée et se sentaient très mal, coincés dans l'étroite capsule complètement enfumée –, mais un incendie faisait rage à l'extérieur. Ils n'étaient pas en état pour s'en extraire et s'enfuir à toutes jambes. Alors ils ont attendu, mais personne ne venait à leur secours.

Après quelque temps, Youri a pris le risque de rouvrir l'écoutille. Bonne nouvelle : les flammes s'étaient éloignées. Il a réussi à sortir du module en rampant et a aperçu quelques Kazakhs attirés par la fumée. Ces hommes l'ont dévisagé avec curiosité, puis le seul d'entre eux qui parlait russe lui a demandé : « D'où arrivez-vous ? » Youri essayait de lui expliquer lorsque le type l'a interrompu en disant : « Et votre bateau ? Il vient d'où, le bateau ? » Il ne pouvait croire que ce véhicule au fond plat était tombé du ciel.

Pendant ce temps, Peggy et So-yeon, qui s'était passablement blessée au dos à l'atterrissage, s'extrayaient de la capsule avec l'aide des témoins. Youri voulait à tout prix communiquer avec les hélicoptères de sauvetage, mais il n'avait pas la force de retourner dans le Soyouz pour récupérer son équipement radio. Pas de problème : le plus petit des Kazakhs s'est porté volontaire pour grimper à bord du « bateau » qui venait d'en haut et en a profité pour fourrer tout ce qui l'intéressait dans ses poches. Youri le voyait agir, mais il était trop faible pour intervenir physiquement.

Youri l'a tout de même interpellé et, entre-temps, le premier hélicoptère est apparu. Le pilote a rapidement communiqué avec le Centre de contrôle de mission pour signaler qu'il avait localisé la capsule, mais qu'aucun parachute n'était visible. Il s'était consumé dans l'incendie, bien entendu, mais tous ceux qui ont entendu ce message ont déduit que les membres d'équipage avaient péri. Cette tragédie s'est transformée en grande joie dès que l'hélicoptère s'est posé et que le pilote a annoncé la bonne nouvelle : les occupants avaient miraculeusement survécu à un atterrissage balistique, aux flammes de l'enfer et à des voleurs d'épaves.

J'espérais ne pas subir un retour sur la planète aussi rocambolesque, mais j'avais tout de même hâte à mon premier atterrissage en Soyouz au terme de mon séjour à bord de la Station spatiale internationale. Je m'y étais entraîné intensivement et je considérais cette étape comme une conclusion tout à fait appropriée à ma carrière d'astronaute : une expérience rare aux confins du possible, abordée avec prévoyance et détermination. J'avais eu hâte à chacun de mes vols à titre de pilote, mais je m'attendais à ce que le dernier soit le plus mémorable d'entre tous.

Je n'avais pas tort.

* * *

Les astronautes ont tant à faire les derniers jours d'une mission qu'ils les vivent dans une espèce de brouillard. En plus de leurs tâches quotidiennes, ils doivent répéter les procédures d'atterrissage sur un simulateur informatique et tout ranger méticuleusement dans le Soyouz parce que l'emplacement de chaque objet et la manière dont il est rangé ont un effet sur le centre de gravité du vaisseau, qui détermine à son tour dans quelle mesure on peut en conserver la maîtrise. En règle générale, on reporte à la dernière minute tout ce qu'on prévoyait faire depuis l'arrivée à bord : enregistrer sur vidéo une visite guidée de la SSI à l'intention de la famille et des amis, photographier les coéquipiers en train de faire des gestes et des mouvements bizarres possibles seulement dans l'espace ou urinant la tête en bas pour la seule raison qu'on peut le faire.

Toutefois, notre mission ne s'est pas terminée normalement. Nous avons eu cette sortie dans l'espace d'urgence le 11 mai, une activité colossale quarante-huit heures à peine avant le désamarrage. Tout s'est donc précipité par la suite. Nous volions d'un endroit à l'autre, littéralement, pour nettoyer la Station, jeter les vieux vêtements et régler les derniers petits détails jusqu'à ce qu'il soit temps de prendre place dans le Soyouz.

Nous étions si occupés avant notre départ que nous n'avons pas eu le temps de nous abandonner à la nostalgie. C'est pourquoi notre cérémonie de passation des pouvoirs, le 12 mai, n'a pas eu le caractère important ou solennel habituel. C'était joyeux et expéditif. J'ai transféré la responsabilité de la Station à son nouveau commandant, mon bon ami, Pavel Vinogradov, après une courte allocution et une poignée de main (ce qui n'a pas eu l'effet escompté en apesanteur parce que nos corps bougeaient de haut en bas), puis je me suis remis à ma liste de choses à faire.

Pendant que Roman s'affairait dans le Soyouz, Tom et moi avons fait des expériences de dernière minute et avons conseillé Chris Cassidy pour qu'il réussisse sa mission. Il allait être seul dans le module américain durant quelques semaines, comme Roman l'avait été dans le module russe après le départ de l'équipage de Kevin Ford. Nous avons pressé Chris de souper avec ses coéquipiers russes, de faire un effort pour se mêler aux autres et de s'allouer des moments de loisir plutôt que de travailler sans relâche. Ce soir-là, Tom, Roman et moi avons enfin apposé l'écusson officiel de notre équipage au mur. Il était le trente-cinquième au bout d'une longue rangée colorée, ce qui a relativisé tout sentimentalisme : il y avait eu tant d'astronautes et de cosmonautes avant nous, et il y en aurait tant d'autres après...

La dernière soirée, à neuf heures (temps universel coordonné), j'étais en train de revoir mes listes de vérification pour le Soyouz lorsque le vidéoclip *Space Oddity* a été diffusé sur YouTube. J'espérais que tout se passe bien pour Evan, mais je n'y pensais pas outre mesure. C'était son idée, sa responsabilité, son bébé : à preuve, il était le seul à s'inquiéter de sa réception. Mon rôle s'était limité à chanter, à gratter ma guitare et à appuyer sur un bouton pour enregistrer. Avant d'aller me coucher, j'ai jeté un rapide coup d'œil en ligne pour voir si quelqu'un avait regardé la vidéo. J'ai été abasourdi : elle avait déjà été vue plus d'un million de fois.

La toute dernière journée à bord de la SSI ressemblait vaguement à la fin de n'importe quel voyage. Entre autres tâches, j'ai passé l'aspirateur dans mon coin couchette et j'ai enlevé les quelques effets personnels qui s'y trouvaient toujours, dont mon sac de couchage, qui serait rangé avec les autres dans le module orbital au cas où nous aurions des problèmes pendant les manœuvres de désorbitation et serions obligés de dormir une nuit ou deux à bord du Soyouz. Les prochains membres d'équipage en apporteraient de nouveaux. S'ils ne servent pas, ils sont laissés dans le module qui sera largué et se consumera lors de la rentrée dans l'atmosphère. J'ai pris quelques photos, nettoyé le labo japonais, fait certaines expériences et repassé une fois de plus les listes de vérification du Soyouz pour m'assurer que je n'avais rien oublié.

Malgré tout ce que nous avions à faire, j'ai éprouvé le besoin de voler du temps pour moi, de me retrouver seul, physiquement et mentalement, dans ce lieu extraordinaire. J'avais eu le même réflexe à l'âge de sept ans quand nous avons quitté Sarnia pour nous installer dans notre ferme à Milton. Je me souviens clairement d'avoir marché dans notre quartier de Flamingo Drive pour le regarder une dernière fois, pleinement conscient que mon séjour dans ce lieu, qui avait joué un rôle essentiel dans ma vie et avait contribué à faire de moi ce que j'étais, tirait à sa fin. J'ai fait la même chose sur la SSI. Je me suis rendu dans la coupole, où je me suis immergé dans le moment présent, pour mémoriser mes sensations et ce à quoi ressemblait le monde de mon poste d'observation. Je n'étais pas triste, mais respectueux. Je voulais reconnaître l'importance du temps passé sur la Station et tout ce que cela signifiait pour moi.

Puis il a été 3 h 30 et, comme Cendrillon, nous avons été arrachés à notre existence pour en vivre une autre. Nous avons fait de rapides adieux à l'autre équipage en résistant à la tentation de traîner un peu dans ce lieu reculé de l'Univers parce que nous devions respecter l'échéancier. Ensuite, nous nous sommes engouffrés dans le Soyouz et avons fermé les écoutilles. Je ne retournerais jamais à bord de la Station spatiale internationale, mais ça allait. Toutes les personnes que j'aime sont sur la Terre.

* * *

Le rythme a ralenti subitement une fois dans le Soyouz. C'était un changement radical qui m'a fait penser à une période de silence total après avoir écouté la *Cinquième symphonie* de Beethoven à plein volume. Nous devons procéder à des vérifications de pression méticuleuses pour être sûrs de l'étanchéité des écoutilles. En outre, il faut compter deux heures pour que la température à l'intérieur du Soyouz se stabilise – il y fait frisquet quand on y pénètre – et pour avoir la certitude absolue qu'il est hermétiquement scellé. La semaine précédente, nous avions sorti notre vaisseau de son hibernation et vérifié les propulseurs et le système de commande de mouvement. Par la suite, Roman avait tout rangé dans le Soyouz, sans notre aide puisque seuls les cosmonautes sont autorisés à faire cette tâche. Lorsque Kevin Ford et son équipage étaient rentrés sur Terre, l'amortisseur sous son siège n'avait pas fonctionné et il avait subi un facteur de charge plus élevé. On croit que le problème a été causé par la façon dont le Soyouz a été chargé. Roman avait donc beaucoup de pression pour exécuter ce travail à la perfection, ce qu'il a fait.

Le module de descente était bourré d'échantillons médicaux dans des boîtes isothermes et des pièces brisées à réparer. Nous avions tant de matériel, en fait, que nous avons dû laisser dans la SSI des effets personnels déposés dans des sacs portant la mention « À rapporter sur Terre si possible ». J'avais expédié quelques objets en mars, mais j'en avais conservé quelques-uns dont j'ai eu besoin jusqu'à la fin de la mission : mon polo et ma chemise préférés, et mon affiche *Recording in session* (Enregistrement en cours) pour mon coin couchette, par exemple. Je devais maintenant me résoudre à les laisser à bord en espérant qu'ils ne resteraient pas en orbite pour l'éternité. Un jour, il y aurait peut-être de la place dans un autre vaisseau.

Un article que je ne laisserais dans la SSI sous aucun prétexte était mon chandail des Maple Leafs. Après un très long passage à vide, l'équipe s'était qualifiée pour les séries de la coupe Stanley et le soir même elle participerait à la septième partie des quarts de finales de la conférence de l'Est. J'avais suivi les éliminatoires avec avidité, mais avec un peu de retard : pendant que je faisais ma course ou mon vélo stationnaire, je regardais les matches de la veille que l'ASC et la NASA me téléversaient. Les partisans des Maple Leafs manifestent une loyauté obstinée, que certains qualifieraient d'irrationnelle, et sont du genre à faire fi de l'interdiction de porter un chandail à l'effigie de leur équipe sous leur combinaison spatiale. Je n'avais pas le choix : nous étions le 13 mai et les Leafs jouaient la partie la plus importante de la saison. J'ai enfilé mon chandail par-dessus mes sous-vêtements longs et je me suis installé dans le siège gauche. Je retrouvais mon poste avec plaisir dans ce petit vaisseau robuste.

Je n'étais plus responsable. Roman, notre *Komandir soyouza,* avait pris la relève. Il avait déjà piloté le Soyouz pour rentrer sur Terre, contrairement à Tom et à moi, qui n'étions d'ailleurs pas retournés à son bord depuis cinq mois. Pendant les vérifications de pression, nous avons passé en revue les éléments qui risquaient de causer notre mort dans les prochaines minutes. Nous avons révisé oralement les mesures que nous ferions en cas de bris du matériel de désamarrage, par exemple, et quelle page il nous faudrait consulter si nous n'arrivions pas à atteindre la vitesse d'accélération adéquate lors de la manœuvre de désorbitation. Roman, un meneur confiant et inspiré, nous a fait revoir les procédures et les vérifications avec efficacité. Puis nous avons commencé à enfiler nos Sokol.

Nous avons tous remarqué qu'elles étaient plus étroites. Sans la pression exercée par la gravité, les cartilages entre les vertèbres se dilatent et le corps allonge. Les fabricants en avaient tenu compte, mais j'ai néanmoins été surpris de constater que j'avais grandi de deux à cinq centimètres à l'âge de cinquante-trois ans. Nous avons mis un bon quart d'heure pour trouver un moyen d'entrer dans nos combinaisons et, par la suite, nous avons scellé le module orbital qui nous avait servi d'habitacle cinq mois plus tôt lorsque nous nous dirigions vers la Station spatiale. À moins d'un problème qui nous obligerait à rester dans l'espace une journée de plus, nous n'en aurions pas besoin puisque la descente ne dure que trois heures et demie. Le module orbital était maintenant rempli de déchets, prêt à être largué.

Quand nous avons tous été saucissonnés et étroitement sanglés sur nos sièges, les genoux remontés contre la poitrine, j'ai appuyé sur le bouton de commande pour nous désamarrer de la Station spatiale internationale. Nous étions sur le chemin du retour.

Le désamarrage est une manœuvre tout en douceur, contrairement au spectacle pyrotechnique du lancement. Il faut encore trois minutes pour que les gigantesques crochets et les loquets se déclenchent. Notre Soyouz ressemble à un petit coquillage accroché à un énorme navire et, graduellement, de petits ressorts nous repoussent, et nous dérivons pendant que nos amis nous observent des hublots de la SSI en agitant la main.

Au départ, nous nous déplaçons lentement, à peine une dizaine de centimètres à la seconde, mais après trois minutes, nous allumons nos moteurs durant quinze secondes et nous commençons à accélérer. Puis nous nous laissons flotter en profitant de la mécanique orbitale pour nous éloigner suffisamment de la Station. Nous devons nous trouver à une distance sécuritaire avant de rallumer les moteurs pour éviter que les gaz d'échappement et les éclaboussures du combustible résiduel ne viennent frapper les énormes panneaux solaires de la Station, comme un vent de tempête fouettant les voiles d'un navire.

Cette manœuvre nous lance sur une trajectoire légèrement différente de celle de la SSI tandis que nous sommes en orbite autour de la Terre. Moscou calcule toutes les nouvelles données, comme la durée d'allumage des moteurs orbitaux pendant la manœuvre de désorbitation, et nous les notons au crayon sur nos listes de vérification. Tout est calme maintenant, mais je prends tout de même un médicament contre la nausée. Je sais que cette tranquillité ne durera pas.

Après environ deux heures et demie, le moment est arrivé : nous orientons le vaisseau, le dessous orienté vers l'avant, dans la direction de la trajectoire orbitale, et nous préparons la manœuvre de désorbitation en allumant les moteurs pendant quatre minutes et vingt secondes. Il y a un point de non-retour critique au cours de cette manœuvre : on décélère à tel point que l'on est contraint de chuter dans l'atmosphère. Nous franchissons cette étape et sentons le vaisseau nous pousser dans le dos, comme une main ferme géante.

Nous avons la sensation d'accélérer dans l'autre direction, alors qu'en fait nous ralentissons.

Il y a ensuite une folle dégringolade de cinquante-quatre minutes qui m'a donné l'impression de subir une quinzaine d'explosions suivies d'un accident de voiture. La trajectoire circulaire du Soyouz se transforme en ellipse, et nous commençons à nous frotter aux couches supérieures de la haute atmosphère, dont l'air plus dense nous ralentit immédiatement. La sensation ressemble à la résistance du vent qu'on éprouve quand on sort la main par la fenêtre d'une voiture filant sur l'autoroute. Puis, vingt-huit minutes après l'allumage des moteurs, les boulons explosifs se déclenchent et libèrent le module orbital et le module de service, qui sont catapultés dans l'espace, où ils se désagrégeront. Je pense à la mésaventure de Youri, de Peggy et de So-yeon en espérant que notre Soyouz tiendra le coup. Le violent staccato qui accompagne l'explosion des boulons m'indique que l'opération est réussie, et je vois passer devant le hublot la toile qui recouvrait le vaisseau. Ensuite, la résistance de l'air nous stabilise, et je sais que l'atterrissage se déroulera bien. Nous tanguons encore, mais nous constatons qu'il n'y a aucun module parasite accroché à notre capsule.

Il fait de plus en plus chaud et de plus en plus humide, en dépit du matériau protecteur épais qui constitue le bouclier ablatif. J'aperçois par le hublot des flammes jaunes et orangées, accompagnées d'un panache d'étincelles qui se déversent du vaisseau à toute vitesse, et j'entends une série de bangs. Soit il y a une faille dans le bouclier, soit il y a de l'humidité emprisonnée, soit nous avons un gros problème. Je ne dis rien parce qu'il n'y a rien à dire. Si le bouclier est défectueux, nous sommes morts. Nous sommes coincés dans un projectile embrasé qui file à vive allure vers le soleil levant.

Deux minutes plus tard, à 122 kilomètres d'altitude, on perçoit que l'air est plus dense. La température à l'intérieur de la capsule grimpe toujours, et mon chandail des Maple Leafs est trempé de sueur. Nous sentons encore plus la résistance du vent, puis nous renouons violemment avec la gravité, qui nous écrase dans nos sièges. La force de gravité augmente rapidement pour atteindre 3,8 fois le poids de la Terre, ce qui est accablant comparativement à l'apesanteur dont nous avons bénéficié au cours des cinq derniers mois. Je sens la lourdeur de la peau sur mon visage, comme si elle appuyait avec force vers mes oreilles. Je triche en prenant de courtes inspirations : mes poumons ne veulent pas lutter contre la gravité. Mes bras semblent peser une tonne, et tout à coup, c'est un grand effort de les soulever de quelques centimètres à peine pour appuyer sur un interrupteur du tableau de commande. Passer de l'apesanteur à la gravité maximale, puis revenir à la pesanteur de 1 g à la surface de notre planète ne prend que dix minutes, mais ce sont dix longues minutes.

Après que notre capsule a considérablement ralenti – imaginez une pierre calant dans un étang profond –, notre parachute de freinage se déploie pour diminuer notre vitesse verticale de descente, puis le parachute principal s'ouvre et nous nous mettons à rire et à crier : *Yeehaw !* Le Soyouz tournoie et pivote dans tous les sens. Il rebondit et culbute même trop vite pour nous rendre malades. Puis, tout à coup, *bam !* Notre capsule se stabilise, solidement retenue par le parachute. Nous larguons le bouclier thermique qui nous a empêchés de nous consumer en pénétrant dans l'atmosphère. La chaleur a noirci les hublots, mais une couche supplémentaire de protection s'est décollée, et nous apercevons le ciel bleu matinal. Tout le carburant résiduel a déjà été déchargé pour empêcher notre capsule de s'enflammer en tombant au sol.

Nous essayons de reprendre notre souffle, affaiblis et étourdis par la chute vertigineuse et les culbutes dans tous les axes qui nous ont complètement désorientés, comme le plus débridé des manèges. Pour compléter l'effet, nos sièges se relèvent brusquement et automatiquement au sommet de leurs amortisseurs pour nous protéger de la violence de ce qui va suivre. Le choc de l'accélération nous aide à resserrer nos harnais. Nous nous attendons à subir un impact avec le sol. Pour prévenir les fractures de la colonne vertébrale, les sièges ont été moulés sur mesure pour nous. Quelques minutes avant, personne ne dit rien, même pas Roman, qui jusque-là avait décrit notre descente à toute vitesse dans le menu détail, comme il est censé le faire à l'intention de l'équipe au sol. Nous serrons légèrement les dents pour éviter de nous mordre la langue.

Dès que notre petit altimètre gamma perçoit un écho du sol, deux secondes avant l'impact, il envoie la commande d'allumer le système d'atterrissage en douceur, un terme optimiste pour désigner les petites fusées à combustible solide qui diminuent notre vitesse verticale de descente à un mètre et demi par seconde. Elles permettent de survivre à ce qui s'apparenterait à un horrible accident d'auto. La capsule – une tonne d'acier, de titane et de chair humaine – tombe durement sur le sol. Gonflé par le vent qui balaie la steppe du Kazakhstan, notre parachute nous bascule sur le flanc, comme un arbre abattu, et nous sommes entraînés dans une série de culbutes, jusqu'à ce que Roman appuie sur un interrupteur pour couper les câbles qui le retiennent et… nous nous immobilisons. Le Soyouz gît sur le côté. Je pends lourdement, la tête en bas, suspendu au plafond par mon harnais de sécurité, assommé, ébranlé, secoué.

Nous venons de vivre un atterrissage normal, en plein sur la cible : nous entendons le vrombissement des hélicoptères de sauvetage et respirons l'odeur âcre de brûlé de notre vaisseau. Tom pointe un doigt vers le hublot : l'espace que nous apercevions il y a quelques instants a cédé sa place à une poussière brun pâle. Les voix de l'équipe russe au sol nous parviennent.

Nous sommes revenus sur Terre. Enfin.

* * *

Tout à coup, l'écoutille se soulève et nous apercevons le ciel bleu et la lumière du soleil. Nous sentons l'odeur de l'air frais et des êtres vivants. Nous entendons des voix. Des bras descendent pour extraire Roman du module. Quelqu'un vient chercher les échantillons de sang et d'urine, et les appareils scientifiques qui doivent être entreposés dans un congélateur ou expédiés en avion sur-le-champ. On vient ensuite sortir

Tom, puis c'est à mon tour. Puisque j'ai été le représentant de la NASA lors de plusieurs atterrissages, le personnel au sol me connaît, et l'homme qui me soulève s'exclame en russe : « Chris, le clip est magnifique. Nous en sommes très fiers. » Je me rends compte qu'il parle de *Space Oddity,* et ce qu'il veut dire en fait, c'est qu'il est fier de ce domaine où nous travaillons tous les deux. C'est une belle façon d'accueillir un homme tombé du ciel.

Après des mois à l'abri des rayons du soleil, je suis pâle et je cligne des yeux. Je suis si faible et j'ai les membres si mous qu'on doit me transporter et m'asseoir dans une chaise en toile à côté de Tom et de Roman. Notre coéquipier russe fait déjà des blagues avec le personnel médical et il affiche une mine superbe, comme s'il s'apprêtait à jouer une ronde de golf. Pas moi. Les médecins et les infirmières essuient la terre qui macule mon front. Comme j'ai accidentellement touché le rebord calciné de la capsule en sortant et effleuré mon visage, on dirait que l'on m'a frotté avec du charbon. Ils me demandent avec tendresse si je vais bien et m'enveloppent dans une couverture. Les représentants de la NASA et de l'ASC, les dignitaires de la région et les soldats russes s'affairent tout autour. Moi qui ai vécu parmi cinq autres humains tout au plus au cours des cinq mois précédents, je me sens envahi par cette foule de gens qui me veulent du bien, particulièrement après l'épreuve physique d'un violent atterrissage.

Quelqu'un me tend un téléphone satellite. C'est Helene. Quelques journalistes se pressent autour de moi pour me prendre en photo : « E.T. appelle maison. » J'entends la voix claire et assurée de ma femme. Elle est soulagée et heureuse. Je lui dis que je l'aime avant de lui poser la question qui me brûle les lèvres : les Leafs ont-ils gagné leur partie ? Non, ils sont éliminés. Ils ont été descendus en flammes, comme moi.

Je souris en faisant mon possible pour incarner un astronaute qui n'est pas étourdi et n'a aucune envie de vomir, mais mes bras sont si lourds que je parviens à peine à les soulever et je demeure immobile pour limiter mes efforts. Chacune des parties de mon corps a subi un choc ou est endolorie, ou les deux. Je me sens comme un nouveau-né devant cette surcharge sensorielle subite de bruits, de couleurs, d'odeurs et de gravité après des mois passés à flotter sereinement dans un cocon relativement calme et isolé. Pas étonnant que les bébés protestent en pleurant quand ils viennent au monde…

Après avoir passé un quart d'heure assis sans bouger et remis mes effets personnels à un employé de soutien qui s'assurera qu'ils ne disparaîtront pas mystérieusement (tout article qui a voyagé dans l'espace devient un objet de collection), je suis transporté, toujours sur ma chaise, dans une tente médicale montée à la hâte et allongé sur un lit de camp. J'ai des haut-le-cœur, je me sens très mal. On me lave, on m'enlève mon Sokol et mon chandail des Maple Leafs trempé de sueur et on m'aide à enfiler une combinaison de vol bleue régulière. On me met ensuite sous perfusion pour me réhydrater afin d'éviter que je m'évanouisse.

Après, on transporte Roman, Tom et moi dans un long véhicule blindé à plafond bas qui empeste le diesel pour parcourir quelques centaines de mètres, ce qui n'est pas la plus agréable des expériences quand on a la nausée. Nous avons chacun droit à notre propre MI8, un hélicoptère de transport militaire russe, où nous attendent un lit, une infirmière, un aide et un médecin. C'est le lit qui m'attire le plus. Je suis étourdi, et chaque fois que je remue la tête, je me sens tournoyer dans le temps et l'espace. Je m'endors presque sur-le-champ.

Nous atterrissons à l'aéroport de Karaganda environ une heure plus tard. Je suis au moins suffisamment reposé et fort pour signer la porte du véhicule (c'est devenu une tradition depuis qu'un astronaute ou un cosmonaute l'a fait impulsivement une fois et c'est plutôt *cool* d'ajouter mon nom à celui de collègues que je connais personnellement ou de réputation). On aide Tom, Roman et moi à monter dans une voiture, qui file ensuite vers une cérémonie où un dignitaire de la région nous remet à chacun une tunique mauve et un chapeau noir (qui semblent tout droit sortis de la garde-robe de Merlin l'Enchanteur) ainsi qu'une guitare à deux cordes en forme de calebasse. De jeunes femmes kazakhes en tenue de cérémonie nous font les offrandes traditionnelles faites aux voyageurs : du sel, du pain et de l'eau.

Suit une conférence de presse dont la première question est : « Saviez-vous que *Space Oddity* a été visionné sept millions de fois ? » Je l'ignorais. Ce nombre me semble incroyable, et je dois surmonter la nausée pour expliquer que l'Expédition 34/35 ne consistait pas à tourner un vidéoclip. Nous avons cependant profité de la mission pour produire une vidéo qui rendrait plus accessible la rare et magnifique expérience du vol spatial. Je baragouine quelques paroles en russe sur l'importance d'envoyer des humains dans l'espace plutôt que des robots, puis une personne compréhensive me traîne aux toilettes, où je peux vomir sans crainte de voir ma réputation salie dans les médias.

Plus tard, on nous ramène en voiture à la piste de l'aéroport. Roman monte dans un appareil à destination de la Russie, tandis que Tom et moi embarquons dans un G3, un petit avion à réaction muni de deux lits et de sièges pour dix passagers. Les yeux voilés par la fatigue, nous nous faisons des adieux expéditifs, dénués de tout sentimentalisme. Ce n'est pas notre état d'esprit du moment. Nous sommes tous prêts à tomber dans l'oubli du sommeil. Le retour à Houston prend une vingtaine d'heures et, entre deux siestes, le personnel médical surveille nos signes vitaux et nous réclame des échantillons de sang et d'urine. La NASA tente de recueillir le plus de données possible sur les conséquences physiologiques d'un long séjour dans l'espace. Je profite d'une escale de ravitaillement à l'aéroport de Prestwick, à Glasgow, en Écosse, pour prendre une douche, assis sur une chaise. C'est merveilleux de me laver les cheveux, de me sentir propre de la tête aux pieds pour la première fois depuis près d'une demi-année.

Un petit groupe m'attend à ma descente d'avion à Houston. Je suis lessivé et j'ai les jambes molles. J'embrasse Helene et je la serre dans mes bras un long moment. Pouvoir lui parler sans le délai d'attente de deux secondes du téléphone de la SSI est à la fois un luxe et un réconfort. Je prends quelques minutes pour échanger avec les amis et les membres de ma famille venus m'accueillir, des gens que je connais, que j'aime et qui ont pensé à moi au cours des cinq derniers mois. Cette cérémonie nécessaire pour faire la transition est agréable, quoique légèrement guindée, comme la haie d'honneur à une réception de noces. Helene comprend que je veux m'en aller. Nous nous dirigeons donc vers les quartiers de l'équipage.

À vingt-trois heures trente, il est temps de donner quatorze fioles de sang et de faire quelques simulations et tests pour vérifier notre équilibre et notre capacité à nous concentrer. Tom et moi avons toujours su que ces tests étaient prévus et importants, mais étant donné l'heure tardive et notre état, nous étions un peu bougons, surtout en constatant que nous avions échoué aux épreuves.

Nous avons fait un test de coordination oculo-manuelle semblable à celui que j'avais fait vingt et un ans plus tôt à Ottawa lors de la sélection des astronautes. Nous devons ficher des chevilles dans un panneau perforé avec la main gauche, puis avec la droite, et enfin les deux, pendant qu'on évalue la vitesse et la précision de nos gestes. Nous avions l'impression de participer à une partie de cribbage extrême. J'étais maladroit après avoir vécu en microgravité et j'avais de la difficulté à saisir une seule cheville dans le contenant peu profond sans faire tomber toutes les autres sur le plancher. Nous avons ensuite subi un test par ordinateur où nous devions essayer de conserver le curseur à l'intérieur d'un cercle qui se déplaçait sur l'écran, tout en tapant simultanément des nombres qui apparaissaient sur un deuxième moniteur. Le pire, par contre, a été le simulateur avec système de mouvement : on s'assoit dans un petit poste de pilotage circulaire dressé sur une plate-forme mobile, dont le mouvement est synchronisé avec des images simulant la vue que l'on a aux commandes d'un T-38 de la NASA, en conduisant une voiture de course sur une route de montagne sinueuse ou en manœuvrant un minirobot se déplaçant sur Mars. Ces images, qui étaient déjà de nature à provoquer la nausée lors des séances d'entraînement avant le vol, nous rendaient carrément malades dans notre état.

Je pense que jamais je n'ai été aussi heureux d'aller me coucher que ce soir-là. Après avoir culbuté sans effort en apesanteur durant des mois, j'arrivais à peine à me tenir la tête droite. La position horizontale était la seule que je pouvais endurer.

Mais ce soir-là, j'étais heureux pour une autre raison : nous avions accompli une mission difficile. L'Expédition 34/35 avait été un succès scientifique, et les médias sociaux en avaient fait une réussite sur le plan éducatif. J'étais conscient que jamais je ne retournerais dans l'espace. J'avais enfin atteint un but auquel j'avais consacré presque toute ma vie. Je n'étais pas triste, j'étais transporté de joie : j'avais réussi ! Et j'avais la conviction qu'il me restait des choses à faire, même si je ne savais pas encore quoi exactement. Mais voir seize levers de Soleil chaque jour et la surface de la Terre dans toute sa diversité sans relâche durant cinq mois m'avait enseigné qu'il y a toujours plus de défis et d'occasions qu'on aura de temps pour les vivre.

Oui, c'est vrai que notre atterrissage a été très violent au Kazakhstan. Toutefois, je ne considérais pas cette arrivée éprouvante comme la fin d'une époque, mais bien comme un recommencement, et en ce sens, du moins, ce fut un atterrissage en douceur.

13

Descendre l'échelle

Quand la navette était en service, je pilotais souvent un petit avion entre Houston et Cape Canaveral. Je ne suivais pas un itinéraire panoramique : les avions civils sont censés éviter les aérodromes militaires, et comme ils sont nombreux dans cette partie du monde, je devais survoler l'autoroute pour le plus long segment de mon parcours. Je suivais donc la I-10, comme n'importe quel banlieusard, sauf que de mon point de vue à plus de trois mille mètres au-dessus du sol, je voyais mieux que lui le ruban grisâtre qui s'étire à travers les États plats et sablonneux de la côte du golfe du Mexique. Rien de très spectaculaire.

Un jour d'été, je pilotais un bimoteur Beechcraft Baron en compagnie de mon ami, Russ Wilson, un pompier. Nous survolions le Panhandle de Floride lorsque j'ai senti quelque chose effleurer ma jambe, ma jambe nue : il faisait très chaud et nous portions un short. Croyant qu'il s'agissait d'un câble électrique pendant sous le siège du pilote, je me suis déplacé sur mon siège pour m'en éloigner. Quelques minutes plus tard, cette chose me frôlait à nouveau le mollet. Bizarre. Je me suis penché et j'ai découvert un serpent noir dressé.

Ce n'était ni un thamnophis ni un python, mais certainement le plus gros reptile que j'avais jamais vu dans un poste de pilotage. En me voyant relever instinctivement les pieds sur mon siège, Russ a baissé les yeux et a aperçu la bête longue d'une soixantaine de centimètres. Pendant de très longues secondes, nous sommes restés immobiles, tétanisés par l'incrédulité.

Après un vol particulièrement difficile, les pilotes de chasse ont l'habitude de dire qu'ils ont « tué des serpents et éteint des feux ». Mais dans mon cas, ce n'était plus une façon de parler : essayer de tuer un vrai reptile à trois mille mètres d'altitude ne semblait pas être une idée judicieuse. Si notre tentative d'assassinat échouait, il ne serait certainement pas plus gentil à notre égard. Russ n'a fait ni une ni deux : il a empoigné la planchette à pince où se trouvaient nos listes de vérification et s'en est servi pour immobiliser le serpent au sol. Il l'a ensuite saisi derrière la tête selon la méthode prescrite et l'a extrait de sous mon siège.

Au même moment, le serpent s'est mis à se tortiller frénétiquement pour s'échapper pendant que j'essayais de piloter l'avion comme si tout était normal. Que faire ensuite ?

Sans nous perdre en discussion, nous avons décidé d'ouvrir ma fenêtre. Elle était petite, juste assez grande pour évacuer la fumée du poste de pilotage en cas d'incendie. Par contre, comme nous allions à plus de 320 kilomètres à l'heure, nous avons subitement eu l'impression de nous retrouver en plein ouragan. Le bruit était atroce, nos oreilles se bouchaient à cause de la baisse de pression et un vilain serpent s'agitait dans tous les sens. Heureusement, les pompiers font preuve d'un grand sang-froid en temps de crise. Russ s'est calmement penché par-dessus moi, il a sorti sa main par la fenêtre et a réussi à y faire passer presque tout le serpent, puis il l'a lâché. Comme ça, pouf. Envolé. Nous avons rapidement refermé la fenêtre et nous avons eu la présence d'esprit de voir s'il y en avait d'autres. Comment avait-il pénétré dans l'avion ? L'avons-nous rêvé ?

Nous avons éclaté de rire après notre montée d'adrénaline. Notre mésaventure improbable avait déjà acquis le statut enviable d'anecdote. Je me suis ensuite demandé où se trouvait maintenant l'intrus et j'ai imaginé la scène qui avait dû se produire au sol : un serpent noir confus et désorienté se tortillant en chute libre avant de s'écraser sur le pare-brise d'une voiture. J'ai cessé de rire parce que j'avais une idée plutôt juste de l'état d'esprit de l'automobiliste.

En revenant sur Terre après ma dernière mission, je me suis senti comme ce serpent, violemment catapulté du ciel avant de m'écraser lourdement au sol. Une heure auparavant, j'avais les pouvoirs d'un superhéros : je pouvais *voler*. Mais au sol, je me sentais si faible que je parvenais à peine à me déplacer en boitillant… avec de l'aide. Mon corps, longtemps gâté par le luxe de l'apesanteur, protestait agressivement à ce retour à la gravité. J'étais épuisé, j'avais la nausée, j'avais du plomb dans les membres et ma coordination était pitoyable.

Sans oublier que j'étais légèrement irritable quand, lors des conférences de presse qui ont suivi la mission, un journaliste me demandait invariablement comment je me sentais « maintenant que tout était terminé ». En fait, rien n'était fini : chaque mission est suivie de mois de réadaptation, d'examens médicaux et de débreffages épuisants avec toutes les personnes qui y étaient associées de près ou de loin : des responsables du ravitaillement de la SSI jusqu'aux plus hauts dirigeants de la NASA. La question m'importunait pour la seule raison qu'elle sous-entendait que l'exploration spatiale était la dernière expérience valable que j'allais vivre dans ma vie et que, malheureusement, tout serait décevant à partir de mon retour sur Terre. Je ne vois ni ma vie ni le monde de cette façon. Je considère chaque mission comme un fil dans le tissu de mon existence qui est, je l'espère, loin d'être terminée.

* * *

Si on se met à croire que seules comptent nos expériences les plus exceptionnelles et les plus glorieuses, on est condamné à considérer une grande partie de sa vie comme un échec. Personnellement, je préfère me sentir bien la plupart du temps, alors toute situation dans ma vie a un intérêt : les petits moments comme les événements quelconques, les réussites qui font la une des journaux et aussi celles que personne ne connaît. Le défi consiste à éviter de perdre la tête après avoir vécu un événement extraordinaire et valorisant qui attire l'attention des autres. On doit arriver à profiter de ces instants, à s'en réjouir puis à passer à autre chose.

La NASA offre beaucoup d'aide aux astronautes dès qu'ils touchent Terre après une mission spatiale pour qu'ils « passent à autre chose ». Le Bureau des astronautes du Johnson Space Center ne nous accueille pas en héros à notre retour. À peine nous gratifie-t-on d'un bref « Beau travail » avant de nous chasser du sommet de l'échelle organisationnelle, du moins pour ce qui est de la visibilité et du prestige. À leur descente du Soyouz, les astronautes sont réadmis dans l'équipe de soutien à titre de coureurs au milieu du peloton : ils sont essentiels, mais ils ne sont pas auréolés de gloire.

Dans la plupart des domaines, les travailleurs gravissent l'échelle de leur carrière en ligne droite et graduellement. Les astronautes, eux, montent et redescendent sans cesse, ils changent de fonction et de grade. Cette façon de procéder a du bon sens du point de vue organisationnel : elle maintient les forces du programme spatial à tous les niveaux, tout en renforçant l'engagement de tout le monde à l'égard du travail d'équipe en vue d'atteindre un but commun – pousser plus loin les connaissances et les compétences humaines –, qui est plus important que nous tous individuellement. Les astronautes aussi y trouvent leur compte puisqu'ils reviennent rapidement les pieds sur terre pour se concentrer sur leur travail, qui consiste à soutenir et à promouvoir le programme spatial habité. Toute envie que nous pourrions avoir de nous faire valoir est tuée dans l'œuf parce que notre statut a changé du jour au lendemain, et on s'attend à ce que nous devenions productifs dans un nouveau rôle, moins exposé, et non à nous voir ruminer nos exploits du bon vieux temps.

À la NASA, c'est un fait que la vedette d'aujourd'hui sera le machiniste de demain, qui travaillera en coulisse dans une obscurité relative. Par exemple, Peggy Whitson, qui a été astronaute en chef et a dirigé le Bureau de Houston durant trois ans, est revenue dans le contingent régulier des astronautes de la NASA pour soutenir les collègues en mission en espérant obtenir une autre affectation sans aucune garantie d'être sélectionnée avant quiconque. Une chose facilite ce genre de transition : la frontière entre les membres d'un équipage et les spécialistes du Bureau est plus floue que ce que l'on voit de l'extérieur. Un capcom, par exemple, s'entraîne et participe à des simulations avec un équipage, puis l'assiste ou se tient à sa disposition pour la durée de sa mission et prend part aux débreffages au retour des astronautes. Ainsi, il fait partie intégrante de l'équipage, comme tous ceux qui soutiennent directement une mission.

Ceux qui font partie de cette équipe de soutien savent très bien que ce travail ne trouve pas son sens et son importance dans sa visibilité auprès du public. Et après avoir occupé l'échelon le plus élevé, où on est pleinement conscient du rôle fondamental que joue le personnel au sol dans la réussite d'une mission, il devient plus facile et plus pertinent, à certains égards, de soutenir à son tour les autres astronautes.

Toutefois, je ne prétendrai pas qu'une structure organisationnelle horizontale ne comporte aucun inconvénient ni qu'on abandonne l'espoir d'obtenir une affectation de rêve dans la joie. Même les plus optimistes auraient éprouvé des sentiments contradictoires. Toutefois, les astronautes sont si habitués à passer d'une fonction de direction à un rôle de soutien que cette situation devient plus tolérable avec le temps.

Tôt ou tard, on se rend compte qu'il vaut mieux pour tout le monde, nous y compris, de redescendre de notre nuage de bonne grâce. Lorsque je suis retourné à la Cité des étoiles pour m'entraîner après avoir été directeur des opérations pour la NASA en Russie pendant quelques années, je me demandais parfois pourquoi le nouveau directeur de l'exploitation agissait d'une façon ou d'une autre. Je n'ai pas tardé à constater que, à titre d'« ex-quelque chose », nous avons un nombre restreint d'occasions en or de nous taire et nous devrions profiter de chacune d'elles. Je n'étais plus responsable : mon rôle se limitait dorénavant à observer et – seulement si c'était absolument capital – à essayer de modifier le processus par des moyens subtils, ce qui n'était généralement pas nécessaire. Le « problème » s'expliquait souvent par un simple style de gestion différent du mien.

Une fois que notre mission est terminée, même si on a été un « plus » dans une certaine fonction – peut-être *surtout* si on a été un « plus » –, il est temps de redevenir un « zéro ». Cette attitude est plus facile à adopter qu'on pourrait le croire tout de suite après notre retour de l'espace. Au début, du moins, parce qu'on se sent tellement minable physiquement que le « zéro » est un bon pas en avant.

* * *

En règle générale, on a besoin d'une journée sur Terre pour se remettre de chaque journée passée dans l'espace. Heureusement, ce fut le cas après mes deux premières missions. Comme ces séjours étaient relativement courts – huit jours en 1995, et trois de plus en 2001 –, j'avais quelques difficultés les premiers jours suivant mon retour, mais je retrouvais mon état normal environ une semaine plus tard.

Le retour de l'Expédition 34/35 a été différent. Après cinq mois dans l'espace, non seulement mon corps s'était adapté à l'apesanteur, mais aussi il réagissait différemment. Après quelques pas, j'avais l'impression de marcher sur des charbons ardents parce que mes pieds n'étaient plus habitués à soutenir un poids. La position assise ne me soulageait pas beaucoup : on aurait dit que quelqu'un m'avait frappé les pieds à répétition avec un maillet. En outre, j'étais très conscient de la présence de mon coccyx : quand on a été soutenu par l'air, sans poids, le fait de s'asseoir sur une chaise de tout son poids n'est vraiment pas confortable. Se tenir debout non plus. Après avoir allongé dans l'espace, ma colonne vertébrale se comprimait, ce qui causait des douleurs lombaires constantes. J'ai été surpris de constater à quel point il a fallu du temps pour que ces effets secondaires disparaissent. Des mois après mon retour, mes pieds et mon dos réagissaient encore souvent et avec véhémence à la lourdeur de la gravité terrestre.

Mon cœur a aussi commencé à se comporter bizarrement. À mon retour sur Terre, il avait oublié comment pomper du sang jusqu'à ma tête, et le seul fait de me tenir debout demandait des efforts considérables. Si je restais quelques minutes debout, mon pouls grimpait jusqu'à cent trente alors que ma pression sanguine chutait, et je me sentais défaillir. Pour aider ma circulation, j'ai porté pendant quelques jours une combinaison anti-g, qui exerçait une pression constante sur mes mollets, mes cuisses et mon abdomen. Son principe ressemble beaucoup à l'effet d'une main écrasant le bas d'un ballon pour forcer l'air à l'intérieur à monter. Ce n'est pas douloureux, mais on a simplement l'impression que quelque chose de lourd comprime le bas de notre corps. Malgré ces précautions, je me sentais complètement étourdi quand je me levais rapidement, ce qui m'avait fait éviter les toilettes. Au cours des premiers jours qui suivent une mission, on risque vraiment de tourner de l'œil et de se blesser à la tête sur le carrelage du plancher (un astronaute que je connais s'est évanoui après s'être levé pour aller uriner). C'est pourquoi il y a un siège dans la douche des quartiers d'équipage dans les locaux de quarantaine après vol. Même si les vertiges ont diminué en intensité, j'en ai souffert longtemps après mon retour. J'ai appris à me lever puis à rester immobile pour attendre que mes étourdissements se dissipent avant de me lancer dans un mouvement audacieux, comme traverser le salon.

Après la mission, mon système vestibulaire – le mécanisme de l'oreille interne qui gère l'équilibre – était complètement dérouté. Sur la SSI, il s'était habitué à ne réagir qu'aux rotations et aux accélérations de mon propre corps puisque le haut était devenu le bas, et vice versa. Sur Terre, par contre, la gravité m'attirait subitement vers le bas et j'étais dorénavant retenu par le plancher. Mon oreille interne se sentait emprisonnée dans ce qu'elle croyait être une accélération constante que mes yeux, inexplicablement, ne percevaient pas. Je souffrais de nausées extrêmes, pires que celles que l'on éprouve dans le manège le plus étourdissant du parc d'attractions. Mon corps a réagi comme si les symptômes provenaient d'un poison agissant sur mon système cérébral et me pressait de le purger et de m'allonger afin que je métabolise le poison plus lentement. J'ai pris des médicaments antinausée à l'occasion pendant une dizaine de jours après l'atterrissage. Parfois, je me sentais bien, mais parfois, j'étais vert et je me sentais nauséeux.

Mon estomac s'est rétabli plus rapidement que mon sens d'équilibre. Au début, j'avais de la difficulté à marcher et je me déplaçais en titubant comme un ivrogne, mais je me suis réadapté et je me suis amélioré (pourvu que je garde les yeux grands ouverts). Pourtant, pendant la première semaine au moins, je corrigeais exagérément mes mouvements, je faisais de grands virages pour changer de direction, j'entrais en collision avec les obstacles plutôt que les contourner et je marchais penché en avant comme si j'affrontais la tempête. On m'a interdit de prendre le volant pendant quelques semaines pour des raisons de sécurité, ce qui me convenait parfaitement puisque j'étais complètement lessivé, hors de tout entendement, comme un invalide qui se remet d'une maladie débilitante.

J'ai dormi profondément et sereinement, ce qui s'est révélé un atout inattendu. Les quelques jours qui avaient suivi le retour de mes deux vols à bord de la navette, j'avais éprouvé l'étrange sensation de flotter au-dessus de mon lit (j'avais été dans l'espace pour une si courte période que mon corps était probablement complètement confus). Après ma troisième mission, je n'ai pas eu ce problème. C'est dans mon lit que je me sentais le mieux et je voulais tant dormir que je faisais plusieurs courtes siestes au cours de la journée.

Heureusement, la NASA emploie des entraîneurs personnels de haut niveau qui travaillent avec nos médecins et nous dès notre affectation à une mission jusqu'à notre rétablissement. On les connaît sous le nom d'« Astronaut Strength, Conditioning and Rehabilitation specialists » (ASCR) ou spécialistes de la robustesse, du conditionnement physique et de la réadaptation des astronautes. Dès la journée de mon retour à Houston, ils m'ont demandé de lever les bras au-dessus de la tête, puis de m'allonger au sol et de soulever les jambes. J'ai pu exécuter ces deux mouvements, mais tout juste : j'avais l'impression que deux personnes étaient assises sur moi et me clouaient sur le plancher. Après avoir évolué dans l'espace, où je me sentais tout-puissant et où j'aurais pu soulever un réfrigérateur du bout des doigts, ces épreuves me semblaient… injustes. Malgré mes deux heures quotidiennes d'exercice sur la Station, j'étais tout faible sur Terre.

Bon nombre des conséquences de la vie en apesanteur sur le corps humain s'apparentent au processus de vieillissement. En fait, au cours de la quarantaine qui a suivi notre retour sur Terre, Tom et moi marchions en chancelant comme de vieux gâteux, ce qui nous a donné un bon aperçu de notre vie si nous nous rendons à l'âge de quatre-vingt-dix ans. Nos vaisseaux sanguins avaient durci, notre système cardiovasculaire avait changé. Dans l'espace, les os s'affaiblissent parce que le corps élimine du calcium et des minéraux. Nos muscles aussi avaient perdu de leur force puisqu'ils n'avaient subi aucune résistance vingt-deux heures sur vingt-quatre, jour après jour.

Par bonheur, nous avons pu renverser la plupart des dommages avec l'aide des spécialistes en réadaptation. Les médecins nous piquaient et nous auscultaient pour mieux comprendre les changements physiques associés au vieillissement. Pendant les premiers mois qui suivent leur retour, les astronautes sont essentiellement des rats de laboratoire format géant.

On nous fait même courir dans des labyrinthes, ou presque. Pour en apprendre davantage sur les séquelles des vols habités de longue durée, les chercheurs nous font passer à répétition les tests que nous avons subis lors de notre première nuit de quarantaine après la mission, ainsi que de nouveaux. J'ai dû sauter à cloche-pied le long d'une grande échelle en corde disposée sur le sol en reproduisant des mouvements d'enfant jouant à la marelle et des pas de danse dignes du film *La Fièvre du samedi soir*. On m'a demandé de faire des sprints chronométrés sur un parcours où je devais contourner des cônes en courant vers l'avant, vers l'arrière et de côté. Les chercheurs ont comparé mes résultats à ceux obtenus lors des mêmes tests administrés avant la mission. Sans surprise, on a découvert que mon agilité et mes temps de réaction étaient passablement moins bons dans les premières semaines suivant mon retour.

D'autres tests poussaient plus loin. En vue de mesurer à quel degré nos compétences étaient modifiées par nos rythmes circadiens, on a collé avec du ruban adhésif deux espèces de boulons en plastique sur mon front et ma poitrine et on m'a enfilé un brassard calculant mes signes vitaux. Imaginez l'effet le soir où je suis allé au restaurant pour manger un hamburger avec cet attirail de Frankenstein. Pour un test d'équilibre, on m'a branché à des capteurs et saucissonné dans un harnais, puis on m'a demandé de me tenir sur une petite plate-forme et de regarder une photo de l'horizon. Les scientifiques m'ont demandé de pencher la tête vers l'arrière puis vers l'avant pendant qu'ils déplaçaient l'image de l'horizon ou la plate-forme pour voir si j'allais perdre l'équilibre... ou le contenu de mon estomac (j'ai failli).

Nous avions très peu de loisirs entre les tests, les débreffages et les entrevues avec les médias. Je me sentais légèrement détaché et j'observais. Je me sentais étrangement en retrait. J'aurais eu l'impression de travailler si j'avais participé plus consciemment. J'avais retrouvé ma planète, mais je n'avais pas retrouvé ma vie sur Terre. Au cours du premier mois environ, je passais le plus clair de mes journées au Johnson Space Center, même les fins de semaine. Helene me préparait des repas santé et est venue me conduire et me chercher jusqu'à ce que mon médecin juge sécuritaire de me laisser prendre le volant.

Il m'a fallu beaucoup plus de temps pour me remettre à un entraînement normal. Je passais deux heures chaque jour avec les spécialistes de la réadaptation, qui m'ont aidé à reprendre l'exercice graduellement en utilisant des équipements comme un tapis roulant flottant. Je portais un short en caoutchouc inséré dans un immense ballon de caoutchouc. En le gonflant, les spécialistes pouvaient régler le poids que mes jambes devaient soutenir pendant que je courais. J'ai commencé à environ soixante pour cent, ce qui correspondait à la force de traction des énormes élastiques que je portais aux épaules et à la taille quand je m'entraînais en orbite.

Au bout de deux mois, j'ai enfin eu l'autorisation d'aller courir à l'extérieur. Mes jambes étaient lourdes et lentes, et je sentais mes entrailles ballotter dans mon ventre pendant que je joggais maladroitement. Mes performances cardiovasculaires m'ont déçu : mes pieds avaient apparemment préséance pour recevoir le sang. Mon système circulatoire n'était toujours pas pressé d'irriguer adéquatement mes poumons et ma tête. Je me suis rendu compte que, pendant au moins six mois, je serais incapable de faire des activités exigeant des efforts cardiovasculaires subits, comme le ski nautique ou les sports d'équipe. En outre, mon ossature ne pouvait résister à aucun choc ni à aucune pression. Peu après son retour de la SSI, un astronaute s'est cassé la hanche après une chute anodine. Je ne voulais pas subir le même sort.

* * *

Environ trois semaines après l'atterrissage, Tom et moi sommes retournés à la Cité des étoiles pour le traditionnel débreffage et la cérémonie officielle avec les Russes. Pour mon coéquipier, c'était la dernière étape d'une aventure de plusieurs années qu'avait été l'Expédition 34/35. Pour moi, c'était la dernière étape de ma carrière de vingt et un ans comme astronaute. Quelques mois auparavant, j'avais annoncé à l'Agence spatiale canadienne que je prenais ma retraite. Le public devait en être informé peu après.

Ce voyage à la Cité des étoiles m'a donc semblé à la fois familier et réconfortant, et un peu étrange. À plusieurs reprises, j'avais fait mes valises, pris l'avion, été cueilli à l'aéroport Domodedovo de Moscou par Ephim – le chauffeur de la NASA et mon vieil ami souriant et vaguement diabolique –, mais savoir que je ne revivrais jamais un tel voyage a transformé mon expérience. Quand Ephim nous a déposés dans le quartier résidentiel de la NASA, qui avait été mon deuxième chez-moi simple et confortable pendant tant d'années, je me suis senti… libre. Il y avait longtemps que je n'avais pas été complètement seul et maître de mon propre emploi du temps. Peut-être des années. Il n'y avait pas de médecins, de membres de la famille ni d'entraîneurs. Je jouissais du plaisir simple et agréablement égoïste de n'être responsable que de moi seul. Tom et moi en avons discuté, puis nous nous sommes quittés. J'ai marché autour de l'étang, lu tranquillement, répondu à mes courriels sans me presser. C'était très agréable.

Comme Ephim m'avait informé que Roman s'était acheté une nouvelle voiture, je n'ai pas été surpris de le voir surgir le lendemain matin au volant d'une BMW décapotable dorée. De toute évidence, il s'était promis cette récompense pour tout le temps qu'il avait passé dans l'espace. Je partage ce plaisir terrestre puisque je possède deux décapotables : une vieille Thunderbird et une Mustang plus récente. Roman et moi nous sommes souri : deux hommes d'âge mûr qui n'avaient pas honte d'être aussi prévisibles.

Le débreffage technique auquel nous avons participé plus tard ce jour-là a été simple et sommaire puisque Roman avait déjà révisé tous les détails avec Roscosmos. En fait, ce voyage était plutôt pour nous un prétexte pour remercier nos vieux amis – les instructeurs et entraîneurs qui nous avaient aidés à nous préparer pendant des années –, de porter un toast à leur santé et de poser pour des photos. Nous avons été interviewés en russe par les journalistes, puis nous avons souri et joint les mains pour les photographes. Il y avait plus de journalistes que d'habitude puisque c'était une journée importante dans l'histoire de l'exploration spatiale : nous soulignions le cinquantième anniversaire du vol de la première femme dans l'espace, Valentina Tereshkova. Elle et mon ami Alexeï Leonov, le premier à avoir fait une EVA, sont venus retrouver notre équipage sur scène pour prendre la pose devant la statue de Youri Gagarine. Je ne saisissais pas pleinement la portée de cette juxtaposition inédite de mes héros et de mon histoire récente. C'était un autre événement extraordinaire à savourer dans l'immédiat et à essayer de comprendre plus tard.

Notre visite a connu son apogée lors d'une cérémonie de remise de prix dans une longue salle surchauffée en présence d'instructeurs, du personnel de la direction des opérations de la NASA en Russie (DOR), de la famille de Roman, de la direction de la NASA, de patrons de Roscosmos et d'Energia, de politiciens locaux et de nombreux groupes de jeunes. Des gens se sont présentés un à un pour honorer notre équipage avec de petits discours, des poignées de mains et des cadeaux (plaques, montres, livres et une quantité inimaginable d'énormes bouquets). Les trois tables qu'on nous avait réservées pour déposer toutes ces offrandes débordaient à la fin de la cérémonie. Tom et moi avons donné nos fleurs aux dames du bureau de la DOR et remis les cadeaux coûteux à la direction de la NASA, qui se chargerait de les entreposer comme le fait le président des États-Unis (les employés du gouvernement ne peuvent accepter de présents coûteux, mais on nous a permis de conserver quelques petits objets).

J'ai fait mes adieux, et nous avons pris place dans la minifourgonnette de la NASA. J'avais l'impression très nette que je ne reviendrais jamais à la Cité des étoiles. Je ne voulais pas m'en aller. Je voulais retrouver mes amis et collègues, les étreindre encore une fois et revivre toutes les expériences que nous avions partagées. Je voulais faire quelque chose de spécial pour transformer mon départ, un simple au revoir, en événement grandiose, ce qu'il était pour moi. Un chapitre de ma vie était clos. Mais je n'ai pas bougé. Je me suis assis silencieux dans le véhicule, certes mélancolique en voyant les visages et les lieux familiers s'éloigner derrière les vitres, mais surtout reconnaissant. Les Russes avaient été bons pour moi.

De retour de l'autre côté de l'océan, l'atmosphère était joyeuse, festive et trépidante. Le premier ministre du Canada m'a invité à lui rendre visite. J'ai été le grand maréchal du défilé du Stampede de Calgary, un grand honneur étant donné les efforts herculéens déployés par la ville pour tout nettoyer à temps pour les célébrations annuelles après des inondations dévastatrices. Il y a eu des fêtes à Houston et à Montréal, où se trouve le siège social de l'ASC. J'ai serré des mains et donné une multitude d'entrevues, et je me sentais plus fort de jour en jour. J'ai vidé mon bureau au Johnson Space Center et notre maison de Houston. Nous sommes rentrés au Canada au milieu d'un tourbillon d'articles et d'hommages flatteurs. La vidéo de *Space Oddity* m'avait ouvert des portes sur le plan musical, et je me suis produit devant des foules nombreuses lors d'événements importants. Je recevais tant de demandes que j'ai dû rédiger un modèle de lettre pour refuser poliment les invitations à donner des conférences et à devenir porte-parole. C'était excitant, c'était épuisant.

Et c'était éphémère. Ça, je le savais.

* * *

Qui était vice-président des États-Unis il y a trois administrations ? Quel film a remporté l'oscar du meilleur film il y a cinq ans ? Qui a gagné la médaille d'or en patinage de vitesse courte piste aux derniers Jeux olympiques ? Je le savais. C'étaient des faits marquants à l'époque, mais quelque temps après, seuls les participants et quelques curieux s'en souvenaient.

Il en va de même des missions spatiales. L'éclat de gloire qui accompagne le lancement et l'atterrissage ne dure pas. Les projecteurs passent à autre chose, et les astronautes doivent en faire autant. Si on n'y parvient pas, on se retrouve entravé par sa propre suffisance ou par la peur que plus rien de ce que l'on fera ne soit à la hauteur.

Certains astronautes s'embourbent dans les sables mouvants de la célébrité passée, mais il y a des exceptions. Plus de cinq cents personnes ont eu l'occasion de contempler notre planète de l'espace, et pour la plupart, l'expérience a confirmé leur humilité ou l'a suscitée. La danse chatoyante des aurores boréales et australes. Les bleus magnifiques des récifs à fleur d'eau, qui se déploient autour des Bahamas. L'immense et violente écume qui s'agite autour de l'œil d'une tornade. Voir le monde entier d'en haut transforme radicalement notre perspective. C'est inspirant, tout en nous ramenant sur Terre. Mon séjour dans l'espace m'a bien évidemment rappelé que je manquerais de vision si j'accordais trop d'importance à mes quelque cinquante-trois années de vie sur la planète. Je suis très fier de ce que notre équipage a accompli pendant que nous étions sur la SSI, particulièrement le nombre record d'expériences scientifiques que nous avons réalisées et le fait que Tom et Chris Cassidy ont participé à une EVA d'urgence. Comptons-nous chanceux si on nous consacre une note de bas de page dans les annales de l'exploration de l'espace.

Cela ne veut pas dire que mes missions spatiales m'ont laissé l'impression d'être insignifiant. En fait, elles m'ont fait prendre conscience de mon obligation morale de veiller à la protection de notre planète et d'informer les autres sur ce qui lui arrive. Du haut de la SSI, on voit clairement les effets de la déforestation à Madagascar, comment toute cette terre rouge qui retenait autrefois la végétation naturelle se déverse dans l'océan. On voit comment le rivage de la mer d'Aral s'est déplacé sur des douzaines de kilomètres à la suite de l'aménagement de systèmes d'irrigation pour l'agriculture : ce qui était le fond marin est maintenant un désert morne. On comprend aussi que la Terre – un lieu durable, absorbant, qui se corrige tout seul et peut accueillir la vie – a ses propres problèmes naturels, comme les volcans qui rejettent des cendres dans l'atmosphère. Toutefois, nous empirons sérieusement la situation à cause de nos mesures de protection inefficaces. Nous devons voir l'environnement dans une optique à plus long terme et essayer d'apporter des améliorations partout où c'est possible.

Je me sens investi de cette mission depuis que je suis revenu de l'espace, et ceux qui me connaissent s'en exaspèrent parfois. Récemment, un ami avec qui je faisais une promenade s'est fâché parce que je m'arrêtais pour ramasser les déchets, ce qui ralentissait considérablement notre progression. C'est l'une des conséquences peu connues de ma mission spatiale : dorénavant, je ramasse les emballages de gomme à mâcher sur le trottoir.

Comprendre la place que j'occupe dans l'Univers m'a aidé à remettre mes propres réussites en perspective, mais ne m'a pas rendu modeste au point de ne plus pouvoir endurer les félicitations. Je me plaisais même beaucoup au milieu de toute l'effervescence entourant les lancements et les atterrissages. Mais je sais aussi que la plupart des gens, moi y compris, ont tendance à applaudir les mauvais événements : le sprint spectaculaire et impressionnant qui fracasse des records plutôt que les années de préparatifs ardus ou l'attitude noble affichée à la suite d'une série de revers. Ainsi, on me félicitait pour des actes sans grand lien avec les réalités de mon quotidien d'astronaute, qui ne consistait pas entièrement, et même pas principalement, à voler dans l'espace.

Ma vie consiste en fait à tirer le maximum de ma présence ici sur Terre.

Certaines personnes présument que le quotidien sur Terre doit sembler bien banal, voire terne, après une mission dans l'espace. Dans mon cas, par contre, c'est tout le contraire qui s'est produit. Après chacune de mes missions, je me sentais comme toute personne de retour d'un voyage auquel elle s'était préparée et qu'elle attendait depuis des années : comblé et stimulé, en plus d'être porté à regarder le monde de façon différente.

Une expérience aussi «surpuissante» enrichit forcément le reste de l'existence à moins, bien entendu, d'être uniquement capable de se réjouir et de voir son utilité lorsqu'on se trouve aux échelons les plus élevés, auquel cas on considère la descente comme une chute brutale. Du jour au lendemain, fini les applaudissements : on retrouve la morne réalité d'avoir à sortir les poubelles et à endurer les imperfections de la vie de tous les jours.

L'ensemble du processus de la formation d'un astronaute m'a aidé à comprendre que ce qui compte vraiment n'est pas la valeur qu'un tiers attribue à une tâche, mais bien comment moi, je me sens quand je l'exécute. C'est pourquoi j'ai adoré ma vie pendant les onze années où j'ai été cloué au sol. Évidemment, j'espérais retourner dans l'espace – qui n'en rêverait pas ? –, mais j'ai éprouvé un réel sentiment d'accomplissement et beaucoup de plaisir au fil de mes petites victoires : bien exécuter une manœuvre dans le Neutral Buoyancy Lab ou trouver comment régler un problème sur ma voiture. Si j'avais adopté une définition plus étroite de la réussite, si je l'avais réduite à des expériences hautement visibles et exceptionnelles, j'aurais eu l'impression d'avoir échoué, j'aurais été malheureux durant toutes ces années. On est beaucoup plus heureux si on remporte dix victoires chaque jour plutôt qu'un triomphe éclatant toutes les décennies.

Une des réussites dont je suis le plus fier n'a rien à voir avec une mission spatiale ni avec ma carrière d'astronaute : en 2007, j'ai construit un quai au chalet avec mon voisin, Bob. À la suite d'un conflit d'une dizaine d'années avec les précédents propriétaires, il y avait deux quais parallèles complètement délabrés et étrangement séparés par un espace, une zone interdite de deux centimètres et demi, qui attirait la patte de mon vieux chien comme un aimant. Bob et moi nous sommes fixé l'objectif de faire nous-mêmes des réparations mineures pour épargner un peu d'argent. Nos adorables épouses ont froncé les sourcils en disant : « Vous n'êtes pas sérieux ? »

Inspirés, nous avons décidé de tout démolir et d'ériger une seule superstructure assez résistante pour y faire atterrir un petit avion. Tout ce que nous avons eu à faire, c'est une razzia dans une cour à bois, puis louer une barge et une sorte de marteau-pilon, et travailler du matin au soir durant nos vacances d'été. Comme dans le cas de l'assemblage du module d'arrimage de Mir, nous étions en train de réunir deux camps opposés et de régler un problème avec une solution à long terme. L'expérience fut tout aussi satisfaisante et gratifiante, et peut-être même plus parce que nous l'avions entreprise de plein gré et que nous avons misé uniquement sur nos compétences et notre ingéniosité. J'avais l'impression de faire le plus beau travail au monde et je considère toujours la construction de ce quai comme le point culminant de mon année, même si j'occupais à l'époque le poste de chef des opérations de la Station spatiale internationale au Bureau des astronautes.

À vrai dire, chaque journée de ma vie me comble, que je sois sur Terre ou dans l'espace. Je travaille fort, peu importe ce que je fais : réparer la pompe de cale de mon bateau ou apprendre à jouer une nouvelle chanson à la guitare. J'éprouve du plaisir dans les moindres activités : jouer au Scrabble en ligne avec ma fille, Kristin (nous avons toujours une partie en cours), lire la lettre d'un enfant de première année qui rêve de devenir astronaute ou ramasser des emballages de gomme à mâcher sur le trottoir. Grâce à tout cela, sans compter le fait que j'ai souvent eu à descendre les échelons à la NASA, la retraite ne m'effrayait pas.

La fin d'une aventure n'est pas forcément une épreuve émotionnelle si l'on croit avoir fait du bon boulot et si l'on est prêt à passer à autre chose. Quand le programme de la navette spatiale a été abandonné, les journalistes voulaient tous me voir afficher ma douleur : « Nous savons que vous êtes triste, mais *à quel point* ? » Je ne ressentais pas la moindre tristesse, j'étais extrêmement fier. Je faisais partie d'une équipe qui a piloté les navettes cent trente-cinq fois afin de lancer le télescope Hubble dans l'orbite, d'assembler une section de Mir et de contribuer à la construction de la SSI. Ce faisant, nous nous sommes remis de deux accidents désastreux : les tragédies de *Challenger* et de *Columbia*. Après ce dernier accident, beaucoup de gens ont dit qu'il était temps de remiser ces appareils. À quoi bon retourner dans l'espace et risquer d'autres vies humaines ? Toutefois, en dépit du point de vue simpliste des médias et de tous les opposants systématiques qui n'avaient pas la moindre idée des enjeux, mais une foule d'opinions, nous avons tenu bon et la navette est retournée dans l'espace en sécurité. La complexité du projet pour lequel nous avions besoin de la navette est inouïe – la conception de la SSI n'était même pas terminée lorsque ses premières composantes ont été livrées dans l'espace. Malgré tout, nous avons réussi. Il n'y a donc aucune raison de s'attrister de la fin de cette ère et de l'exil des navettes dans les musées. Ces infatigables bêtes de somme de l'exploration spatiale ont accompli leur mandat.

Je vois la retraite de la même façon. J'ai fait de mon mieux et j'ai réussi ma mission, mais le temps est venu pour moi de passer à autre chose. À la différence de la navette, toutefois, je ne serai pas relégué dans un musée, et ce sera par ma propre faute. Il y a plusieurs années, un musée de la Colombie-Britannique m'a demandé de faire un moulage en plâtre de mon visage pour l'installer sur un mannequin (un mot d'esprit s'impose-t-il?). On m'a livré un paquet accompagné d'instructions et d'un message rassurant: *It's not rocket science,* «ce n'est pas sorcier». Helene et moi avons ouvert la boîte: une espèce de substance visqueuse verte à appliquer sur mes cheveux, mes sourcils et ma moustache; de la rose pour le reste du visage et des bandes plâtrées pour recouvrir le tout. Cette opération s'est avérée un désastre malgré une «réunion d'équipe» préparatoire. J'ai failli mourir parce que Helene a recouvert mes narines. Le plâtre n'a pas adhéré à la substance parce qu'elle s'est solidifiée trop rapidement et le masque s'est émietté. Et pour couronner le tout, j'ai attrapé une otite après être resté allongé trop longtemps sur le plancher dans une mare de boue crayeuse.

J'ai décidé de ne pas réessayer en me disant que je n'étais peut-être pas destiné à me retrouver au musée. De toute façon, un mannequin sans visage symbolise parfaitement une des leçons les plus importantes que j'ai apprises comme astronaute: tout remettre en perspective et accorder de la valeur à la sagesse de l'humilité.

C'est ce qui m'a aidé à redescendre de mon échelle. Et ça ne m'empêchera pas d'en gravir une autre.

Remerciements

Ce livre a une grande importance pour moi. Le processus de rédaction m'a aidé à consolider par écrit, mais aussi dans ma mémoire, de nombreux souvenirs, pensées et événements disparates. Avoir réuni le résultat de mes choix de vie dans un objet tangible ressemble à une naissance, la création de cet objet relève du miracle.

Ce qui me comble par-dessus tout, cependant, c'est de constater à quel point cet ouvrage a rallié tant de personnes, amis et membres de ma famille, autour d'un objectif commun. Nombre d'entre eux ignorent l'ampleur de leur contribution à forger mes convictions puisque je les ai consultés uniquement dans mes souvenirs et mes réflexions.

Comme il m'est impossible de remercier tout le monde sans avoir une liste plus longue que le reste de l'ouvrage, j'ai choisi ceux qui m'ont fourni l'aide la plus précieuse en acceptant le risque inévitable d'oublier des gens qui me sont chers et qui m'ont appuyé.

Ma famille m'a donné sans compter son soutien, des anecdotes et des conseils, et m'a généreusement autorisé à révéler certains détails. Puisque personne d'autre ne le mérite autant, je dédie ce livre à Helene, que j'aime plus que quiconque. Kyle, Evan et Kristin – qui avez grandi avec un papa passionné et déterminé, mais strict et souvent absent –, le colonel vous remercie. Je suis immensément fier de chacun de vous et je me vante de vos réalisations à la moindre occasion. Mes parents, Roger et Eleanor, m'ont transmis leurs valeurs et m'ont fait confiance, particulièrement quand j'ai tenu à poursuivre un rêve inatteignable, qui est devenu la réalité de l'exploration spatiale. C'est vous qui avez érigé les bases qui m'ont permis d'atteindre ce sommet vertigineux. Dave, toi, mon frère, qui as parcouru tout le chemin jusqu'à Baïkonour uniquement pour que nous puissions jouer de la guitare et chanter ensemble une dernière fois avant le lancement, ta musique sera en moi partout et en tout temps.

Les personnes compétentes se démarquent souvent toutes seules. Rick Broadhead, ta joie, ta compréhension et ta ténacité font de toi un ami et un agent hors du commun. Elinor Fillion, j'ai apprécié ton aide concrète et ton soutien moral à chaque étape du processus. Et toi, Kate Fillion, tu as relu mes mots si souvent que tu me connais à un point tel que cela m'intimide. Les chefs d'orchestre apprivoisent ce genre d'intimité avec les nouvelles partitions qu'ils déchiffrent : ils doivent voir et entendre la musique avant que la première note soit jouée. Tu es fabuleuse.

Anne Collins et John Parsley, votre audace et votre confiance n'ont d'égal que votre acharnement patient à tout réussir.

Enfin, je salue et je remercie tous ceux qui ont partagé un bout de cette vie et que je n'ai pas nommés, ceux qui sont disparus depuis longtemps, les merveilleux et précieux amis qui ont fait partie de mon quotidien et continuent à le faire. Je me pince encore pour croire à ce qui m'arrive. Je vous embrasse tous.

Index

315

Suivez les Éditions Libre Expression sur le Web :
www.edlibreexpression.com

Cet ouvrage a été composé en ITC New Baskerville 11,5/13,65
et achevé d'imprimer en mars 2014
sur les presses de Marquis imprimeur, Québec, Canada.

certifié   procédé   100 % post-   archives   énergie
                  sans chlore   consommation   permanentes   biogaz

Imprimé sur du papier 100 % postconsommation,
traité sans chlore, accrédité Éco-Logo et fait à partir de biogaz.